中公新書 2530

老川慶喜著

日本鉄道史　昭和戦後・平成篇

国鉄の誕生からJR 7社体制へ

中央公論新社刊

目次

第1章　敗戦直後の鉄道

I　占領と国有鉄道

国有鉄道の戦争被害

一九四五（昭和二〇）年八月一四日、日本はポツダム宣言を受諾して、一九三一年の満《まん》州《しゅう》事変から足かけ一五年にもわたった長い戦争に終止符を打ち、国民はそれを翌一五日正午の天皇による玉音放送で知った。敗戦は、日本の鉄道のあり方にも大きな転換をせまった。国有鉄道の空襲による被害は表1－1のようであった。国鉄は、多大な犠牲を払って敗戦を迎えたのである。しかし、それでも鉄道は動いていた。日本国有鉄道総裁室外務部長として『鉄道終戦処理史』（一九五七年三月）の刊行に携わった斎藤《さいとう》博《ひろし》は、その「序」で「あの終戦の日、国民が全く虚脱し、国内のあらゆる生産活動がストップしてしまった時、東京駅で機関車が鋭い汽笛をならして走っていた。その音の鋭さを私は未《いま》だに忘れることができません」と、当時を振り返っている。「鉄道は動いている」という事実が、虚脱状態にあった人々をどれだけ勇気づけたことであろうか。敗戦から二年後の一九四七年、歴史学者の会田《あいだ》雄次《ゆうじ》（当時京都帝国大学文学部副手）はビルマから引き揚げてきた。そのとき、汽車が整然と運行しているのをみて安心するとともに感動し、京都駅で下車したときには、みんなで整列して汽車に向かって最敬礼をしたという（『鉄道人 佐藤榮作《さとうえいさく》』）。

一九四五年八月一五日の朝九時、運輸通信省鉄道総局長官の堀木鎌三《ほりきけんぞう》は、長官室で鉄道総局の幹部とともに重大放送を待っていた。そのとき、堀木は「戦争は不幸にして敗れ、軍隊も実質的には壊滅したも同然の今日、大きな組織で即座に行動できるのは運輸省しかない。従って、日本の復興は、鉄道が中心となってやらなければならない」と語っていたという（兼松學《かねまつまなぶ》『終戦前後の一証言―ある鉄道人の回想』）。そして、同年八月二五日、長崎惣之助《ながさきそうのすけ》（運輸次官）、堀木鎌三らの幹部は総退陣し、国鉄はさしあたり、①鉄道復興推進のための運輸建設本部の設置、②進駐した連合国軍に対する事務処理機関としての運輸省渉外室の設置、③旧日本海軍より譲り受けた志免《しめ》鉱業所（福岡県糟屋《かすや》郡志免町《しめまち》の炭鉱）の開設、④施設局無線通信課および主要鉄道

	単　位	空襲被害	全体に対する割合（%）
軌　道	km	1,600	5
建　物	㎡	1,800,000	20
電灯設備	個	90,000	10
通信線	km	31,000	6
電信電話機	台	13,000	12
工　場	個所	14	25（全国）
車　両	両	13,200	10
機関車	両	891	14
客　車	両	2,228	19
電　車	両	563	26
貨　車	両	9,557	8
連絡船	総トン	80,000	65

表1－1　空襲による国鉄の被害

出典：運輸省『国有鉄道の現状（国有鉄道実相報告書）』

局電気部の新設など、部分的な組織の改編を実施した。

その後、連合国軍の進駐が落ち着き、占領体制が整えられると、国鉄は復興と民主的経営を目標に機構の大改編を行った。まず、一九四六年二月に企画局の廃止と官房長の新設、勤労局の職員局への改称、運転局・電気局の新設、自動車局の廃止、陸運監理局の新設など、本省の機構改革が実施された。そして、三月には地方機構の改編が行われ、資材部が廃止となり、工作部・経理部が新設された。そのほか、労働運動に対処するため、鉄道局労働課が新設され、能率向上を企図した工作局が独立し、輸送の安全確保のために鉄道公安事務局・鉄道局公安課が設置された。

鉄道の占領

一九四五(昭和二〇)年八月二八日、米第八軍先遣部隊が厚木《あつぎ》に到着した。この日から、連合国軍による日本の占領統治が開始され、関東地方以北を米第八軍、中部地方以西を米第六軍が占領し、中国・四国地方にはイギリス軍やオーストラリア軍などからなるイギリス連邦占領軍、九州には米第五海兵師団、その他が上陸した。

米軍は、ヨーロッパのドイツやイタリアで活動していた第三鉄道輸送司令部(3rd Military Railway Service)をそのまま日本に移駐させ、当初は占領軍が鉄道を接収し、鉄道の運用に直接あたろうとしていた。しかし、同年九月八日、連合国軍第八軍交通主任参謀シェア大佐は日本側担当参謀との会談で、鉄道の運用方針について「米軍ハ大綱ヲ把握監督スルニ止《とど》メ、一切ノ運営ハ日本在来ノ機構ヲシテ之ニ当ラシム」と述べた。このように、米軍は日本の鉄道を「把握監督」はするが、運営は「日本在来ノ機構」に委ねるという間接統治の方針を明らかにしたのである。

しかし、日本の鉄道運営が「適切ヲ欠ク場合」には、米軍による「軍管理ヲ実施」すると、米軍の優位性が強調されていた。また、「米軍ハ鉄道利用ニ当リ、極力日本ノ一般需要ヲ妨害セザルコトヲ最大ノ方針ト致スベキニ付、若《も》シ米軍ノ輸送ガ日本一般ノ輸送ニ不利益ヲ及ボス如《ごと》キ場合ハ、遠慮ナク申出ラレ度《た》シ」としながらも、「米軍ノ輸送ハ絶対優先トシテ之ガ完遂ヲ期セラレタシ」と、米軍の輸送が最優先された（前掲『鉄道終戦処理史』）。

当初、国鉄の監督権は連合国軍最高司令官総司令部（ＧＨＱ）の経済科学局（ＥＳＳ、Economic and Scientific Section）と第八軍にあったが、一九四六年九月、民間運輸局（ＣＴＳ、Civil Transportation Section）がＧＨＱの下部組織として新設され、国内運輸の政策的な管理にあたることになった。しかし、鉄道の運用に関しては、第八軍の指揮のもとに第三鉄道輸送司令部が担当することになった。第三鉄道輸送司令部には、運輸省連絡将校室、総務局、業務局、東京連絡事務所、呉《くれ》英軍連絡事務所が置かれ、札幌（北海道、青函《せいかん》航路）、仙台（東

第３鉄道輸送司令部が置かれた日本郵船横浜支店ビル（河原匡喜『連合軍専用列車の時代』より）

北各県、新潟県）、東京（関東各都県、山梨・長野県、静岡県熱海《あたみ》市）、京都（京都・大阪府、愛知・岐阜・富山・石川・福井・滋賀・三重・奈良・和歌山・兵庫の各県、熱海市をのぞく静岡県）、九州（九州各県）の各地に地区司令部が設置された。

さらに、占領軍の将兵、貨物、手荷物および郵便物を取り扱う駅や鉄道、軍事施設には鉄道輸送事務所（ＲＴＯ、Railway Transportation Office）が置かれた。ＲＴＯは、輸送現場で直接占領軍輸送を監督ないし管理する機関で、その数は国鉄二一一ヵ所、私鉄一八ヵ所にも及んだ。そのほか、国鉄二五三ヵ所、私鉄二〇ヵ所の補助ＲＴＯもあった。

一方、日本側ではすでに述べたように一九四五年九月、運輸省に渉外室を置き、渉外室鉄道部が占領軍との折衝にあたることになった。さらに運輸省は、一九四六年七月、横浜、京都、呉に鉄道総局長官のもとに鉄道渉外事務局を置き、その地方部局として各鉄道局に渉外部を設置した。これらの機関は、ＧＨＱの伝令や指示、第三鉄道輸送司令部からの命令や指

占領軍の「白帯車」

示を受けて、日本側の各機関に伝達するという任務を受けもった。

占領軍の輸送は、占領部隊を各地に配属することから始まった。まず、一九四五年九月一五日、東横浜《ひがしよこはま》駅および横浜駅から関東・東北地方に駐留する米第八軍を輸送する業務が開始され、九月二五日には和歌山から米第六軍を各地に輸送する業務が始まった。さらに、一〇月五日には名古屋港《なごやこう》および四日市《よっかいち》から、一〇月七日には呉から、そして一〇月二五日には浜大津《はまおおつ》から占領部隊の配属のための輸送が開始された。

占領軍の配属が完了すると、今度は軍人およびその関係者の旅行や物資補給のための輸送が行われるようになった。当初は軍用列車として運転されたが、のちには定期の専用列車が運転されるようになり、一九四六年一月三一日から東京〜九州間、同年二月一一日からは上野《うえの》〜青森間に運行された。上野〜青森間の列車の一部は、青函連絡船で津軽《つがる》海峡をわたり、札幌まで運行しており、のちには始終着を横浜に変更した。

終戦直後の買い出し列車（千葉駅）（『日本国有鉄道百年写真史』より）

占領軍の輸送に使用される客貨車は専用指定を受け、客車では御料車をはじめ優等客車が指定を受けた。接収車両は目的に応じて自由に改造され、その数は客車約九〇〇両、貨車約一万両にのぼった。専用指定を受けた客車は、国鉄が保有する客車総数の一〇パーセントにも及んだ。

占領軍の専用列車には、車体の脇腹の白線の上に〝US・ARMY〟と書かれており、「白帯車」と呼ばれた。一九四六年一月、占領軍輸送の列車キロ（列車が走行したキロ数の合計）は一万一〇五六キロに達し、国鉄の列車キロ三五万三六八八キロの三・一パーセントを占めていた。また、占領軍は、国鉄ばかりでなく、駐屯地や基地のあるところでは私鉄の車両も使用した。そうした占領軍の「白帯車」を横目でみながら、当時の日本国民は列車のデッキや屋根、窓にまで鈴なりにぶら下がりながら買い出しなどに出かけていたのである。

のちに著名な鉄道史家となる原田《はらだ》勝正《かつまさ》は、一九四六年三月のある日、午後一〇時一〇分東京発広島行きの普通列車に乗った。列車は翌日の午前一一時三〇分に京都駅に着いた。車内の混雑はひどく、網棚のリュックからふかし芋をおろすこともできず、朝から飲まず食わずのままであった。そんなときに、一等寝台車を改造した連合軍専用車が停車しているのをみた。原田は、のちにこの光景を「こちらを「地獄」とすれば、カーテンをおろした窓の向こうは「極楽」ということであろうか」と振り返っている（原田勝正「春の旅・山陽路《さんようじ》―昭和二十一年」、宮脇俊三《みやわきしゅんぞう》・原田勝正編『鉄道歳時記 春』）。

鉄道輸送の混乱と多発する鉄道事故

戦争による被害と戦後の極端な資材不足のなかで、国鉄の列車運行は劣悪をきわめていた。古くなったレールや腐りかかった枕木の交換も思うようにいかず、軌道の負担力は弱まり、危険個所《かしょ》が増加した。鉄道の輸送力は、第二次世界大戦前の一〇分の一以下に落ち込んでいた。こうしたなかで国鉄は、連合国軍の輸送、疎開者の復帰輸送、旧植民地からの引揚者の輸送、戦地からの復員軍人などの輸送を担わなければならなかった。さらに、追い打ちをかけるように、南海道《なんかいどう》地震（一九四六〈昭和二一〉年、マグニチュード八・〇）、カスリーン台風（一九四七年）、福井地震（一九四八年、マグニチュード七・一）などの自然災害による被害が重なり、国鉄は「交通地獄」さながらの状況となった。

旅客輸送量は戦前の三倍となったのに列車キロは半減し、主要線区では三〜四倍の定員超過が常態化していた。とくに大都市近郊の電車区間では、朝晩のラッシュが言語を絶する状態となった。戦災により多数の電車、都電、バスなどを焼失し、都市交通機関の輸送力が著しく不足していたばかりでなく、空襲による住宅難のため遠距離通勤者が激増したからでもあった。

貨物輸送においても事情は同じであった。戦時中には貨物輸送重点政策がとられていたが、保守状態が悪く、とくに貨車の疲弊がひどかった。さらに戦後には、補修用資材が欠乏していたため、不良貨車が増加した。また、石炭事情が悪化したため、列車の運行本数を大幅に削減しなければならなかった。

貨車の運用効率も、小運送・荷役能力の低下、操車能力の減退、通信設備の弱体化、倉庫の不足など、さまざまな要因で低下の一途をたどった。それに加えて、海上輸送能力が壊滅的な打撃を受けていたので、貨物は鉄道に集中する一方となり、各地に山のごとき滞貨が生じた。ひと頃は、月間輸送量が六〇〇万トンを割り込み、沿線滞貨は二〇〇万トンにも達するという事態に陥った（前掲『鉄道終戦処理史』）。

鉄道輸送が混乱するなかで、運転事故が多発した。運転事故の数は、戦前の一九四〇年度には八〇五二件であったが、戦後の四五年度には三万八五六三件、四六年度には四万六五五七

八高線事故　1945年８月24日

八件と著しい増加をみたのである。一九四五年八月二二日、肥薩《ひさつ》線真幸《まさき》～吉松《よしまつ》間の第二山神《やまがみ》トンネル内で大事故が発生し、五〇名以上の死傷者を出した。復員軍人を乗せた列車が荷重超過のためトンネル内で立往生し、乗客が列車から降りてトンネルのなかを歩き出したところ、列車が突然後退して轢《ひ》かれるという悲惨な事故であった。

また、八月二四日の午前七時四〇分頃、故郷に向かう復員兵や疎開先から自宅に帰る人々を乗せた旅客列車が、八高《はちこう》線小宮《こみや》～拝島《はいじま》間の多摩川《たまがわ》橋梁《きょうりょう》の上で正面衝突した。衝突の衝撃、あるいは多摩川の濁流に流されて、少なくとも一〇五名の死者、重軽傷者六七名が出たといわれている。

さらに鉄道事故は、山陰《さんいん》本線亀岡《かめおか》～八木《やぎ》間（八月三一日、踏切障害）、山陽《さんよう》本線岩田《いわた》～島田《しまた》間（九月一日、脱線）などでも起こり、九月六日には中央本線笹子《ささご》駅で死者六〇名、重軽傷者九一名という大事故が発生した。下りの旅客列車が、折り返し線の車止めを突き抜け、客車三両が大破したのである。東海道《とうかいどう》本線でも、醒ヶ《さめが》井《い》駅でのD五二形機関車のボイラー爆発により運転室が大破し乗務員が二名死亡した（一〇月一九日）。山科《やましな》駅では列車衝突事故（一一月一九日）が起こり、死者八名、重軽傷者一五名を出した。

一九四六年になっても、事故はおさまらなかった。五月八日には、東海道本線国府津《こうづ》駅で臨時旅客列車が貨物列車に追突した。さらに、六月四日には東神奈川《ひがしかながわ》～新鶴見《しんつるみ》間で上り貨物列車の脱線事故が起こり、六月一八日には大磯《おおいそ》～二宮《にのみや》間で追突事故が起こって死者九名、重軽傷者四一名を出した。そして、七月二六日の能登川《のとがわ》～安土《あづち》間での列車衝突事故では、死者一五名、重軽傷者六八名にのぼった。

東京周辺の電車では、設備や機器の老朽化を原因とする事故が多発した。一九四六年六月四日には、中央本線大久保《おおくぼ》～東中野《ひがしなかの》間で、上り電車のドアがはずれて乗客三名が神田川《かんだがわ》に転落して死亡するという事故が起こった。木製のドアが老朽化しているのに、たくさんの乗客が車内に乗り込んだからであった。日暮里《にっぽり》駅では、四月二八日に常磐《じょうばん》線の松戸《まつど》行き電車が火災を起こし、死者こそなかったものの三〇名余の重軽傷者を出した。モーターや制御器の老朽化が原因であった。

一九四七年二月二五日には、八高線東飯能《ひがしはんのう》～高麗川《こまがわ》間を走行していた列車の客車四両が脱線転覆し、築堤から五メートルほど下に転落するという痛ましい事故が起こった。旅客一八五名、職員一名の合計一八六名が死亡し、四九七名の旅客が重軽傷を負った。事故の原因としては、①事故現場が一〇〇〇分の二〇の下り勾配で、半径二五〇メートルの急カーブであったこと、②列車が買い出し客で超満員であったため、客車の重心が高くなり、急曲線を通過するさいに遠心力が強く働いたこと、③客車が木造で、しかも戦時中の酷使によって著しく疲弊していたこと、などをあげることができる。なお、この事故を契機に国鉄は、五〇〇〇両以上もあった木造車の鋼製車への改造に着手したが、木造車を一掃できたのは一〇年後の一九五七年であった。

II　復興への展望

国有鉄道の現状

一九四七（昭和二二）年七月、政府は国会に『経済実相報告書』を提出し、敗戦後の日本が直面している経済危機の実態を明らかにした。運輸省は、これに呼応するかのように翌八月に『国有鉄道の現状（国有鉄道実相報告書）』を、サブタイトルが示すように「経済実相報告書」に対する「国有鉄道実相報告書」として発表した。敗戦から、ほぼ二年が経《た》っていた。

国鉄の「ありのままの姿をさらけ出して国民の理解を深めるとともに、そのひ判（ママ）と協力を求め、日本経済再建の礎となる国鉄の復興に邁進《まいしん》したい」というのが、運輸省の立場であった。

運輸省によれば、「かつては列車時刻の正確無比を世界にうたわれ、能率的な運営を誇っていた国鉄も、戦争中の酷使と災害とに禍《わざわ》いされ、終戦後の復興も思うに任せず全く昔日のおもかげを失って」いた。戦時中船舶という船舶は戦争に徴用され、しかもそのほとんどが沈められてしまったので、海上輸送力は急激に落ち込んだ。そのため、石炭、木材、鉱石など大量貨物の輸送が鉄道に転嫁され、鉄道の輸送量は著しく増加した。一九三六年度における旅客輸送量は二六二億一六一六万人キロであったが、日中戦争が本格化する三七年以降急激に増加し、四四年度には七七二億八三二一万人キロとなった。貨物輸送量の増加も著しく、一九三六年度には一六二億九六六九万トンキロであったが、四四年度には四二七億二八〇三万トンキロとなった。なお、人キロ・トンキロとは交通機関の輸送の規模を示す重要な指標で、前者は運んだ旅客数（人）に輸送距離（キロメートル）を乗じて算出し、後者は輸送した貨物の重量（トン）に輸送距離（キロメートル）を乗じて算出する。

問題は、旅客・貨物の輸送量が急激に増加したのに対し、輸送力がそれほど伸びなかったことにある。一九三六年度の旅客列車キロ（旅客列車の走行キロ数）は一億一八〇四万キロであったが、四四年度には一億一〇一二万キロと、三六年度の九三パーセントに落ち込んでいる。貨物列車キロ（貨物列車の走行キロ数）は、さすがに一九三六年度の七一六五万キロ

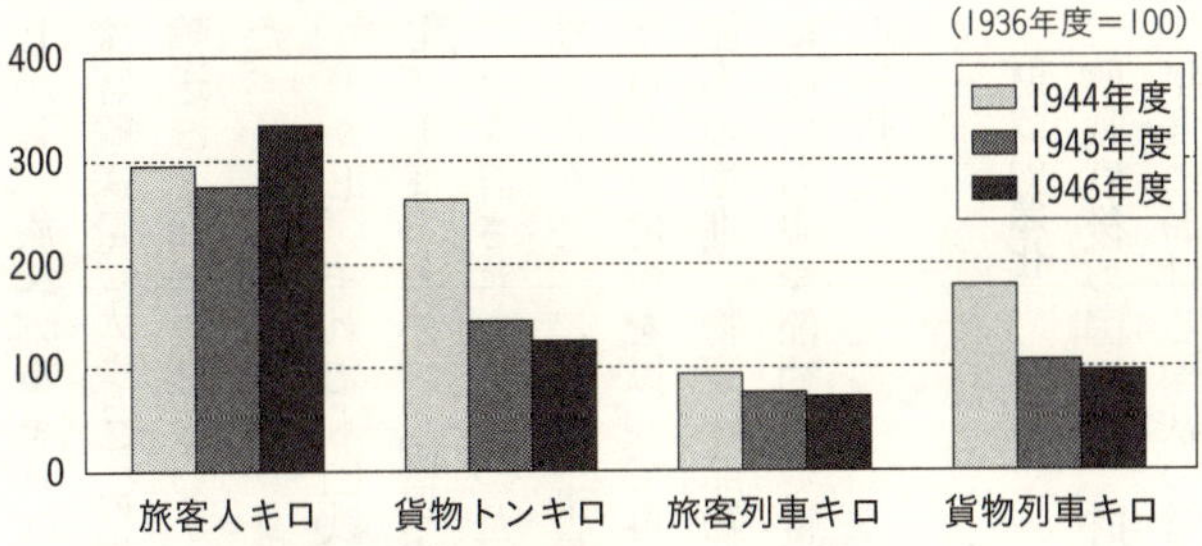

図1－1　国鉄の輸送量と輸送力

出典：運輸省編『国有鉄道の現状（国有鉄道実相報告書）』

から四四年度の一億二八五九万キロへと一・八倍の伸びを示しているが、貨物輸送量の増加ほどではなかった。

このように、戦時期の国鉄は、旅客・貨物とも輸送量の増加に輸送力が追いついていなかった。それでも、一九四四年の春までは何とか頑張ってきたが、同年夏以降、輸送量の増加がもっとも激しかった山陽本線からほころびが出はじめ、震害、風水害、雪害などの自然災害も加わり、輸送力不足は国鉄全線にわたって深刻化した。さらに、前述のような空襲による被害もあり、国鉄は「ヘトヘトになって終戦を迎えた」のである（運輸省編『国有鉄道の現状（国有鉄道実相報告書）』）。

図1－1は、一九三六年度を一〇〇とする指数で、一九四四～四六年度の旅客人キロ、貨物トンキロ、旅客列車キロ、貨物列車キロを示したものである。旅客人キロは、一九四四年度から四五年度にかけて二九五から二七五に減少しているが、四六年度には三三四へと著しく増えている。

しかし、旅客列車キロは一九四四年度九三、四五年度七五、四六年度七一と激減している。旅客輸送量(人キロ)の増加に、輸送力(旅客列車キロ)が追いついていないのである。旅客輸送ほど顕著ではないが、貨物輸送の場合にも輸送力の増加が輸送量の増加を下まわっていた。

しかし、それでも国鉄には重大な使命があった。産業界ではすべての生産がほとんど停止してしまったが、「国民の足といわれ国家の動脈といわれる国鉄は、一瞬たりとも休止することを許されな」かったのである。敗戦という未曽有の事態に直面して、国民が茫然自失《ぼうぜんじしつ》となるなかで、「国鉄従事員は、一時の休息をも与えられず疲れ切った車両や施設にむちうち、新らしい使命を以《も》って再出発しなければならな」かった。そのため国鉄は、輸送力の増強、能率の増進、物資の節約など、経営の合理化を強力に推進しなければならなかった。具体的には、石炭を節約して電化を進め、人員の節減をはかるというのであった(前掲『国有鉄道の現状』)。

財政の悪化

敗戦直後の国鉄は、財政悪化にも苦しんでいた。図1-2は、一九四一(昭和一六)~五〇年度における国鉄の営業係数(営業収入に対する営業費の割合。一〇〇円の収入を得るために

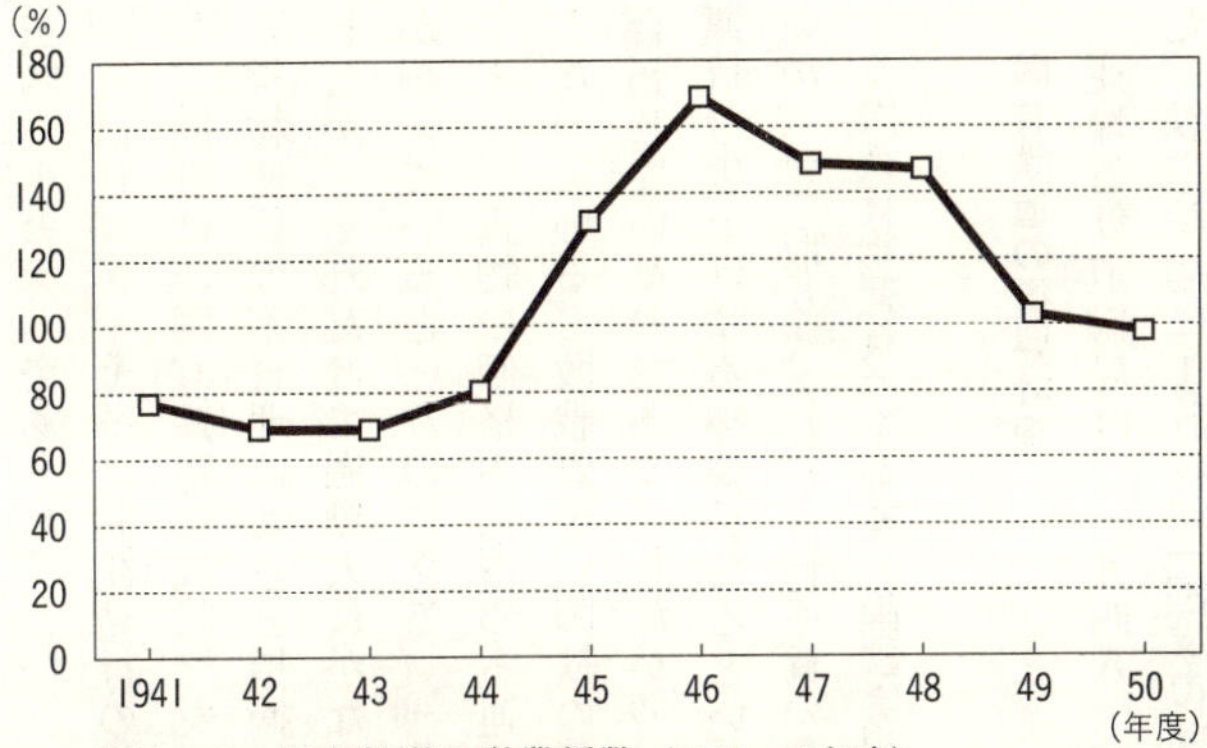

図1－2　国有鉄道の営業係数（1941～50年度）
出典：日本国有鉄道編『鉄道要覧』1960年度版

どれだけの営業費がかかるかを指数で表したもの）を示したものである。一九四四年度まではほぼ六八〜八〇の黒字で推移していたが、敗戦の年の四五年度に一三二となり、四六年度には一六九、四七年度には一四九、四八年度には一四七と一挙に悪化した。国鉄は長い歴史のなかで、敗戦後はじめて赤字を計上したのである。

前掲『国有鉄道の現状』によれば、国鉄が赤字に苦しむようになったのは「国鉄運賃がインフレという汽車に乗りおくれたから」であった。戦後の急激なインフレーションのもとで、物価の高騰、給与の改善によって営業費は著しく増大したのにもかかわらず、国鉄運賃の値上げが遅れたため、収入が増えなかったのである。なお、一九四六年における営業費の内訳は、物件費（石炭、鋼材、銑鉄《せんてつ》、セメント、枕木）六二パーセント、人件費三八パーセントであった。

ただし、ダイヤモンド社発行の新聞『ダイヤモンド日報』は、少し異なった見方をしていた。同紙は『国有鉄道の現状』を詳細に検討しながら、国鉄の財政赤字の要因は人員の過剰と貨物運賃の不合理にあると指摘した。敗戦後、人キロ・トンキロあたりの職員の数は減少したが、それだけで過剰人員がないということにはならない。国鉄は、明らかに過剰人員をかかえているというのである。

また、貨物の価格中に占める運賃の割合は、戦前期の一九三六年と比べるとはるかに小さくなっている。敗戦直後、国鉄の貨物運賃は割安で、貨物輸送による欠損を旅客輸送で埋め合わせていたのである。したがって、国鉄の赤字を解消するには、過剰人員を整理し、貨物運賃を値上げする必要があるというのであった（「実相報告書のトリック　国鉄に過剰人員はないか（一）取り残された貨物運賃の是正」『ダイヤモンド日報』一九四七年九月九日、「旅客に依存する国鉄貨物運賃の不合理　国鉄実相報告書を見て（二）」同、一九四七年九月一〇日）。

国有鉄道の復興計画

運輸省鉄道総局は、一九四八（昭和二三）年五月に『国鉄復興五ヵ年計画試案』を作成した。鉄道総局によれば、「国家復興の基盤をなすものは輸送、就中《なかんずく》鉄道」であり、「国鉄の復興」がなければ、「経済の再建、産業の復興或は文化の伸展」などは、とても期待できないというのである。政府も、「着実に復興への道を前進」するため、総合的復興計画の早期樹立を検討し、一九四八年二月の閣議で、鉄道を石炭と同様の超重点産業に位置づけた。こうして、政府の総合的復興計画の一環として、国鉄復興計画の樹立が要請されたのである。

また運輸省は、一九四七年八月に『国有鉄道の現状』を発表していたので、その事後対策として将来計画を樹立する必要もあった。

『国鉄復興五ヵ年計画試案』では、計画の期間を一九四八年から五二年までの五年とし、計画の基準を四七年の実績に置いた。そして、将来の「安定目標」を戦前期の一九三五年頃の状態に置き、一〇年間で達成するとした。したがって、この試案はちょうどその中間の、五年後における国鉄の姿を描いたものともいえる。

また、『国鉄復興五ヵ年計画試案』では、五ヵ年を前期二年（一九四八～四九年）、後期三年（一九五〇～五二年）に分け、段階的に国鉄の復興をはかるものとされていた。前半の二年間で貨物輸送力の増強をはかり、後半の三年間では徐々に旅客輸送力の増強に重点を移し、旅客輸送の混雑緩和をはかる。また、後半の三年間には諸施設の戦災復旧、荒廃復元を完了したうえで、労働生産性の向上、石炭の消費節減、幹線の電化、車両使用効率の改善、作業の機械化などを実施し、経営の合理化を実現するとされていた。

それでは、試案による五年後の、すなわち一九五二年における国鉄の姿とはどのようなものであったかみてみよう。貨物輸送は、年間約一億六七〇〇万トン（一九四七年度比五四パーセント増）、約三一〇億トンキロ（同三七パーセント増）に達し、国鉄はほぼ完璧に貨物輸送の要請に応えることができるようになる。また、旅客輸送は年間約四〇億人（同一六パーセント増）、約一〇五〇億人キロ（同一七パーセント増）となるのに対し、客車一両あたりの乗車人員は約六五人（同四〇パーセント減）、同じく電車一両あたりの乗客は約八五人（同約三〇パーセント減）となり、幾分の混雑緩和が実現する。

列車運転では、貨物列車キロは一日約三二万キロ（同四〇パーセント増）、旅客列車キロは一日約四三万キロ（同九〇パーセント増）で、総列車キロは一日約七五万キロ（同六六パーセント増）となる。旅客列車と貨物列車の比率は、一九四七年には五八対四二であったが、一九五二年には五〇対五〇となり、貨物列車に重点が移りつつある。なお、電車運転キロは一日約一八万キロ（同六七パーセント増）となる。

以上のような輸送計画を遂行するために必要な車両数は、一九五二年度末において蒸気機関車約五三五〇両（一九四七年度比九パーセント減）、電気機関車約一一五〇両（同一三二パーセント増）、客車一四〇〇〇両（同二一パーセント増）、電車約三五〇〇両（同五七パーセント増）、貨車約一二万両（同一一パーセント増）となり、蒸気機関車が減少し、電気機関車が増加する。

というのは、この五年間に約一三〇〇キロの電化を実現することになっていたからである。なお、その結果、蒸気機関車の運転キロと電気機関車の運転キロの比率は、一九四七年の九四対六から八〇対二〇となり、年間の石炭節減量は約一〇〇万トンとなる。この石炭節減量は、国鉄の石炭総使用量の一五パーセントにあたっていた。

そのほか荒廃した軌道は戦前程度に整備され、列車のスピードアップが可能となる。貨物上屋《うわや》、貨物保管庫などの整備が完了し、重要貨物の雨ざらしなどは解消され、荷役力の強化、貨車運用効率の向上によって輸送速度は著しく向上する。駅本屋《えきほんや》（駅の中心的な建物）、乗降場上屋、その他旅客設備の復旧が完了し、戦前期の水準には及ばないとしても、駅における旅行者の難渋、不便は解消する。さらに、本計画の後期から新線建設を積極的に進め、一九五二年度までに約三五〇キロの新線を開業する。

以上のように、輸送量が増加するのにもかかわらず、職員の総定員は一九四八年度の六一万四〇〇〇人から五二年度には五七万六〇〇〇人に減少させる。そして、客・貨運賃を三・五倍に引き上げ、給与を三七〇〇円、物価水準を現行の七〇パーセント増とすると、一九五一年度に国鉄財政がはじめて黒字となり、五二年度には二二億円の利益が生じることになる。運輸省鉄道総局は『国鉄復興五ヵ年計画試案』を著し、以上のような国有鉄道の五年後の姿を描いていたのである。

幹線鉄道の電化計画

一九四六（昭和二一）年一二月、石炭と鉄鋼を重点的に増産し、化学肥料、電力などの重要産業に配分するという、いわゆる傾斜生産方式が閣議決定された。また、翌一九四七年の閣議において、鉄道を石炭と同じく「超重点産業」として取り扱うという方針が決定され、国鉄復興計画の樹立が求められた。

当時、日本経済は急激なインフレーションの進行に悩んでおり、一九四九年二月には日本経済の自立と安定をめざして、ドッジラインが実施された。ドッジラインとは、GHQの財政金融顧問として来日したアメリカのデトロイト銀行頭取ジョセフ・M・ドッジの指示によって実施された一連の財政金融引き締め政策のことである。

こうしたなかで国有鉄道審議会電化委員会は、一九四九年五月、運輸大臣の諮問《しもん》に対して国鉄幹線三四〇〇キロの電化を速やかに実施すべきであると答申した（国有鉄道審議会電化委員会『経済再建と鉄道電化』）。答申では、鉄道電化と経済発展との関係がつぎのように述べられていた。

鉄道電化は日本経済の再建にとって緊急の課題である。日本経済の再建は石炭の増産を中心に努力されてきているが、鉄道電化はこの大切な石炭を非常に節約することになるからである。石炭の増産は資源的に行詰ってきている。しかし、日本経済を再建してゆくためには、さらに多くの石炭が必要である。鉄道電化は、鉄道輸送のサービスを強化しながら、同時に莫大《ばくだい》な石炭を生みだすと同様の効果を生ずるものである。鉄道電化は石炭の増産を意味する。それは石炭の資源的な行詰りを打開して経済再建を推進してゆく最善の道である。

このように国有鉄道審議会電化委員会は、鉄道幹線の電化に石炭の節約、鉄道経営の合理化、輸送力の増強、各種産業における雇用の拡大などの効果を見出《みいだ》していたのである。電化委員会によれば、当時国鉄の電化キロは約一六〇〇キロで、営業キロのわずか八・三パーセントにすぎなかった。さらに約三四〇〇キロの路線を電化し、本州の主要幹線のほとんどが電化されると約四〇〇万トンの石炭が節約され、経済再建に大きな貢献をなすというのである。

しかも、既存の蒸気鉄道を改修するのであるから、資材や資金をそれほど必要とはしないと見込まれていた。鉄道電化は経済安定九原則と矛盾するどころか、むしろその重要な一環をなし、「安定から復興への移行を推進する起動力」であるというのであった（前掲『経済再建と鉄道電化』)。なお、経済安定本部の資源委員会もエネルギーの合理的な利用という観点から、内閣総理大臣吉田《よしだ》茂《しげる》に同じ趣旨の勧告を行っていた。

その後、一九五五年一一月には、副総裁の天坊裕彦《てんぼうひろひこ》を委員長とする日本国有鉄道電化調査委員会が、日本の経済情勢、技術の向上などを勘案して、国鉄経営の困難を打開するためには、主要幹線約三三〇〇キロの電化を速やかに実施しなければならないという報告書を発表した。当時、石炭の年間消費量が一キロあたり二〇〇トン以上の線区は八〇〇〇キロほどであったが、そのうち経済効果の高い線区三三〇〇キロを電化すべきであるというのである。電化計画線路を示すと、表1-2のようであるが、最初の五年間(第一期)で一六六

	線名	区間	工事キロ
第一期計画	東北	上野～盛岡	505.4
	常磐	上野～仙台	305.7
	北陸	米原～富山	243.6
	山陽	大阪～下関	502.8
	鹿児島	門司港～鳥栖	108.3
	小計		1,665.8
第二期計画	東北	盛岡～青森	204.7
	奥羽	秋田～青森	185.8
	羽越	新津～秋田	271.7
	信越	高崎～新潟	314.7
	北陸	富山～直江津	120.2
	篠ノ井	塩尻～篠ノ井	67.9
	中央	甲府～名古屋	278.8
	関西	名古屋～湊町	175.1
	小計		1,618.9
合計			3,284.7

表1-2　国鉄電化調査委員会による電化計画区間

出典：日本国有鉄道編『幹線電化計画』

五・八キロ、つぎの五年間（第二期）で一六一八・九キロの電化を実施するとされていた。必要な資金は第一期、第二期あわせて、施設費七八〇億円、電気機関車新造費七八一億円（一二六九両）、隧道《ずいどう》等関連施設改修費二六〇億円など、合計約一八二一億円にのぼり、それによって節約される石炭は、三三〇〇キロの電化が完成する一九六五年度に二六〇万トンとなり、年間約九五億円の経費が節減されるというのである。

鉄道の電化は、石炭を他産業に振り向けるとともに、鉄道の動力費を節減して鉄道経営に貢献する。また、電気運転は輸送力の増強、サービスの改善にも役立ち、鉄道経営を根本的に近代化することになる。さらに車両工業や電機工業などの発展を促し、雇用を拡大することにもなるというのであった（日本国有鉄道編『幹線電化計画』）。

Ⅲ　私鉄の戦後復興

私鉄の戦争被害

空襲は国鉄ばかりでなく、私鉄にも大きな被害をもたらした。一九四四（昭和一九）年六月、米軍による北九州への爆撃で西日本《にしにっぽん》鉄道などが大きな被害を受けた。同年一一月からは米軍による本土空襲が本格化し、全国各地の市内電車や郊外電車にも被害が及んだ。

東京都電は、一九四五年三月一〇日、四月一三日、一五日、五月二四日、二五日の大空襲で、一二ヵ所の営業所と六〇二両の車両を焼失し、敗戦時には運転可能な車両はわずか二九六両となった。大阪市電も同様で、三月一三日、六月一日、七日、一五日などの空襲で三七三両の車両を失い、敗戦時に使用できたのは一一九両のみとなり、三分の一の路線が運転休止となった。空襲の被害は、神戸市電、鹿児島市電、伊予《いよ》鉄道松山市内線、長崎電気軌道などにも及んだが、もっとも大きな被害を受けたのは広島電鉄市内線であった。八月六日の原爆投下によって一二三両のうち一〇八両の車両が被害を受け(全焼二二両、半焼三両、大破二三両、中小破六〇両)、「全国私鉄業界中その例を見ない程大きな打撃を」受けたのであった(『広島電鉄開業80・創立50年史』)。

郊外電車では、東急井の頭線《とうきゅういかしら》(現・京王井の頭線《けいおう》)の永福町《えいふくちょう》車庫が被災し、三一両の車両のうち二四両を失った。阪神《はんしん》電鉄も戦災で九九両の車両を焼損し、近鉄南海《きんてつなんかい》線では一六六両の車両を焼失した。名古屋鉄道沿線の名古屋、岐阜、一宮《いちのみや》、岡崎《おかざき》、豊橋《とよはし》などの諸都市も空襲を受け、市街地の大半を焼失した。その影響で名古屋鉄道は多くの車両や施設を失い、管理部長の土川元夫《つちかわもとお》が回想しているように、「当時車両は修理材料の不足、材質の悪化、人手不足が相まって、栄養失調の老人のような車ばかりであった。ラッシュ時に三時間も走れば動かなくなる。朝のラッシュをすますと修理して夜のラッシュに間に合わせる」という状況となった（『名古屋鉄道百年史』）。

空襲による私鉄の被害状況についてみると、線路二七八キロ（全体の三パーセント）、橋梁四〇ヵ所（同二パーセント）、停車場一〇四ヵ所（同二パーセント）、建物一三万六一五二坪（同一二パーセント）、電車線路一一三四キロ（同一二パーセント）、変電所五〇ヵ所・四万八一〇キロワット（同六パーセント）、同変成機器七九基（同七パーセント）、通信線三〇〇五キロ（同九パーセント）、連動装置七七ヵ所（同一七パーセント）、踏切警報器三六ヵ所（同三パーセント）、蒸気機関車三二両（同六パーセント）、電気機関車一八両（同一〇パーセント）、電車二一三三両（うち、廃車程度九四〇両、同二五パーセント）、客車五四両（同四パーセント）、貨車四四一両（同四パーセント）に及び、とくに電車の被害が大きかった。なお、私鉄全体の損害額は、一九四五年一〇月当時の時価で約四億四〇〇〇万円にもなった（小澤弘《おざわひろし》「戦後に於ける私鉄の経営」『運輸調査月報』一九四八年一月）。

敗戦直後の私鉄経営

戦前・戦後における地方鉄道・軌道（私鉄）の営業キロの推移をみると、図1-3のようである。私鉄の営業キロは、戦時期の国有化・公営化、および休廃止のために縮小し、一九

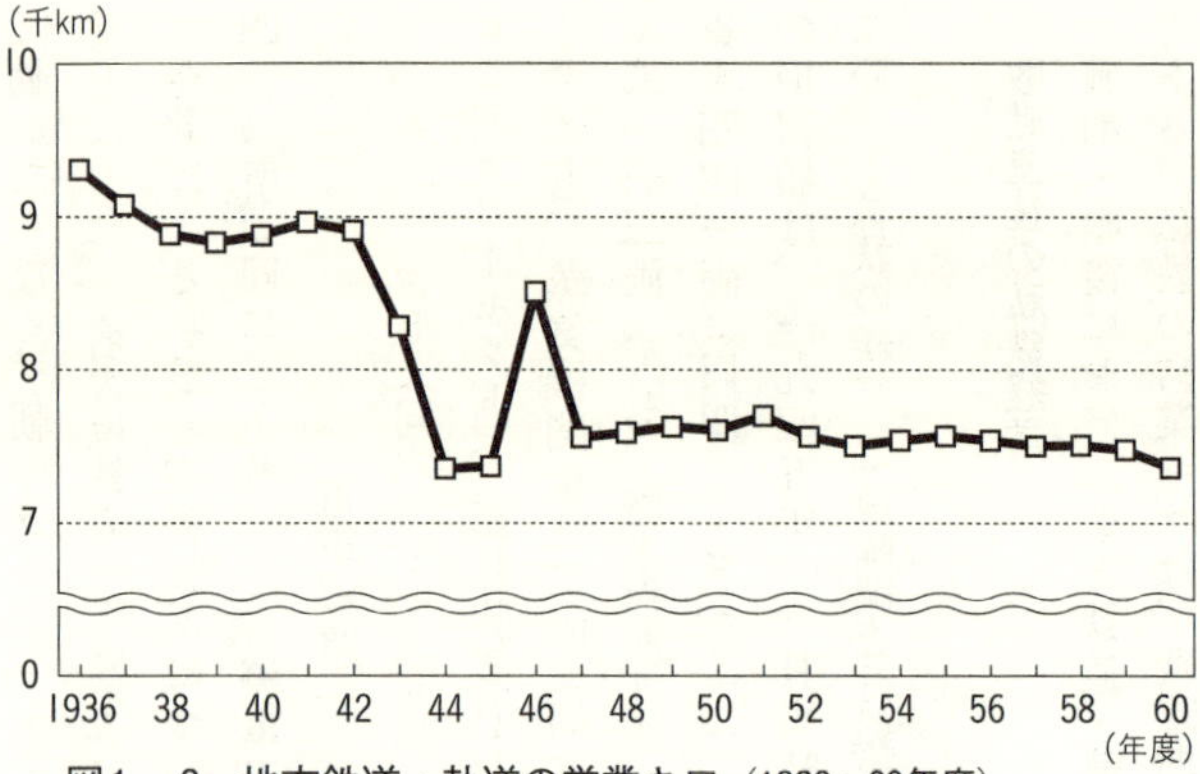

図1－3　地方鉄道・軌道の営業キロ（1936～60年度）
出典：日本国有鉄道編『鉄道要覧』各年度版

三六（昭和一一）年度には九三一七キロであったが、四五年度には七三八〇キロとなった。戦後は国有化・公有化された私鉄の復元運動が起こり、一九四六年度には八五二二キロに増加した。しかし、翌一九四七年度には路線を廃止する中小私鉄が続出し、七五六九キロに減少した。それにもかかわらず輸送人員は激増し、一九四七年度には二億七六〇〇万人となった。その後の私鉄の営業キロは、一九六〇年度までほぼ横ばいで推移している。

一方、私鉄経営は、戦後の激しいインフレーションのもとで、営業収入は急激に増加したものの営業費もかさみ、図1－4のように営業係数は著しく悪化した。戦前期の一九三六年度における営業係数は五八であったが、四五年度には七二、四六年度には九七、四七年度には九九、四八年度に

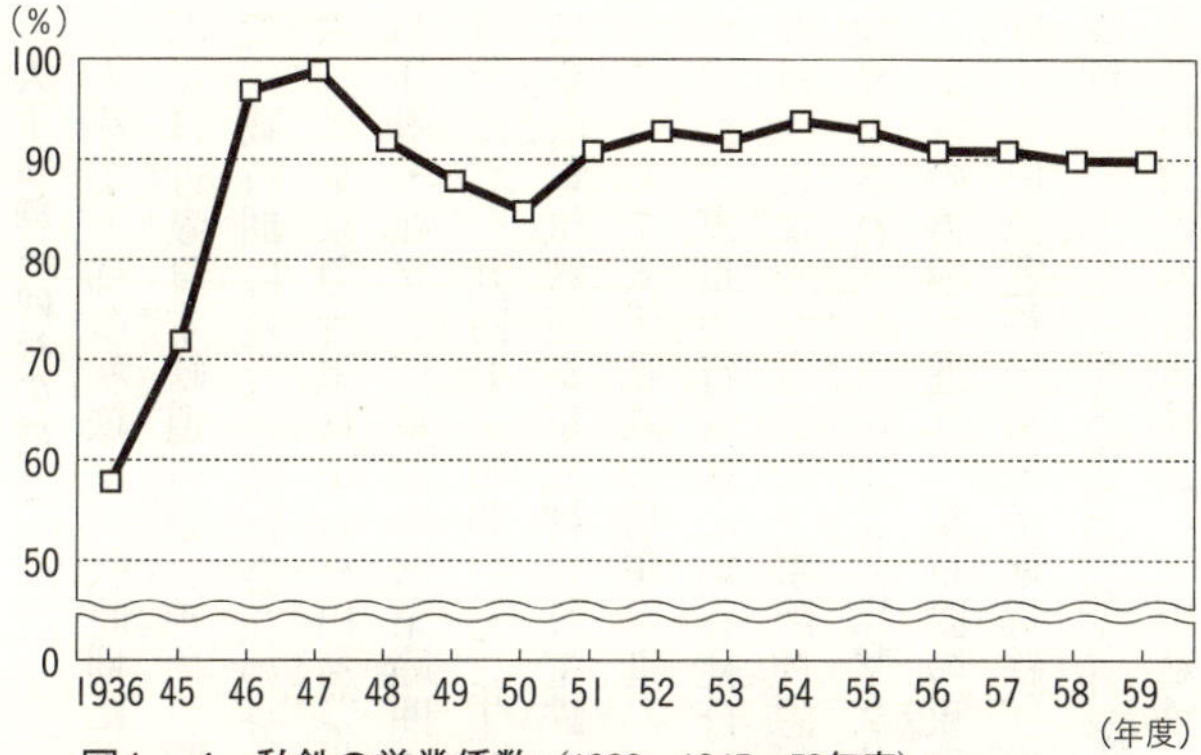

図１－４　私鉄の営業係数（1936、1945〜59年度）
出典：私鉄経営者協会編『私鉄の現状』経営資料、第13号

は九二と九〇を超えるのであった。国鉄の営業係数と比べれば、それでも良好なパフォーマンスを示していたといえるが、敗戦後の私鉄はほとんど利益を得られない状況がつづいていたことになる。私鉄の営業係数は、一九四九、五〇年度には八〇台となり若干の改善をみせるが、五一年度以降は再び九〇台となった。

経営悪化の要因は、人件費の増大である。一九三六年度の従業員数は九万一六五八人であったが、一九四五年度には一三万六二〇五人、四八年度には一五万八九五四人と約一・七倍に増加した。しかも、ＧＨＱによる民主化政策のもとで労働攻勢が強まり、賃金が著しく上昇していた。一九四八年度における営業費に占める人件費の割合は、五七パーセントにもなっていたのである。

大手私鉄一四社の成立

大都市近郊の私鉄は、戦時期に政府の勧奨によって統合され、関東では東京急行電鉄、関西では近畿日本鉄道《きんきにっぽん》、京阪神急行電鉄《けいはんしん》が成立した。敗戦後はGHQによる反独占政策のもとで、戦時期に統合された会社の分離・独立が行われた。関東では、一九四八（昭和二三）年六月に東京急行電鉄から小田急《おだきゅう》電鉄、京浜《けいひん》急行電鉄、京王帝都電鉄（現・京王電鉄）の三社が分離・独立し、東急の営業範囲は、一九四二年以前の東京横浜電鉄の状態にもどった。関西では、一九四七（昭和二二）年六月に南海《なんかい》電気鉄道が近畿日本鉄道から、四九年一二月には京阪《けいはん》電気鉄道が京阪神急行電鉄から分離・独立した。

こうして大手私鉄の再編が進んだが、それは戦前期への単なる復帰を意味するものではなかった。東京急行電鉄の場合には、小田急電鉄系の旧帝都電鉄（井の頭線）が京王帝都電鉄の路線となった。また、京阪神急行電鉄の場合には、旧京阪電気鉄道の新京阪線が分離の対象外とされ、阪急《はんきゅう》電鉄京都線となった。

私鉄の再編が進み、東京圏の東武《とうぶ》鉄道・東京急行電鉄・西武《せいぶ》鉄道・京成《けいせい》電鉄・京浜急行電鉄・小田急電鉄・京王帝都電鉄、中京圏の名古屋鉄道、近畿圏の近畿日本鉄道・京阪神急行電鉄（一九七三年に阪急電鉄と社名を変更）・京阪電気鉄道・阪神電気鉄道・南海電気鉄道、北九州圏の西日本鉄道の大手私鉄一四社が成立した。その全私鉄に占める割合を一九五〇年度でみると、資本金は二八・七パーセント、営業キロは三七・九パーセント、旅客数は五〇・五パーセントであった。

一方、国鉄による戦時買収鉄道の払い下げ運動も盛り上がった。南海電気鉄道は、並行して走る阪和《はんわ》線の払い下げを熱望して、一九四九年頃には激しい運動を繰り広げていた。また、吉田茂内閣は、鶴見《つるみ》線、南武《なんぶ》線、青梅《おうめ》線など数線の払い下げ法案を準備したが、結局実現しなかった。

なお、私鉄は敗戦後極端な車両不足に陥り、国鉄から戦時型モハ六三型の払い下げを受け、急場をしのいでいた。東武鉄道が四〇両、東京急行電鉄、名古屋鉄道、近畿日本鉄道、山陽《さんよう》電気鉄道がそれぞれ二〇両、合計一二〇両の払い下げを受けた。

大手私鉄は、輸送力を回復するのにともなって、旅客誘致を目的に特急の運行を開始した。まず、近鉄が一九四七年一〇月に上本町《うえほんまち》～名古屋間で一日二往復の特急列車の運転を開始し（伊勢中川《いせなかがわ》乗り換え）、四八年七月からは上本町発の特急をすべて宇治山田《うじやまだ》まで延長した。また、同年一〇月には、小田急電鉄が新宿《しんじゅく》～小田原《おだわら》間にノンストップの週末特急を走らせた。東武鉄道も一九四九年二月から、浅草《あさくさ》～東武日光《とうぶにっこう》間に特急列車を毎日一往復（週末は二往復）運行した。京阪神急行電鉄は、一九四九年四月から梅田《うめだ》～神戸間に特急運転を再開し、京阪電鉄を分離した同年一二月からは京都～神戸間でも特急を運行した。京阪電鉄は、一九五〇年九月に天満橋《てんまばし》〜三条《さんじょう》間で特急運転を開始した。

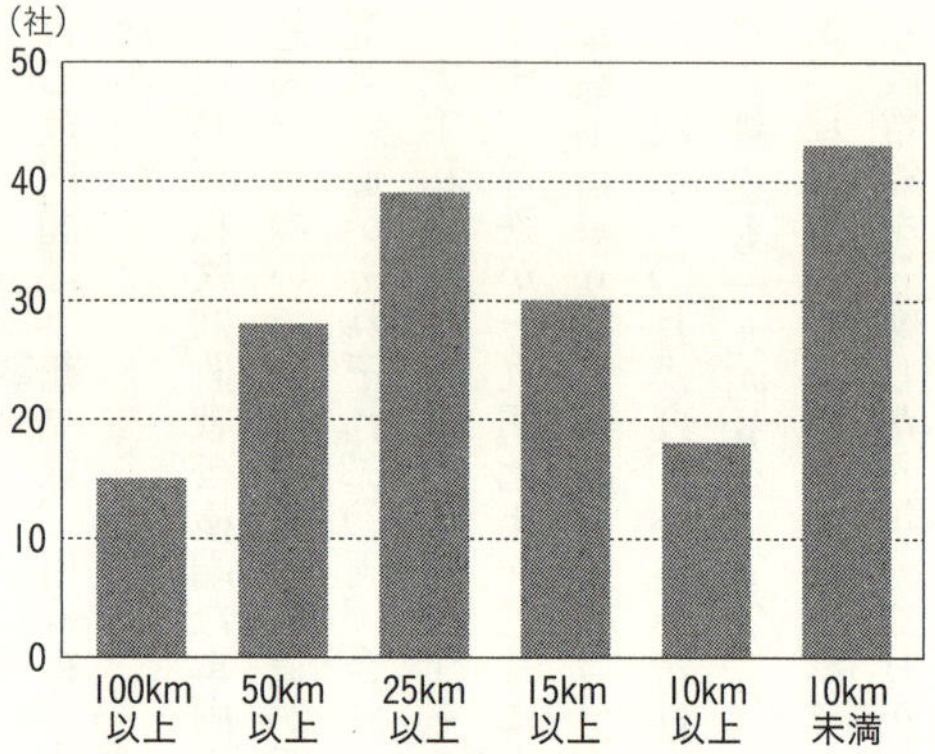

図1－5　営業キロ別私鉄事業者数

出典：私鉄経営者協会編『私鉄の現状』経営資料、第13号

大手私鉄と中小私鉄の経営

一九五九（昭和三四）年度末における私鉄の事業者数を営業キロ別にみると、一〇〇キロ以上一五社、五〇キロ以上二八社、二五キロ以上三九社、一五キロ以上三〇社、一〇キロ以上一八社、一〇キロ未満四三社で、五〇キロ以上の事業者は全体の約四分の一にすぎない（図1－5）。私鉄事業者の圧倒的多くは、営業キロ五〇キロ未満の中小事業者であった。戸口から戸口へと旅客や貨物を輸送する自動車輸送が発展すると、これらの中小私鉄は貨客輸送量を減らしていった。貨物はトラックに奪われ、旅客はバスに奪われたのである。

中小私鉄の多くは、比較的人口の稀薄《きはく》な農山漁村を営業基盤としていた。一九六〇年一〇月施行の国勢調査によれば、日本の総人口は前回の調査（一九五五年）よりも四一四万人余り増加して九三四一万人となった。しかし、人口増加の著しかったのは東京都一六五万人（増加率二〇・五パーセント）、大阪府八九万人（同一九パーセント）、愛知県四四万人（同一二パーセント）、福岡県一五万人（同四パーセント）などで、全国各地の農山漁村から東京都をはじめとする大都市圏へ人口が流入したのである。こうして、中小私鉄の経営基盤は崩れ、営業を廃止する事業者が現れた。

大都市圏では、私鉄の輸送力が輸送需要を大きく下まわっており、一九五九年度版の『都市交通年報』によると、乗車効率（旅客の乗車人員の定員を超える率）は、最混雑区間一時間平均で二〇〇〜二六一パーセントであった。つまり、定員の二倍以上の旅客が乗車していたことになる。ただし、運賃は原価主義によって決定される建前にはなっていたが、実際には通勤割引や通学割引などの公共負担が課され、十分に機能していなかったため、乗車効率のわりに収入はそれほど増えなかった。

第2章　日本国有鉄道の成立

I　国鉄の経営形態をめぐって

民間払い下げ論と独立採算制論

敗戦直後の一九四五（昭和二〇）年九月頃から国鉄の経営形態の根本的改革を目論《もくろ》む動きがみられ、三菱《みつびし》経済研究所、新日本金融問題研究会のほか、官僚・政治家で実業家でもあった河合良成《かわいよしなり》らが、国鉄を民間に払い下げ、民営事業として経営すべきであると主張するようになった。GHQによる国鉄の接収を回避しつつ、公債を株式と交換することによって処理し、悪性インフレの防止、経済の復興をはかるというのであった。国鉄は、軍需産業などと比べると戦争被害が少なかったので、財界は国鉄の民間払い下げに好意的であったのである。

しかし、国鉄の事業と資産の民間払い下げは、日本経済に重大な影響を及ぼすので、政府としては軽々に賛成できなかった。国鉄当局は、国有国営たる経営形態の利害を慎重に検討した結果、国有国営の弊害を除去して国鉄本来の官庁的な企業形態の妙味を発揮することこそが、戦後経済の再建をめざす国鉄の使命であると考え、民間払い下げ論には反対の立場をとっていた。

とはいえ、国鉄当局は官庁的経営の長所を発揮しつつも、民間企業的な特長を加味した経

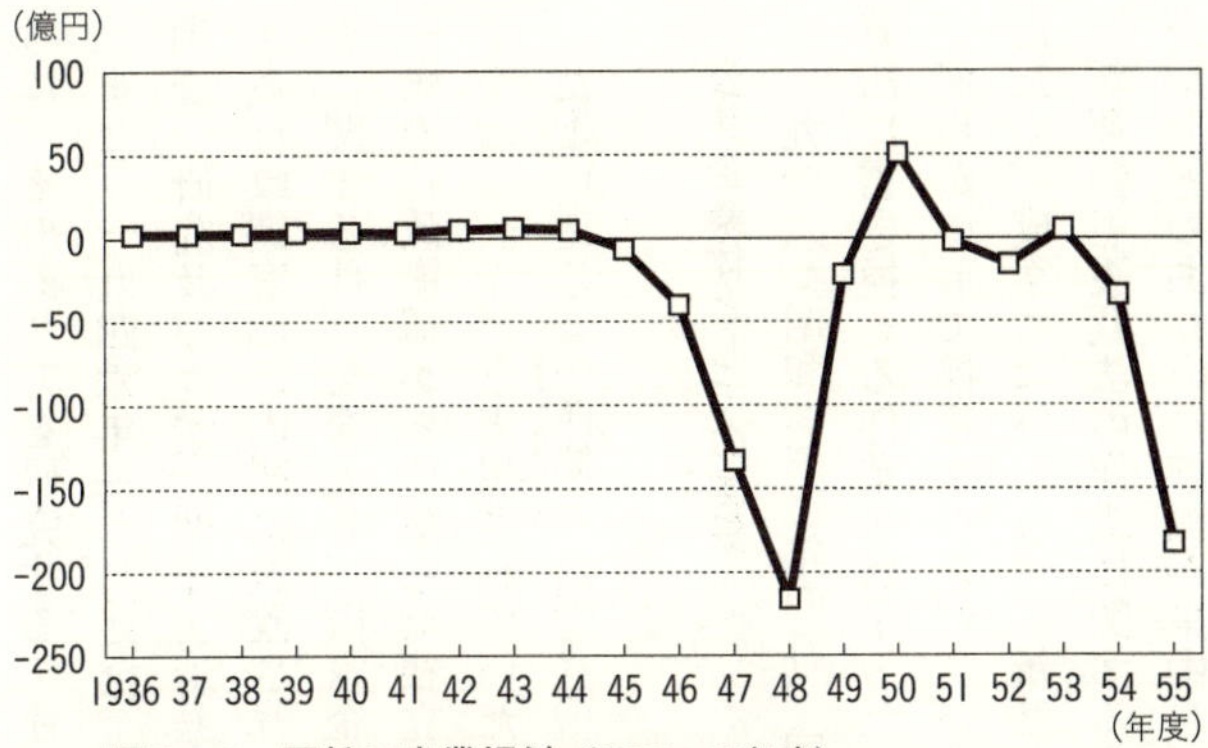

図2－1　国鉄の事業損益（1936～55年度）

出典：日本国有鉄道編『鉄道要覧』各年度版

営方式を実現する努力をしなければならないと考えていた。図2－1にみるように、国鉄は一九四五年度の決算で創業以来はじめて赤字となった。赤字決算は一九四九年までつづき、特別会計制度のもとにあった国鉄財政は破綻した。その結果、国鉄は運賃値上げ、経費削減、一般会計からの繰り入れなどの方策を取り入れざるをえなくなった。こうしたなかで独立採算制論が議論されたが、国有鉄道の経営形態を根本的に改革するようなものにはならず、一九四八年三月における帝国鉄道会計法の国有鉄道事業特別会計法への改正も不徹底なものに終わった。

　ところで運輸省は、一九四六年五月、財団法人運輸調査局を創設し、パブリック・コーポレーション（public corporation）、独立採算制論、各国の国鉄改革論などの調査研究にあたらせた。政府部内においても、国営企業の経営形態について諸外国の例を参考に、そのあり方を研究する気運が生じていたのである。

また、一九四六年一〇月には、「行政機構及び公務員制度並びに行政運営の改革に関する調査、研究及び立案に関する事業を掌《つかさど》る」(「行政調査部臨時設置制」第一条) ことを目的とする行政調査部が内閣に設置された。同調査部は、一九四七年一一月に「国家企業の経営形態に関する件」を発表し、国家企業のうち鉄道、通信および専売の事業においては、経営を一般の行政機構から分離した独立の経営体として組織し、企業的に運営すべきだとした。ここでは「公庁」と表現されていたが、独立採算制を原則とする公共企業体の構想が示されていたといえる(中西健一《なかにしけんいち》『国有鉄道—経営形態論史』)。

公共企業体としての国鉄

一九四八(昭和二三)年四月、国家行政組織法案の趣旨にそって、運輸省官制を運輸省設置法に書き換える作業が始まった。その作業の過程で、独立採算制および行政と企業の分離を何らかの形で採用すべきだという声が起こったが、国家行政組織法案が重大な修正を受けたため、成案にはいたらず、新たな構想にもとづく新運輸省設置法案の作成に取りかかった。

新運輸省設置法の作成に関する作業は、一九四八年七月二一日から着手され、国有鉄道の企業形態のあり方に議論が集中し、①運輸省の内局として鉄道総局を設置する、②鉄道院を外局として設置する、③新たに鉄道省を設置するなどの三案が示された。いずれも行政組織を温存するとしており、国鉄という現業機構を行政組織から分離独立させるという考えはなかった。

その翌日の七月二二日、連合国軍最高司令官のマッカーサーは、芦田均《あしだひとし》首相宛てに国家公務員法改正に関する書簡を送った。GHQは、官公庁労働者を中心に計画された一九四七年二月一日のゼネストに中止命令を出すなど、労働運動に規制を加えていた。マッカーサー書簡もその一環で、芦田内閣は同書簡にもとづいて政令二〇一号を公布し、国家公務員の争議権・団体交渉権を否認し、従来の労働協約は無効であるとした。

しかし、マッカーサー書簡には、もう一つ重要な問題が含まれていた。そこには、「鉄道並びに塩、しょうのう、煙草《たばこ》の専売などの政府事業に関する限り、これらの職員は普通公職から除外されてよいと信ずる。しかしながらこの場合にはこれらの事業にはこれらの事業を管理し運営するために適当な方法により公共企業体が組織さるべきである」と述べられていた（日本国有鉄道編『日本陸運十年史』）。

すなわち、国鉄や塩、樟脳《しょうのう》、煙草の専売などの政府事業を、公共企業体に改編するよう指示していたのである。これは、国鉄の組織を運輸省のなかに置くという政府の方針とは大きく異なっていた。GHQは、一九四八年一二月に「経済安定九原則」をつきつけ、四九年二月にはドッジラインと呼ばれる経済安定化政策の実施を要請し、国鉄を公共企業体に改編すべきだとせまったのである。

国鉄当局は、イギリスの運輸委員会、アメリカのテネシー川流域開発公社（TVA）などの法規やアメリカの鉄道労働法を収集して、法案の起草を開始した。その結果、①内閣が事業官庁としての「鉄道総庁」を設置する（A案）、②運輸大臣の監督の下に特別法人たる「国有鉄道庁」を設置する（B案）、③特別な管理機関を有する「国有鉄道公社」を設置する（C案）という三案が考えられた。日本政府は、A案とB案を実現可能な案とみていたが、総司令部民間運輸局（CTS）は、国有鉄道の公共性と企業性の両立をはかるため、C案を実現すべきであると主張した。こうして、一九四八年九月一一日に「日本国有鉄道設置に関する方針（国有鉄道機構改革要綱試案）」が決定され、一二月に日本国有鉄道法が成立した。国有鉄道改革要綱試案は、①能率的運営の確保、②独立採算制の確保、③行政と企業経営との分離、④政治的影響の排除などを目的にかかげていたが、実現されたのは③のみであった。したがって、一九四九年六月一日に設立された日本国有鉄道（JNR、Japanese National Railways）は官庁色の濃い公共企業体となった。しかし、それでも国有鉄道は、これまで一般行政官庁として運営されてきたので、これは抜本的な改革であったといえる。

日本国有鉄道は、「国が国有鉄道事業特別会計をもって経営している鉄道事業その他一切

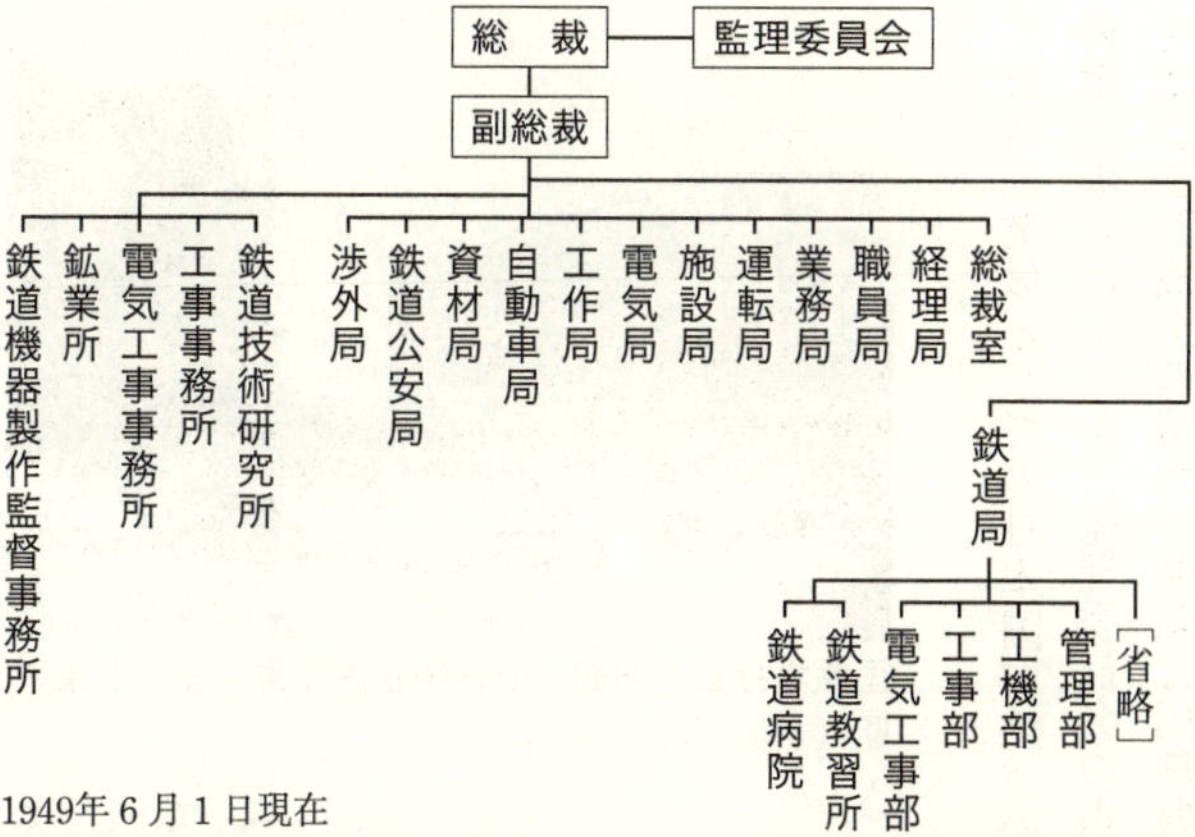

1949年6月1日現在

国鉄の組織図（原田勝正『鉄道（産業の昭和社会史8）』より）

の事業を経営し、能率的な運営により、これを発展せしめ、もって公共の福祉を増進すること」（「日本国有鉄道法」第一条）を目的とする「公法上の法人」であった（同第二条）。そして、監理委員会を設置し、業務運営の指導統制という権限を与えた（同第一〇条）。なお、監理委員会には、国鉄の総裁候補者を推薦する権限も与えられていた。また、国鉄の役員、職員は、国家公務員法ではなく、公共企業体労働関係法の適用を受けることになった。さらに国有鉄道の財政は、政府の強い監督を受け、鉄道その他の部門の営業開始、休止、廃止などは運輸大臣の監督を受け、運輸大臣は必要に応じて国有鉄道に対して命令を下すことができた。

　このようにして国有鉄道は、公共企業体として出発することになった。京阪電気鉄道社長の

国鉄本社ビル旧館（旧鉄道省新庁舎。左）と東京駅（写真・鉄道博物館）

太田垣士郎《おおたがきしろう》は、同社の京阪神急行電鉄からの分離を決議した一九四九年九月の臨時株主総会で、公共企業体として発足した国鉄の脅威についてつぎのように述べている（『京阪百年のあゆみ』）。

従来国鉄として、寧《むし》ろ私鉄を擁護する立場にありました鉄道が、本年六月一日より公共企業体として発足致しまして、而《しか》も独立採算制をとる立場から茲《ここ》に営利的経営方針をとり、新に私鉄の強敵として出現して参ったのであります。運転時間の短縮、車輛《しゃりょう》の新造、宣伝サービスの向上等、一《ひとつ》として私鉄に対して脅威とならぬものはないのであります。

公共企業体としての日本国有鉄道の誕生は、「帝国の鉄道」から「国民の鉄道」への転換の第一歩といえるが、監理委員会の指導・監督がどこまで国民の意思を反映できるのか、政府による財政上の監督と制限は国鉄財政の独立採算制を脅かすのではないかなどというおそれがあった。そして、国鉄の各種業務が、運輸大臣の監督権限のもとに置かれるのは、国鉄の当事者能力を阻害するのではないかなどともいわれ、公共企業体としての日本国有鉄道の自主的運営は発足当初から脆弱《ぜいじゃく》で、「官業の継続」という側面を色濃く残していた（運輸経済研究センター編『鉄道政策論の展開―創業からJRまで120年』）。

当時、日本政府がパブリック・コーポレーションに関して正確な知識をもち合わせていなかったというのは俗説であるとしても（中西健一『戦後日本国有鉄道論』）、イギリスやアメリカでは官業の非効率性が問題とされていたのに対し、日本にはそうした観点はほとんどなかった。そのため国鉄は、政府による事業運営および財政上の強い監督権限を残したままの、いわば日本型公共企業体として発足することになったのである。

国鉄の初代総裁には下山定則《しもやまさだのり》が就任した。政府は国鉄総裁には民間経済人を登用したいと考え、阪急電鉄の創業者として著名な小林一三《こばやしいちぞう》にも打診したようであるが、結果的に初代総裁は運輸次官の下山定則に決まった（老川慶喜『小林一三―都市型第三次産業の先駆的創造者』）。

下山事件・三鷹事件・松川事件

第三次吉田茂内閣は、一九四八（昭和二三）年五月、定員法にもとづき公務員二七万人の整理に乗り出し、国鉄については約六〇万人の職員のうち一〇万人を解雇するという方針を示した。初代総裁の下山が最初に手がけなければならなかったのは、国鉄職員の大量解雇であった。

しかし、下山は就任直後の一九四九年七月五日、事件に巻き込まれたのか突然消息を絶った。この日の朝、八時二〇分頃、下山は公用車のビュイックで大田区上池台《おおたくかみいけだい》の自宅を出た。出勤途中、運転手に指示をして日本橋《にほんばし》の三越《みつこし》百貨店に立ち寄ったが、開店前だったため国鉄本社に向かい、千代田《ちよだ》銀行（のちの三菱銀行、現在の三菱UFJ銀行）で用事をすませ、再度三越を訪れた。時刻は、午前九時三八分頃であった。運転手に五分くらいだから待つようにと告げ、急ぎ足で三越の店舗に入っていったが、そのまま消息を絶った。

国鉄の人員整理をめぐり、緊迫した状況にあり、その日も午前九時から重要な局長会議が予定されていた。失踪事件として捜査が始まったが、翌七月六日の午前〇時二六分頃に、国鉄常磐線綾瀬《あやせ》駅付近の線路上で汽車に轢断《れきだん》された下山の遺体が発見された（下山事件研究会編『資料・下山事件』）。

当時、ドッジラインのもとで緊縮財政が実施され、占領軍は国鉄に対して一〇万人近い人員整理をせまっていた。前述の吉田内閣の方針もこれを受けてのことであった。共産党系の産別会議（全日本産業別労働組合会議）と国鉄労働組合は、国鉄の人員整理に頑強に反対していた。下山は、労働組合との交渉の矢面に立ち、事件前日の七月四日には三万七〇〇〇人の従業員に対して第一次整理通告を行っていた。自殺説・他殺説など、下山事件をめぐってはさまざまな見方があるが、真相は未だに不明である。

松川事件（写真・読売新聞社）

下山事件から一〇日後の七月一五日、今度は国鉄中央線の三鷹《みたか》駅で奇怪な事件が起こる。午後九時二〇分頃、三鷹電車区構内に滞留していた七両編成の無人電車が突然動き出し、三鷹駅一番線ホームに突っこみ車止めに激突した。電車はさらに暴走し、駅前の運送店に飛び込んでようやく止まった。男性六名が即死したほか、二〇名の重軽傷者が出た。三日前の七月一二日、国鉄は第二次人員整理のため、約六万三〇〇〇人の職員に解雇通告を発していたので、政府および検察当局はそれに反対する国鉄労働組合三鷹電車区分会の日本共産党員ら一〇名の犯行とみて逮捕した（片島紀男『三鷹事件―1949年夏に何が起きたのか』）。

それからほぼ一ヵ月後の八月一七日の午前三時九分頃、福島県信夫《しのぶ》郡金谷川《かなやがわ》村（現・福島市松川町金沢《まつかわまちかねざわ》）で、C

五一が牽引《けんいん》する青森発奥羽本線回り上野行きの上り旅客列車が突然脱線転覆した。現場は、東北本線松川《まつかわ》〜金谷川間のカーブ入口地点で、先頭の蒸気機関車が脱線転覆、後続の荷物車二両、郵便車一両、客車二両も脱線し、機関士一名、機関助士二名が死亡し、一〇名ほどの乗客・乗務員が重軽傷を負った。

現場検証の結果、転覆地点付近にある線路継目部のボルトナットがゆるめられ、継目板がはずされていた。レールを枕木上に固定する犬釘《いぬくぎ》も多数抜かれており、長さ二五メートル、重さ九二五キロのレールも一本はずされていた。捜査当局は、大量人員整理に反対する、東芝《とうしば》松川工場の労働組合と国鉄労働組合の謀議によるものとみて捜査を行った(福島県松川運動記念会編『松川事件五〇年』)。

このように日本国有鉄道発足後、下山事件、三鷹事件、松川事件という奇怪な事件が相次いで起こった。当時国鉄は、大量の人員整理をかかえていたので、それに反対する労働組合員や共産党員の仕業であると流布されてきたが、真相は解明されていない。

桜木町電車事故

鉄道事故は、日本国有鉄道発足後も止《や》まなかった。一九五一(昭和二六)年四月二四日には、国鉄京浜東北線(現・根岸《ねぎし》線)桜木町《さくらぎちょう》駅で電車が炎上するという事故が起きた。赤羽《あかばね》発桜木町行きの京浜東北線下り電車が桜木町駅に進入したさいに、碍子《がいし》を交換していた上り線の架線が断線垂下してパンタグラフにからんで火花を発生させ、一両目の車両が全焼、二両目の車両も延焼した。

この事故で一〇六名の旅客が死亡し、重軽傷者は九二名にのぼった。事故の直接の原因は作業上のミスであったが、被害が大きくなったのは設備や車両が老朽化し、しかも戦時設計の車両であったので、三段の窓ガラスで非常ドアコック（乗車扉非常圧搾空気開放弁）もなく、乗客が脱出できなかったからであった。桜木町事故を契機に窓ガラスの二段化、非常ドアコックの設置が進められた。

桜木町電車事故（写真・毎日新聞社）

鉄道ジャーナリスト山川三平《やまかわさんぺい》の『桜木町日記—国鉄をめぐる占領秘話』（一九五二年）は、桜木町事故によって、公共企業体としての国鉄に対する国民の不満と不信が一気に高まったとして、つぎのように厳しく批判する。

鉄道はわけのわからぬ中《うち》に企業体になったが、そのためか商売気ばかり出して東海道線のようなもうかる路線のみをサーヴィスし、支線のサーヴィスは全く考えていない。亦《また》高級乗客のみのサーヴィスをよくし、真の大衆サーヴィスを忘れている。一体国鉄はどっちをサーヴィスの重点にしているのだ。人間が溢《あふ》れ落ちるような電車を走らせているかと思えば、今度は焼き殺すようなサーヴィス振りだ。一体国鉄幹部は何を考えているのか。

山川は、一九四四年に早稲田《わせだ》大学政治経済学部を卒業したのち、鉄道記者を経て雑誌『交通経済』の編集長となった。桜木町事故をめぐって、日本国有鉄道の公共性と企業性との関係が、早くも問われることになったのである。

ところで、第二代国鉄総裁の加賀山之雄《かがやまゆきお》は、桜木町事故の責任を取って総裁を辞任すると表明した。山川は、加賀山の辞任表明をめぐる占領軍運輸局長ミラーと加賀山とのやりとりを興味深く紹介している。

加賀山の辞任表明を聞きつけたミラーは、総裁が責任をもつのはあくまでも日本国有鉄道の経営に対してであって、事故ではない。加賀山の辞意の表明は「世論におもねて昔の封建的腹切《はらきり》精神を出すだけの話」で、「民主国日本にとって望ましからざること」である。このように述べて、辞任を思いとどまるようにと説得した。それに対し加賀山は、それはそうかもしれないが、「日本の社会の問題もあるから、一概に封建性と言わないで私の決定にお任せを願いたい」といって、一九五一年八月に国鉄総裁の職を辞した。そこには、公共企業体としての国鉄を、あくまでも企業ととらえるアメリカと、公共性を重視する日本社会との認識の違いが表れているように思われる。

桜木町事故の犠牲者には米軍将兵三名が含まれていた。事故から一年後の一九五二年一月二四日、横浜市鶴見区の曹洞宗《そうとうしゅう》大本山総持寺《そうじじ》に桜木町電車事故死者慰霊碑（桜木観世音菩薩《ぼさつ》立像）が建立された。そのさい、犠牲となった米軍将兵三名の名は刻まれなかった。米軍によれば、アメリカでは「故人の最近親者の同意がなければ、故人に対して如何《いか》なる儀式も行ってはいけない事になっている」とのことであった。桜木町事故の死者は一〇六名であったが、総持寺の慰霊碑に名が刻まれたのは一〇三名であった。

朝鮮戦争と国鉄

一九五〇（昭和二五）年六月二五日、朝鮮半島の北緯三八度線で戦争が勃発した。北朝鮮（朝鮮民主主義人民共和国）軍が、三八度線を越えて大韓民国《だいかんみんこく》側に侵攻したのである。中華人民共和国の毛沢東《もうたくとう》、ソビエト社会主義共和国連邦のヨシフ・スターリンの了解を得たうえでの行動であった。国連安全保障理事会は、北朝鮮軍の侵攻をとどめるべく国連加盟国に支援を求め、アメリカ軍を主力とした国連軍が編成された。

日本における占領軍の貨物輸送は一九四六年をピークに減少傾向にあり、朝鮮戦争勃発直前には四六年初頭の三分の一程度となり、使用車両数は一日平均六〇〇両を割り込んでいた。占領軍は、米陸軍四個師団、米空軍一個師団、それに少数の英連邦軍からなり、国鉄に課されていたのは通常の補給と演習のための輸送であった。

しかし、朝鮮戦争が勃発すると、国連軍はただちに韓国軍に対する物資の援助を決定し、日本に駐留していた占領軍にその任を与えた。占領軍は国鉄を動員し、朝鮮半島に向けての緊急輸送体制を整備した。

まず、朝鮮戦争勃発の翌日、六月二六日に約四〇両の貨車が動員され、東北本線陸前山王《りくぜんさんのう》駅から横浜の瑞穂《みずほ》貨物駅まで弾薬類が輸送された。また、第三鉄道輸送司令部は、朝鮮から引き揚げてくる連合国関係の民間人を受け入れるために汐留《しおどめ》駅三番ホームを明け渡すよう要求してきた。さらに、陸前山王、田辺《たなべ》、逗子《ずし》、稲城長沼《いなぎながぬま》などの火薬庫から、瑞穂、筑前芦屋《ちくぜんあしや》、小倉《こくら》などの各駅に火薬類が、赤羽からは戦車、火砲類が輸送され、臨時貨物列車が六月二六日一本、二七日二本、二八日六本、二九日一〇本と増加した。第三鉄道輸送司令部は、これらの軍事輸送の機密を保持するよう、横浜にあった国鉄の渉外事務局に対して、六月二六日と二九日の二回にわたって口頭で注意した。

六月三〇日、在日米軍に出動が指令されると、第三鉄道輸送司令部は全員が出勤して部隊輸送を手配した。こうして部隊の動員輸送が始まると、それにともなう土木資材、兵器、食糧などの貨物輸送が増えた。駐屯地にいた部隊はただちに前線への出動を命じられ、これにともなう大量の貨物が小倉、博多《はかた》、佐世保《させぼ》、別府《べっぷ》、筑前芦屋に送られた。また、富士《ふじ》山麓の演習地にいた部隊は、大阪や奈良などの駐屯地への引き揚げを命じられ、これに付随する貨物が御殿場《ごてんば》から梅田や奈良に緊急輸送された。こうして、部隊の動員輸送の開始にともない、貨物輸送の数量は増大し、その範囲も著しく拡大した。

第三鉄道輸送司令部は、京都地区司令官に、部隊や貨物の輸送に必要な貨車（長物車《ながものしゃ》）や双開きの無蓋車を一〇〇両ほど集めるように命じた。その結果、浜松《はままつ》、稲沢《いなざわ》、吹田《すいた》の操車場で二〇〇両余りの空車が集められ、新鶴見操車場に回送された。しかし、こうした輸送は着地における荷役能力を無視して行われたので、門司《もじ》、小倉、遠賀川《おんがかわ》、博多、佐世保などで貨物積載車が充満し、輸送は著しく混乱した。

第三軍が朝鮮半島に出動すると、輸送はしばらくの間低調となった。しかし、戦争が長期化する様相をみせはじめ、一九五〇年八月二五日に国内に兵站《へいたん》司令部が置かれ、日本が朝鮮戦争の兵站基地となると、アメリカ本国、その他の国から補給される大量の軍需物資が在日米軍補給《ほきゅうしょう》廠に収容され、そこから作戦に応じて計画的な輸送が行われるようになった。

八月初旬にはアメリカから補給品が到着しはじめ、着地の荷役能力をはるかに超える輸送が行われはじめた。補給廠からは前線への補給を目的にした発送が大量に行われたので、京浜地区での輸送は大きな混乱をきたした。九州でも、アメリカからの補給が本格化するにともなって、筑前芦屋、博多港、佐世保などで貨車が増え、一般民需品の輸送に影響を及ぼすようになった。空輸と鉄道輸送の連絡も行われるようになり、九月二五日には京浜地帯で積み込まれた貨車を、翌々日の午前中までには九州地区の航空基地に輸送し、そこから朝鮮半島の前線基地に運ぶという計画が立てられた。

朝鮮戦争は、中国での内戦をのぞけば、第二次世界大戦後の東アジアにおける最初の大規模な戦争で、国鉄は臨戦態勢のもとに置かれることになった。運輸省は、米軍の部隊と装備を輸送するため、東海道本線の夜行列車をはじめ、かなりの列車本数を手配したが、その数は「戦時中に日本軍の部隊を呉などに運んだときよりも多かった」といわれている（兼松學述・加賀谷《かがや》貢樹《こうき》記『戦前・戦後の本当のことを教えていただけますか』）。アジア太平洋戦争の終結によって軍事輸送から解放されたばかりの国鉄は、朝鮮戦争で再び軍事輸送を担うことになったのである。

なお、一九五一年九月八日、日本はアメリカなど四八ヵ国と講和条約（サンフランシスコ平和条約）を締結した。これによって連合国軍による日本占領が終了したが、同時に締結された日米安全保障条約にもとづいて米軍は引き続き日本に駐留することになった。講和条約は一九五二年四月二八日に発効するが、その一月ほど前の同年三月三一日、国鉄は米国駐留軍と運送契約を結んだ。占領期の国鉄は、終戦処理費による命令輸送に従事していたのであるが、これによって七年間に及ぶ占領軍運輸局の指示から離れ、国民の鉄道として自主的な経営を展開できるようになったのである。

Ⅱ　国鉄経営の悪化

発足当初の国鉄経営

日本国有鉄道の経営は、発足当初には比較的安定していた。一九四九（昭和二四）年度にドッジラインによる緊縮財政が実施され、戦後インフレが終息するなかで、国鉄も極度の緊縮政策を実施して合理化を推進した結果、経営成績は好転した。たとえば、一九四九年秋頃から資材の購入、工事の請負については公入札制度を徹底させた。ドッジラインのもとで経営悪化にあえぐ関係業界には深刻な影響を与えたが、国鉄の経費節減という点では大きな成果を残した。また、一九五〇年一月からは貨物運賃の八割値上げを実施した。こうして国鉄の経営は安定していったのである。

経営合理化の成果は、①職員数の減少、②運転用石炭消費量の減少、③貨車の運用効率の上昇という形で現れた。国鉄は、戦後業務量が減少したのにもかかわらず、職員数は急激に増加し、一九四七年度には六一万五四三人にふくれあがった。しかし、その後一〇万人を超える人員整理を実施し、一九五〇年度には職員数四七万三四七三人にまで減少した。石炭費は、国鉄の営業費のなかで大きな比重を占めるが、戦後運転用石炭の消費量が増え、一九四八年度には六四八万五〇一三トンとなった。そこで、国鉄では電化を促進するほか、石炭消費節約運動（①焚火《ふんか》技術の向上、②良質炭の購入など）を展開して、一九五〇年度には五二二万二〇八八トンにまで減少させた。そして、貨車の使用効率については、貨車停留時間短縮運動を実施して、一九四五年度に一八・一パーセントにまで低下した運用効率を、一九五〇年度下半期には二六・六パーセントにまで向上させた。

また、朝鮮戦争の勃発が国鉄の経営を好転させた。『日本国有鉄道事業報告』（一九五〇年度）によれば、「年度当初は、旅客・貨物共に低調を極め」ていたが、朝鮮戦争が勃発すると「貨物の輸送要請は次第に強くなり、殊《こと》に一一月頃からの輸送要請の増大は、年を越しても依然衰えず（中略）所謂《いわゆる》冬枯れ期である一月・二月に入っても、毎日四〇万瓲《トン》近くを輸送して尚《なお》滞貨が漸増するという有様であり、旅客もまた年末頃から微増」となったのである。

（単位：千円）

	費　目	予算額	決算額	差　引
営業収入	運輸収入	131,903,911	140,219,477	8,315,566
	雑収入	2,170,193	2,695,403	525,210
	計	134,074,104	142,914,880	8,840,776
営業経費	経営費	109,354,008	116,101,198	6,747,190
	人件費	45,140,069	50,800,456	5,660,387
	物件費	64,213,939	65,300,742	1,086,803
	利子債務取扱諸費	3,223,690	3,180,673	-43,017
	予備費	1,500,000	—	-1,500,000
	減価償却・補充取替費	19,996,406	20,556,406	560,000
	計	134,074,104	139,838,277	5,764,173
差　引		0	3,076,603	3,076,603

表2－1　1950年度における国鉄の予算・決算

出典：日本国有鉄道編「国有鉄道財政の現状」

表2－1は、一九五〇年度における国鉄の当初予算と決算額を示したものである。当初予算では、国鉄の営業収入は、運輸収入（旅客収入と貨物収入）に雑収入を加えて、総額約一三四〇億円と見込まれていた。これに対する経費は、人件費四五一億円、物件費六四二億円、利子債務取扱諸費三二億円、予備費一五億円、減価償却費・補充取替費二〇〇億円、合計約一三四一億円であった。

決算では、朝鮮戦争の影響を受けて軍関係輸送の繁忙、経済界の活況にともなう貨物輸送の増加などを要因として、営業収入は一四二九億円となり、約八八億円の増収となった。一方、営業経費は、朝鮮戦争の影響で資材が高騰したが、合理化を実施して一一六一億円に抑えたため、約三一億円の利益をあげることができた（日本国有鉄道編「国有鉄道財政の現状」）。

一九五一年度における国鉄の輸送トン数は一億六二六九万トンで、前年度比一一九であった。生産活動の活発化にともなう輸送需要の増加に戦時の特殊輸送が加わったため、輸送逼《ひっ》迫《ぱく》、貨車不足が叫ばれ、駅頭滞貨は約二〇〇万トン（平常の駅頭滞貨は約一〇〇万トン）にものぼった。しかし、国鉄の輸送力が漸次増強されたばかりでなく、景気後退の影響で出荷減となり、次第に輸送の逼迫を脱していた。一九五二年度には輸送トン数は前年度を若干上まわっているが、五月中旬の駅頭滞貨は約一〇〇万トンに低下した（経済安定本部編『昭和二七年度 年次経済報告』）。

失われた経営の主体性

しかし、まもなく国鉄財政は悪化の兆しをみせ、国鉄の分割や民営化が論じられるようになった。国鉄は、施設の復旧、輸送力の増強など、解決しなければならない多くの課題に直面していた。一九五三（昭和二八）年度末において、国鉄の総資産額二兆一四一〇億円の一七パーセントにあたる三六〇〇億円が耐用年数を超え、緊急に取り替えを要する資産は約一一〇〇億円にのぼり、資産総額の五パーセントを占めていた。橋梁の経済的耐用年数は四〇年であるが、四〇年以上経過したものが約三三パーセント、五〇年以上経過したものが約五パーセントもあった。また、蒸気機関車の経済的耐用年数は二〇年であったが、二〇年以上経過したものが約四七パーセントを占め、そのうちの二三三両は四〇年以上も経過していた。

これは、不測の事故を引き起こしかねない憂慮すべき事態であったといえる。敗戦直後の混乱期と比べると、運転事故は漸減傾向にあったが、それでも一九五三年度には戦前期の三六年度と比べて件数で約四倍、列車一〇〇万キロあたりでは約三・一倍の事故が発生している。しかも、職員の過失による事故は減っているのに、車両事故は約八・三倍、線路事故は二・七倍に増加していた。事故の原因が、施設の老朽化や車両の酷使にあったことは明らかである。

年末の駅頭滞貨　大阪駅、1950年（写真・毎日新聞社）

また、戦後、国鉄の輸送量は、戦前期に比べて飛躍的に増加したが、客車、電車、貨車などはそれほど増備されなかった。輸送力不足は、通勤輸送の異常な混雑、貨物輸送の繁忙期における駅頭滞貨の山積、適時輸送の困難などを引き起こした。輸送力を増強するためには、客貨車の増備、線路容量の増大をはかるとともに、大都市における通勤輸送対策、幹線の輸送力強化、さらには電化などを実施しなければならなかった。

国鉄は、こうした事態に対処すべく、一九五二年末に旅客・貨物とも三〇パーセントの運賃値上げを要請したが、物価騰貴を刺激するとの理由で値上率を一〇パーセントに抑えられた。償却不足、荒廃施設取り替えのための資金については別途措置を講ずるとされていたが、何もなされずに一九五三年度を越すことになった。一九五四年度の予算編成にあたって、国鉄は再度減価償却費の増加を要望して、一五パーセントの運賃値上げを要請したが、緊縮財政下であるという理由をもって却下された。そのため、一九五四年度の予算編成では、一四〇億円にものぼる給与改定の原資を、収入を水増しして算出しなければならなかった。

公共企業体としての国鉄は、発足当初から経営の主体性を失っていたのである。国鉄は、『国鉄財政の現状』(一九五五年三月)のなかで、つぎのように述べていた。

もとより国鉄としても多くを望んではいない。低廉な運賃こそ、国鉄本来の使命であることは十分承知している。だが、不当にも低い運賃水準を、ほんのもう一歩だけ修正して、本来の企業的採算ベースに引き上げることが解決の鍵であることを認めていただきたい。

> 内部的に進行している症状が表面に出たときは、もうおそい。（中略）国民経済の根幹たる国鉄を起《た》つあたわざるはめにおとし入れないように、冷静なる判断と暖かな協力とを期待するものである。

国鉄の悲痛な叫びともいえるが、それでは当時の国鉄財政の実態はどのようなものであったのであろうか。

国鉄財政と設備投資

一九五三（昭和二八）年度における国鉄の事業収支をみると、収入二五二一億円（鉄道収入二三八五億円、船舶収入六〇億円、自動車収入四一億円、雑収入三五億円）、経費二五一八億円（人件費一〇一九億円、動力費三五九億円、修繕費五七六億円、業務費一六九億円、減価償却費三二六億円、利子及び債務取扱諸費六八億円）で、設備資金は五五三億円（老朽車両の取替一三一億円、老朽施設の取替・改良二二五億円、鉄道の電化五八億円、新線の建設六八億円、主要改良七一億円）であった。このように、国鉄の事業収支の規模は年間約二五〇〇億円で、そのほかに設備資金として毎年五〇〇億円以上の資本を投下していた。かろうじて収支均衡を保っていたが、事業収入のみでは五〇〇億円余の設備資金をまかなうことはできなかった。そこで国鉄は、設備資金を自己資金（三二七億円）のほか借入金（一四五億円）や鉄道債権（八一億円）に依存することになった（日本国有鉄道編『国鉄の事業報告』）。

国鉄では、経費から利子、減価償却費、予備費をのぞいた純粋な営業費を経営費と称し、経営費は人件費と動力費・修繕費・業務費からなる物件費に区分されていた。人件費と物件費の割合は、戦前の一九三六年度には人件費五五パーセント、物件費四五パーセントであったが、五三年度にはそれぞれ四八パーセント、五二パーセントとなり、物件費がかなり膨張している。また、物件費の内訳をみると、動力費は一三パーセントから一七パーセントに、修繕費は一七パーセントから二七パーセントに増加したが、業務費は一五パーセントから八パーセントに減少している。業務費は、運転や営業に要する費用で、業務量の増減によって変動するが、国鉄は業務量が増大したのにもかかわらず、節約に節約を重ね、業務費を抑えてきたのである。以下、経営費のうち人件費、動力費、修繕費の動向について検討し、最後に設備資金の調達について問題点を指摘しよう。

人件費は、職員数と給与単価によって決定される。一九五三年度末の職員数は四四万六八三七人であった。戦後もっとも多くの職員をかかえていた四七年度の職員数は六一万五四三人であったから、約一六万四〇〇〇人も減ったことになる。一九四九年度の行政整理によって、一〇万人以上の職員を整理したが、その後の輸送量の増加にもかかわらず不補充の方針を貫いてきたのである。したがって、職員一人あたりの生産性は、戦前の一九三六年と比較すると、換算車両キロ（列車キロ×車両数）は四パーセント、人キロは九三パーセント、トンキロは五二パーセントほど向上したことになる。また、職員のうちの管理要員の数も減少し、一九三六年度の二万五八一人とほぼ同数の二万一五二〇人となり、この人数でほぼ三倍に増えた業務量と、ますます複雑となった管理業務をこなしていた。

動力費の経営費に占める割合が高まった最大の要因は、石炭価格の高騰である。石炭費は三一五億円であったが、これは動力費三五九億円の九割を占めていたので、石炭価格の国鉄経営に及ぼす影響はとくに大きかった。そのため、国鉄は、大口需要者として石炭の廉価購入に努めるとともに、燃焼技術の研究や良質炭の確保によって、石炭消費を減らす努力も行っていた。

修繕費は輸送施設や車両を健全な状態に保持する費用で、事故を防ぎ、輸送の安全を確保するため欠くことのできないものである。修繕費が増えたのは、その大部分を占める鋼材、非鉄金属、セメント、木材などの価格の騰貴率が一般物価よりも高かったからである。ただし、国鉄の輸送施設のなかには、戦時・戦後の酷使と資金や資材の入手難によって補修不足に陥っているものがあり、施設の維持に要する減価償却費が著しく低位に置かれていたので、修繕費が増えたからといって、戦前水準の運転保安度が確保されていたとはいえない。

こうして、国鉄は経営費を節約するため、涙ぐましい努力を重ねてきた。しかし、国鉄には大都市圏での通勤輸送対策、幹線強化対策、客貨輸送の改善など、さまざまな課題が山積していた。そのため、国鉄は、五年間で一般旅客輸送対策三二〇億円、電車通勤輸送対策三八〇億円、貨物輸送対策三七〇億円、幹線強化対策二九〇億円、幹線電化二〇〇億円、新線建設四三〇億円、事故防止対策六〇億円、合計二〇五〇億円の設備投資を見込んでいた。設備資金の調達は、①固定資産の減価償却引当金相当額による内部資金、②資金運用部特別会計から借り入れる長期借入金、③鉄道債券の発行によっていた。三〇線八一八キロの新線建設費は四三〇億円に及ぶが、大部分がローカル線で、運賃を値上げしなければ年間約四五億円の赤字が出ると見込まれていた。こうした非採算的な新線の建設費を外部から調達しなければならないことが、国鉄財政を圧迫することになった（前掲『国鉄財政の現状』一九五五年三月）。

こうして、早くも国鉄経営には暗雲が立ち込め、公共企業体という国鉄の経営形態のあり方が問われるようになった。公共企業体としての国鉄は、一九八七年の分割民営化によって解体するのであるが、一九五〇年代の後半には、このようにすでにさまざまな矛盾が露呈していたのであった。

Ⅲ　経営形態の再検討

運輸省と公共企業体審議会

運輸省は、一九五五(昭和三〇)年六月、閣議了解を経て国鉄の経営改善に資するため、日本国有鉄道経営調査会(会長・有沢広巳《ありさわひろみ》)を設置した。運輸大臣は、六月二〇日の第一回会議で、①国鉄の経営形態はどうあるべきか、②国鉄の財政再建はいかにすべきか、の二項目について諮問をした。以来、同調査会は七ヵ月にわたって慎重な審議を重ね、一九五六年一月に答申がなされた。答申は、経営形態としては公共企業体を維持し、国鉄が生きていくために必要な最低限の運賃値上げを認めるとともに、国鉄に対しては血のにじむような合理化、政府に対しては国鉄改革のために一大勇断を振るうことを要望していた(日本国有鉄道編『経営改善の経過―日本国有鉄道経営調査会答申に関する措置』)。公共企業体という経営形態を引きつづき維持するとしながらも、国鉄に対して徹底的な経営の合理化・効率化を求めたのである。

当時、国鉄に対する世論は、鉄道会館問題(東京駅八重洲口《やえすぐち》の鉄道会館工事に端を発した国鉄の乱脈経営事件)、さらには度重なる重大事故などによって頗《すこぶ》る悪化していた。そうしたなかで鉄道経営調査会は、「国鉄が、国民の国鉄として国民の利益のために運営されなければならないものである以上、経営の合理化がこれで十分ということは考えられません」と、国鉄に「常に国民の批判に耳を傾け、なお一層合理化の努力を続ける」ことを要望したのである。

また、岸信介《きしのぶすけ》内閣は、一九五七年六月、公共企業体審議会の設置を閣議決定し、同年八月に日本専売公社、日本国有鉄道、日本電信電話公社の三公社について、「成立以来すでに相当の期間の経過を見たので、この際これらのあり方について根本的に再検討の上、その改善要綱を示」すよう諮問した。同審議会の委員の数は二〇人で、会長に経済団体連合会会長の石坂泰三《いしざかたいぞう》、会長代理に小松《こまつ》製作所社長の河合良成が就任した。

公共企業体審議会は、一九五七年一二月までに一七回の総会と八回の小委員会を開き、「公共企業体改善要綱」を答申した。同審議会によれば、公共企業体は発足してから相当の期間を経たにもかかわらず、サービスの改善、国家財政への寄与などの面で国民の期待に応えていない。それは、公共企業体が「引き続き官業時代と異ならない仕組と官僚的センスによる経営に委ねられた結果」にほかならない。しかし、公共企業体をただちに民営に移すのがよいかどうかについては検討すべき問題が多く残されている。同審議会では、それらを検討する時間的余裕が十分になかったので、政府が適当な機関によって引き続き検討することを期待する。しかし、「この際、抜本的に民営的センスに切り替え、その企業性と自主性を強化し、もっぱら能率的、進歩的経営をはかるとともに、企業経営の責任を確立するため」の措置を講じなければならない、というメッセージを発した（日本国有鉄道編『公共企業体審議会記録』）。

産業計画会議の「分割」「民営」案

日本国有鉄道経営調査会や公共企業体審議会の国鉄改革案は、国鉄に民間企業並みの経営の合理化・効率化を求めるものであったが、公共企業体という経営形態については維持していくとしていた。しかし、阪急の小林一三や東急の五島慶太《ごとうけいた》らの私鉄経営者からは、国鉄に経営形態の変更をせまる議論が続出していた。小林は、「非能率な国鉄は民間に払下げ、民間会社にやらせることだ」と主張した。そうすれば、「沿線事業に力を注ぎ、開発事業も起る」であろう。また、「社債、新株で資金の調達も出来るし、外資も入りやすくな」り、「創意と責任をもって積極的な経営を展開できる」というのであった（小林一三「国鉄改革の道」『読売新聞』一九五五年五月一八日）。また五島は、①国鉄の経営規模は巨大すぎる、②企業意欲と企業努力が不足しているとして、運輸系統によって全国九～一〇社に地域分割し、民営化すべきであると論じた。この場合の民営化とは、半官半民の株式会社をも含むものであっ

た（五島慶太「私の国鉄改革案」『中央公論』一九五八年二月号）。

産業計画会議の主張はもっとラディカルで、公共企業体としての国鉄を「分割」し、「民営」に移行させることを求めていた。産業計画会議とは、「電力の鬼」と呼ばれ、財団法人電力中央研究所の創設者となった松永《まつなが》安《やす》左《ざ》エ門《えもん》が一九五六（昭和三一）年三月に設立した私設シンクタンクである。その目的は、「日本の産業構造を根本的に検討し、日本経済の拡大と発展を阻んでいる原因を分析して、民間人の自由な創意と工夫で将来の経済計画をたてること」であった（「国鉄　分割、民営に　「お役所仕事」を清算　産業計画会議勧告」『朝日新聞』一九五八年七月四日）。政・財・官・学の重鎮八十数人が委員となったため影響力は大きく、事実上政府の諮問機関としての役割を果たしていた。その産業計画会議が一九五八年七月三日に委員総会を開き、国鉄の「分割」「民営」を勧告したのである。

産業計画会議は、国鉄経営の問題を「公社経営による公共企業体としての活動の限界」にあるとみていた。すなわち、資金調達においても、経営合理化においても、公社経営のままでは「いかなる経営者のいかなる経営努力にも、経営改善の期待をかけることは困難」というのであった。産業計画会議の勧告はつぎの二点である。まず、第一に公共企業体としての国鉄には、運輸省、大蔵省、国会などによる制約があまりにも強く、経営の自主性が失われている。したがって、公社制度を廃して、政府出資に民間出資を加えた特殊会社に変更し、運輸大臣専管のもとに自主的な経営ができるようにする。その場合、政府の監督は長期事業計画、運賃決定、財務の審査などにとどめ、民間企業と同様に企業意欲と工夫にもとづく経営ができるようにする。もちろん、私鉄に許されている程度の兼業は認める。

人事では、社長の任免については総理大臣が行うが、その他の人事は一般の民間企業に準じて実施すべきである。また、運輸省や国鉄出身者のみによる経営では「お役所仕事」の弊に陥りやすいので、取締役の半数以上は民間人とする。なお、労働者の団結権や罷業権（ストライキ権）など、労働基本権の行使も認められなければならない。

第二は、国鉄の分割である。全国一本の膨大な組織や営業規模では、特殊会社に変更しても経営単位が過大なため、中央の意思が末端にまで行き届かず、事業の円滑な運営が困難となるからである。また、事業経営の効率をあげるには、どうしても競争が必要である。全国一本の国営の独占的経営では競争が生じないので、安易な経営に陥りやすい。路線ごとの収支計算もしにくく、赤字経営の原因も責任も不明確となる。それに対して、分割経営になれば、路線ごとの収支に敏感となり、黒字経営への転換に努力するようになる。

そして、最後に産業計画会議は、「「分割」「民営」に移された国鉄をどのように運営し、能率を上げ、サービスを改善し、経営成績を向上させるかは、経営者の自主的判断に待つべきもの」としながらも、①国会での議決による運賃決定の検討、②不採算路線の自動車輸送への転換、③単線区間の複線化、④中間小駅の漸次閉鎖、⑤自動車道路、航空、港湾との連絡、⑥電化、ディーゼル化の推進の六点を経営課題としてあげた（産業計画会議編『国鉄は根本的整備が必要である──産業計画会議第四次レコメンデーション』）。

公共企業体擁護論

産業計画会議の「分割」「民営」論に対して、国鉄はただちに反論を展開した。輸送サービスを生産し販売する鉄道事業には、一般の生産企業にはみられない特殊性がある。国鉄は、全国的な鉄道網を形成し、一貫性のあるダイヤを編成し、連絡のよい、迅速な輸送を実施し、出貨事情の急変や天災・事故などにも臨機応変に対応してきた。国鉄を分割すれば、一貫した輸送体系が阻害され、輸送能率が低下し、経費の増加と資本の浪費を招くというのである（日本国有鉄道「分割は資本の浪費を招く──分割経営に伴う主として輸送上の諸問題について」、前掲『国鉄は根本的整備が必要である』）。

運輸調査局理事の山口外二《やまぐちそとじ》も、分割経営のもとではダイヤの一貫性を保てず、全国的な視野にたったダイヤ編成がむずかしくなるとして、産業計画会議の勧告に反対した。貨物輸送では、分割輸送は旅客輸送以上にマイナスに働き、貨物の流れに応じうる列車数、貨車の能率を低下させ、余分な設備を必要とする。また、車両規格、設備基準を乱し、運賃取扱などの進歩を阻む。要するに、分割経営は、鉄道経営を改悪し、その結果サービスがさらに悪化するというのである（山口外二「分割経営の生む七つの欠点―だれにでもわかる理由から」、前掲『国鉄は根本的整備が必要である』）。国鉄の第四代総裁十河信二《そごうしんじ》も、産業計画会議の「分割」「民営」案について「国鉄に自主性を与えるべきだという点は賛成だが、それが直ちに分割、民営論に移るのは少し飛躍があると思う」と感想を述べていた（前掲「国鉄　分割、民営に「お役所仕事」を清算　産業計画会議勧告」）。

国鉄の貨物輸送を担ってきた中山隆吉《なかやまりゅうきち》は、十河の意見に賛成であると表明した。国鉄経営の問題点は、産業計画会議の指摘するとおりであるが、国鉄の「分割」「民営」でそれを改善できるかというとはなはだ疑問で、それよりもいまの公社制度を改善していく方策をとることのほうが現実的であるというのである。産業計画会議の主宰者で、戦後の電力再編成と九電力体制の発足に尽力した松永安左ェ門は「理想としては電力再編成のような形にもってゆきたい」と語っていたが（同前）、中山によれば鉄道と電力では条件が大きく異なり、「分割」「民営」は鉄道の場合にはふさわしくないというのであった。すなわち、電力が九つの電力会社に地域分割できたのは、「電力の販売ならびにその発電送電が各区域別に自由に分割処理できるからであ」ったが、国鉄は全国二万キロの路線で貨客の一貫輸送を展開しているので分割経営には適さないというのである（中山隆吉「民営・分割論は飛躍しすぎている」、前掲『国鉄は根本的整備が必要である』)。

山口や中山の議論は、当時の国鉄の正式な見解でもあった。国鉄は、①英・独・仏の鉄道も公共企業体を理想の経営形態としていること、②すでに全国を六ブロックに分け、地方経営単位としての自主的権限をもつ支社制を敷いて、分割論の利点を採用していること、などの理由から当面は「民営」「分割」に飛躍することなく、国鉄に自主性を与え、公共企業体にふさわしい運営ができるようにすることが先決であると主張していた(日本国有鉄道「当面の諸問題」、前掲『国鉄は根本的整備が必要である』)。

国鉄監査委員会は、一九五七(昭和三二)年度の『日本国有鉄道監査報告書』で、公共企業体審議会の答申(一九五七年一二月二五日)と産業計画会議の勧告(一九五八年七月三日)を「いずれも国鉄経営に関しきわめて示唆に富んだ意見」であると評価し、国鉄は新しい経営理念を確立しなければならないとした。監査委員会によれば、国鉄は企業性を前面に押し出し、企業基盤を確立することによってこそ、真の公共的使命を達成することができる。国鉄の経営理念は、この点で混迷があり、不明確さがあった。これは、国鉄に対する公共的要請に応えようとしていたからであるともいえるが、同時に「長年の官僚的センス」、あるいは「不沈艦意識」(経営に対する危機感の稀薄《きはく》さ)によるものでもある。監査委員会は国鉄に対し、自主性の確立と企業性の強化、そして業績に対する全責任(full accountability for results）を明らかにするという、新たな経営理念を確立することを求めたのである。

また、毎日新聞論説副主幹の井上縫三郎《いのうえぬいさぶろう》は、公共性を堅持するとともに企業性をいかんなく発揮するという公共企業体は、「産業国有化の新しい形態として、今後発展性をもつ企業形態である」との認識のもとに、公共企業体の短所、欠陥を克服することこそが急務であるという論陣を張った（井上縫三郎「公企体制度は育成すべきもの―短所・欠陥を克服することこそ急務」『官公業界』一九五八年九月号）。一橋《ひとつばし》大学教授で経営学者の山城章《やましろあきら》も、「公社の育成、パブリック・コーポレーションとしての公共企業体育成ということに努力するより手はない」と、公共企業体育成論を展開していた（座談会「批判される国鉄経営 改善への道を探る」『公営評論』一九五八年一〇月号）。

産業計画会議は、こうした国鉄を公共企業体のあるべき姿に近づけることが当面の課題であるという議論に対して、激しく反論した。すなわち、確かに理論的にはそうかもしれないが、「現在の「日本国有鉄道」という公社のままでは、明治以来の官僚的経営のからを破って、鉄道輸送が日本経済の発展のアイ路とならないように経営を改善することは現実問題として、不可能である」「「日本国有鉄道」のままでは、公社の理想であるという「公共性」も、「企業性」も、いずれもえられない」というのが産業計画会議の主張であった（「反論 民営分割こそ国鉄経営改善の唯一の道」、前掲『国鉄は根本的整備が必要である』）。しかし、国鉄の経営形態をめぐる論争は明確な結論を得ぬまま収束してしまった。

第3章　高度経済成長期の鉄道

I　輸送構造の変容

貨物輸送の構造

一九六〇（昭和三五）年七月、岸信介内閣が新安保条約を批准して退陣すると、そのあとを受けて池田勇人《いけだはやと》が内閣を組織した。池田内閣は、国民所得倍増計画をかかげ、高度経済成長政策を推進した。日本経済の高度成長は、朝鮮戦争特需による神武《じんむ》景気を背景に、一九五五年頃から始まっていたが、池田内閣の誕生によって本格化し、年平均一〇パーセント前後の経済成長が七〇年代前半までつづいた。この過程で、日本は重化学工業国に転換し、慢性的な輸入超過を解消して輸出超過国となり、イギリスや西ドイツをぬいて、アメリカにつぐ資本主義世界第二位の経済大国となった（宮本憲一《みやもとけんいち》『経済大国（昭和の歴史10）』）。

図3－1は、鉄道、自動車、内航海運、航空の輸送機関別に、国内貨物輸送トンキロの推移を一九五〇年度から五年ごとに示したものである。高度経済成長期に貨物輸送は著しく増加し、一九五五年には八一二億一八〇〇万トンキロであったが、七〇年には三五〇二億六四〇〇万トンキロとなり、四・三倍に増加した。そのうち鉄道輸送は一・五倍に増加し、四二六億九五〇〇万トンキロから六三〇億三一〇〇万トンキロとなった。

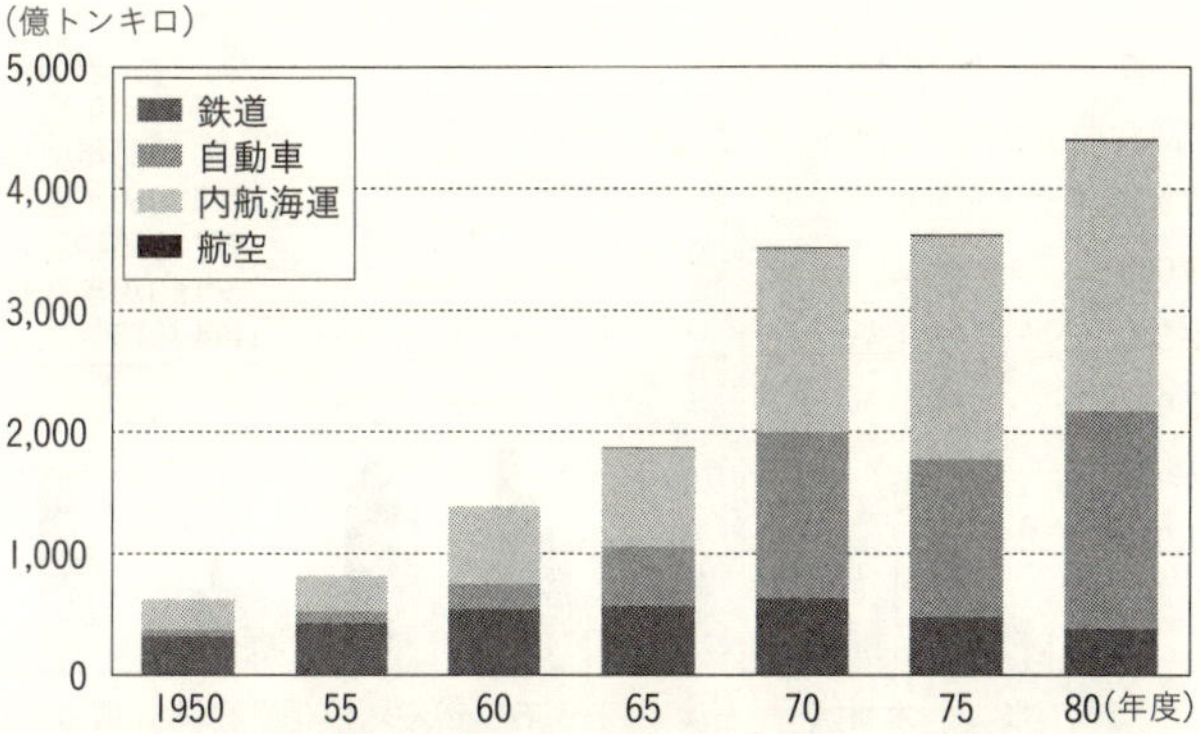

図３－１　国内輸送機関別貨物輸送トンキロ（1950～80年度）

出典：運輸経済研究センター・近代日本輸送史研究会編『近代日本輸送史――論考・年表・統計』

しかし、この間に自動車輸送は九五億トンキロから一三五九億一六〇〇万トンキロへと一四・三倍、内航海運は二九〇億二二〇〇万トンキロから一五一二億四三〇〇万トンキロへと五・二倍に増加している。高度経済成長期には、鉄道よりも自動車や内航海運による貨物輸送の増加率のほうがはるかに高かったのである。ちなみに、一九五五年度の輸送分担率は鉄道五二・六パーセント、内航海運三五・七パーセントの順であったが、七〇年度には内航海運四三・二パーセント、自動車三八・八パーセント、鉄道一八・〇パーセントの順となった。高度経済成長期に、貨物輸送に占める鉄道の割合は著しく低下したのである。なお、航空の貨物輸送に占める割合は、一九七〇年度においても七四〇〇万トンキロにすぎず、輸送分担率は〇・〇二パーセントであった。

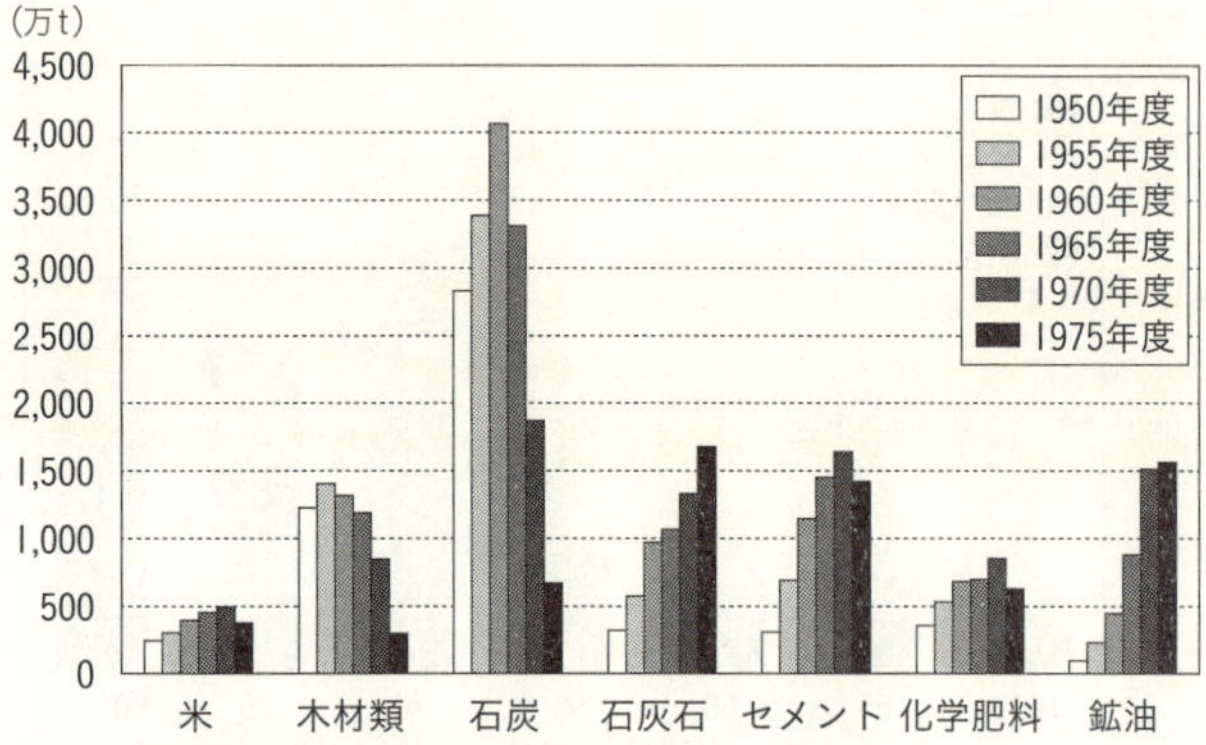

図3－2　国鉄主要品目別貨物輸送トン数

出典：運輸経済研究センター・近代日本輸送史研究会編『近代日本輸送史――論考・年表・統計』

国鉄の輸送品目も、図3－2にみるように大きく変化した。国鉄の最大の輸送貨物は石炭で、一九五五年度の輸送量は三三八七万四〇〇〇トンであったが、七〇年度には一八六九万六〇〇〇トンとなり、この間の減少率は四四・八パーセントであった。木材類の減少も著しかった。一九五五年度の輸送量は一四〇四万五〇〇〇トンであったが、七〇年度には八四六万九〇〇〇トンとなり、減少率は三九・七パーセントであった。

一方、輸送量が増えたのは米、石灰石、セメント、化学肥料、鉱油（石油）であった。一九五五年度と七〇年度を比較すると、米は二九九万九〇〇〇トンから四九六万一〇〇〇トンに増え、六五・四パーセントの増加率を記録した。セメントもわずか六九三万トンであったのが一六三九万四〇〇〇トンとなり、一三六・六パーセントの増加率を記録した。化学肥料も五三二万七〇〇〇トンから八五三万三〇〇〇トンとなり、増加率は六〇・二パーセントであった。

高度経済成長期のエネルギー革命を反映して、鉱油（石油）の輸送量が大幅に増えた。一九五五年度にはわずか二二八万トンであったが、七〇年度には一五一三万九〇〇〇トンと、六・六四倍にも増加したのである。そして、一九七五年度には一五六三万一〇〇〇トンとなった。石灰石の輸送量も一貫して増加しており、一九五五年度の五七五万五〇〇〇トンから七〇年度には一三三一万一〇〇〇トンとなり、七五年度にはさらに増えて一六七八万二〇〇〇トンとなった。一九五五〜七〇年度の増加率は一三一・三パーセントであった。

高度経済成長期には、太平洋沿岸に鉄鋼・石油・石油化学などの産業が立地し、京浜葉、中京《ちゅうきょう》、阪神、岡山、水島《みずしま》、徳山《とくやま》、北九州の工業地帯を結ぶ、いわゆる太平洋ベルト地帯が形成され、南関東（東京・神奈川・埼玉・千葉）、東海《とうかい》（静岡・岐阜・愛知・三重）、阪神（大阪・兵庫）などの大都市圏（消費地）への貨物流動の集中が顕著となった。一九六三年についてみると、発貨物では南関東二〇・九パーセント、東海一三・三パーセント、阪神一〇・四パーセント、着貨物では南関東二一・六パーセント、東海一三・五パーセント、阪神一二・二パーセントであった。すなわち、発貨物の四四・六パーセント、着貨物の四八・三パーセントが南関東、東海、阪神の大都市圏に集中していたことになる。貨物流動の三大都市

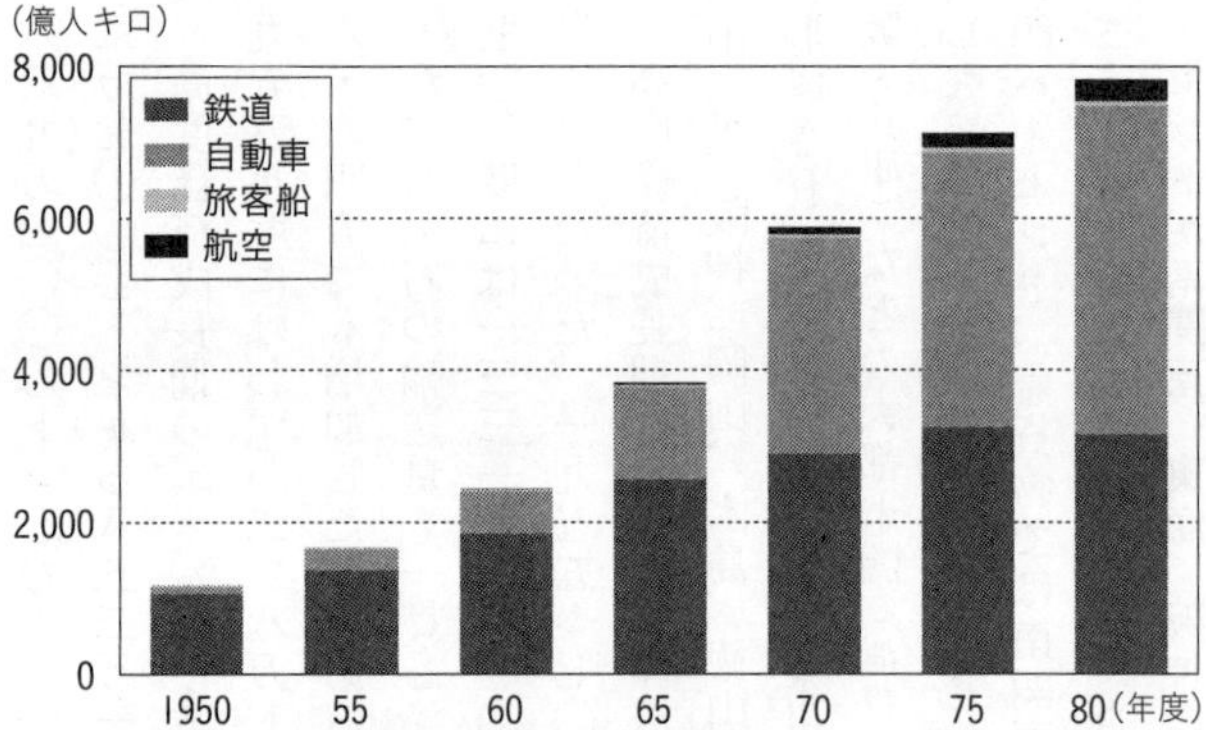

図3－3　国内輸送機関別旅客輸送人キロ（1950〜80年度）

出典：運輸経済研究センター・近代日本輸送史研究会編『近代日本輸送史――論考・年表・統計』

圏への集中は、一九六九年に若干緩和されるが、それでも発貨物の三七・五パーセント、着貨物の三八・九パーセントが三大都市圏に集中していた（中西健一・広岡《ひろおか》治哉《はるや》編『新版 日本の交通問題』）。

旅客輸送の構造

旅客輸送量も、高度経済成長期に大きく増加した。図3－3は、鉄道、自動車、旅客船、航空の輸送機関別国内旅客輸送人キロの推移を一九五〇（昭和二五）年度から五年ごとに示したものである。一九五五年度の旅客輸送人キロは約一六五八億三三〇〇万人キロであったが、七〇年度には約五八七一億七七〇〇人キロとなり、この間に三・五倍に増加した。

そこで、輸送機関別にこの間の増加率をみると、鉄道は一三六一億一二〇〇万人キロから二八八八億一五〇〇万人キロへと二・一倍の増加を示したが、自動車は二七五億人キロから二八四二億二九〇〇万人キロへと一〇・三倍に増加した。しかし、一九七〇年度の輸送分担率は、鉄道四九・二パーセント、自動車四八・四パーセントで、わずかではあるが鉄道が自動車を上まわっていた。旅客船、航空の輸送分担率はそれぞれ〇・八パーセント、一・六パーセントであった。なお、自動車輸送量の伸びが鉄道輸送量の伸びを大きく上まわっていたが、自動車輸送量が鉄道輸送量を人キロで上まわるのは一九七〇年度以降のことで、八〇年度の輸送分担率は自動車五五・二パーセント、鉄道四〇・二パーセントであった。

旅客の流動も、貨物の場合と同様、東京、名古屋、阪神の三大都市圏への集中度を高めた。一九六二年度における旅客流動をみると、南関東三七・六パーセント、阪神一六・五パーセント、東海一〇・一パーセントで、三大都市圏の割合は六四・二パーセントであった。一九六八年度には南関東が三七・九パーセントとなってやや比重を高めるが、阪神は一五・三パーセント、東海は九・三パーセントと比重を下げている。とはいえ、三大都市圏への集中度は高く、通勤地獄、交通渋滞、交通事故、交通公害などの諸問題によって、都市機能の麻痺《まひ》、生活環境の破壊が深刻となっている。一方、人口流出の激しい過疎地では、地方中小私鉄、バス、離島航路の休廃止が続出し、地方住民の生活そのものを脅かすようになった（前掲

『新版　日本の交通問題』)。

II　幹線鉄道の近代化と輸送力の増強

第一次五ヵ年計画

一九五〇年代の半ばには戦後復興が一段落し、日本経済は高度成長の道を歩むことになった。しかし、東海道本線や山陽本線をのぞけば、国鉄の主要幹線は単線のままで、電化も進んでいなかった。大都市圏では輸送需要が拡大したのにもかかわらず、線路網、駅や操車場(ヤード)などの設備の改善は進んでいなかった。そのため、急行や特急は常時満席で、駅頭滞貨も目立っていた。都市交通の混雑もひどく、一九五八(昭和三三)年頃から鉄道は電力や鉄鋼と共に、経済発展の三大隘路《あいろ》とみなされるようになった。

国鉄は、経済復興にともなって輸送量が増加すると、輸送力の増強を求められ、一九五五年一二月に政府が策定した「経済自立五ヵ年計画」に対応させて、輸送力の強化と老朽施設の改善を目的とした第一次五ヵ年計画を、五七年度から発足させた。第一次五ヵ年計画の投資総額は五九八六億円で、老朽資産の取り替え、輸送力の増強、電化・電車化・ディーゼル化など動力の近代化を目的とし、財源は一九五七年四月の運賃改定によって確保するとされていた。

しかし、輸送力の増強は、東北本線や日本海沿岸の縦貫線などに重点が置かれ、東海道本線の複々線化については、平塚《ひらつか》〜国府津間、京都〜草津《くさつ》間に一二〇億円を投入しただけであった。東海道本線は、一九五六年の秋に全線電化が予定されていたので、大幅な改良は必要ないと考えられていたのである。しかも、金融引き締めによって景気が後退し、運輸収入は減少したが、経営費は人件費を中心に膨張したため損益勘定からの資金繰入額が減り、予算の削減を余儀なくされた。そのため、第一次五ヵ年計画の実績は計画を大きく下まわった。

国鉄の監査報告書によって、一九五八年度における第一次五ヵ年計画の進捗状況を資金ベースでみると、図3-4のようであった。老朽資産取替費として計上された九四四億円

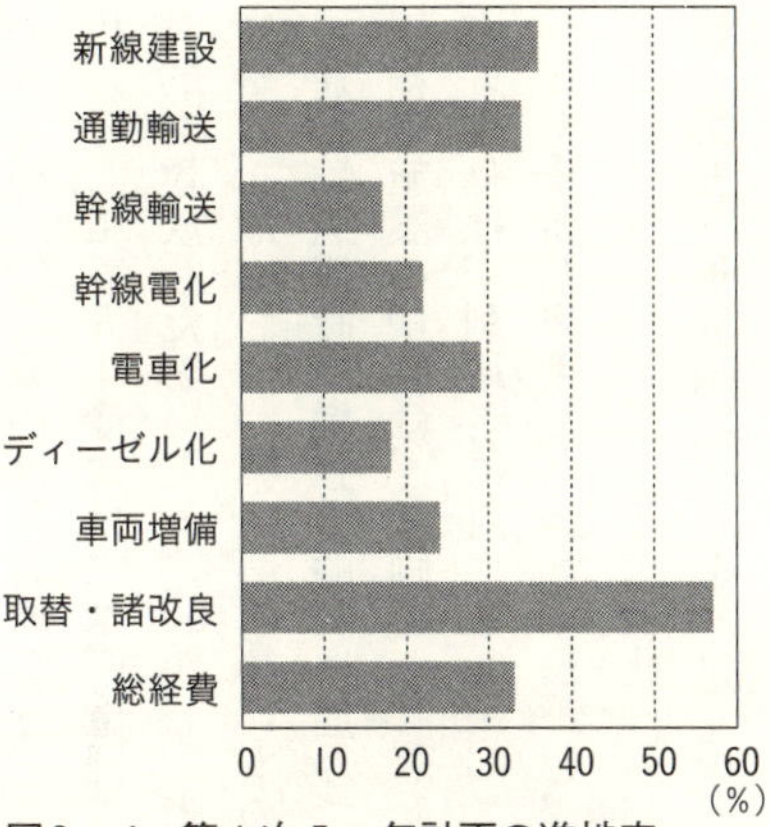

図3－4　第１次５ヵ年計画の進捗率（1958年度）

出典：『日本国有鉄道監査報告書』1958年度

のうち約六〇〇億円は緊急取替分とされ、一九五七年度に一九一億円、五八年度に二二八億円、そして五九年度には二二四億円の支出が計画されていたが、それについてはほぼ所期の目的を達成したといえる。しかし、耐用年数を超えている老朽資産はなお多く残存しており、修繕費を節約しつつ緊急度の高いものから取り替えていく必要があった。

通勤輸送施設の増強は順調に進んでいたが、線路増設、操車場の改良などを中心とする幹線輸送施設の増強は、計画よりも著しく遅れていた。電化・電車化・ディーゼル化などの動力近代化は、利用者に対するサービスの向上であるとともに、国鉄経営の合理化という観点からも重要な施策であった。しかし、これらの進捗率は、電車化二九パーセント、幹線電化二二パーセント、ディーゼル化一八パーセントで、計画を大きく下まわっていた。こうして、第一次五ヵ年計画は、資金不足を主な理由として「総体として相当遅れ」、速やかに改定すべきであるとされた（『日本国有鉄道監査報告書』一九五八年度）。

急激な経済成長のもとで、予測を上まわる輸送需要が発生したため、国鉄はそれをとらえきれなかった。一九五九年度における輸送増加率を、鉄道、自動車および船舶の輸送機関別にみると、鉄道が最下位であった。国鉄の配車課長によれば、これは貨物輸送における荷主の鉄道への依存度が減少し、鉄道輸送が時代遅れとなったためではなく、「むしろ鉄道によって輸送したい貨物を、その能力の不足によって他に追いやっている結果」であった（『交通新聞』一九六〇年四月二六日)。すなわち、貨物輸送の国鉄離れの主たる要因は、鉄道輸送そのものが問題であったのではなく、国鉄の輸送力不足にあったのである。こうして国鉄は、第一次五ヵ年計画を四年で打ち切り、一九六一年度から第二次五ヵ年計画に移行した。

第二次五ヵ年計画

第二次五ヵ年計画は、一九五九(昭和三四)年度の実績に対する輸送需要の増加率を、旅客は約三一パーセント、貨物は約二一パーセントと予測し、東海道新幹線の建設をはじめ、全国主要幹線の複線化、電化・電車化・ディーゼル化によって幹線輸送力の増強と動力および輸送の近代化をはかることを目的とし、八〇〇〇億円の投資を見込んでいた(「国鉄新五ヵ年計画と資金問題」『運輸と経済』一九六〇年一〇月)。しかし、一九六〇年七月に池田勇人内閣が成立し、年率九パーセントの経済成長率を見込んだ国民所得倍増計画の構想が発表されると、南好雄《みなみよしお》運輸相は病気療養中の十河信二総裁を訪ね、第二次五ヵ年計画を所得倍増計画に見合ったものに修正するよう指示した。

国鉄諮問委員会も、一九六〇年九月に「投資不足に基く経営の悪循環」の原因として「四つの病根」を指摘し、これを改善するため新しい五ヵ年計画を立てるよう勧告した。四つの病根の第一は、国鉄運賃が他の公共料金よりも低水準にあったことである。戦前期の一九三六年度と比較すると、一般物価は三〇〇倍、ガス・電話・電報は二〇〇倍を超えているのに、国鉄運賃は約一五〇倍であった。第二は、貨物輸送では、トラック輸送が近距離輸送に進出してきたため、国鉄は米・麦などの農産物や水産物など、運賃割引率の高い生活必需品の長距離輸送を担っていたことである。第三は、旅客輸送では割引率の高い定期旅客のほうが一般旅客よりも多いということである。一般旅客と定期旅客の比は六五対三五であったが、定期運賃の割引率が高いため、収入では一九対八一となっていた。しかも、定期旅客は朝夕の一定時間に集中するため、車両の増備、ホームの拡幅・延伸、電車区の増設など多額の投資を必要とするが、通勤・通学時間帯以外では無駄な投資となってしまう。第四は、運賃値上げの問題である。運賃値上げは物価にほとんど影響を及ぼさないのに、一般的には相当の影響をもたらすと考えられていた。この数年の間に、国鉄は一九五一年一一月に三〇パーセント、五三年一月に一〇パーセント、五七年四月に一三パーセントの運賃値上げを実施したが、物価に及ぼした影響は一～二パーセントで、五一年と五七年には物価はむしろ下がっていた。

一九六一年度における国鉄の監査報告書も、第二次五ヵ年計画の修正を要求していた。同報告書によれば、一九六一年度の国鉄の営業収入は五〇五四億円、営業経費は四五八八億円で、前年度よりも四〇九億円増の四六六億円の営業利益をあげていた。しかし、これは運賃値上げによるもので、国鉄の収支状況は楽観できるものではなく、国鉄は輸送力の増強、輸送の近代化を急がなければならず、第二次五ヵ年計画についても資金不足のため修正が必要であるというのであった（「五ヵ年計画ねり直せ　国鉄監査委が報告提出」『朝日新聞』一九六二年九月七日）。

第二次五ヵ年計画では、東海道新幹線の建設はほぼ予定どおり進捗していたが、在来線の輸送力増強や近代化は遅々として進まなかった。そのため、国鉄の輸送力は急増する輸送需要を満たすことができず、過密な列車ダイヤを原因とする三河島《みかわしま》事故（一九六二年五月）が起こった。一九六二年五月三日の夜、常磐線三河島駅構内で、貨物列車と電車との二重衝突事件が起こり、死者一六〇名、負傷者二九六名という大惨事となった（『日本国有鉄道監査報告書』一九六二年度）。この事故は、機関士、乗務員、駅員などの過失によるものとはいえ、その遠因には輸送力の増強が進まず、「線路容量の極限に迄《まで》達したような無理な列車の運行を余儀なくされている」という国鉄の状況があった（「三河島における大惨事に思う」『運輸と経済』一九六二年六月）。こうしたなかで、第二次五ヵ年計画は大幅に修正され、投資総額は増額されて一九六三年五月に一兆三四九一億円となった。その後も一九六三年一一月に鶴見事故が起こった。一一月九日夜、東海道本線鶴見～新子安《しんこやす》間で多重衝突事故が発生し、死者一六一名、負傷者一二〇名を出した。

しかし、所要資金を計画どおりに確保することができず、第二次五ヵ年計画の進捗は遅れ

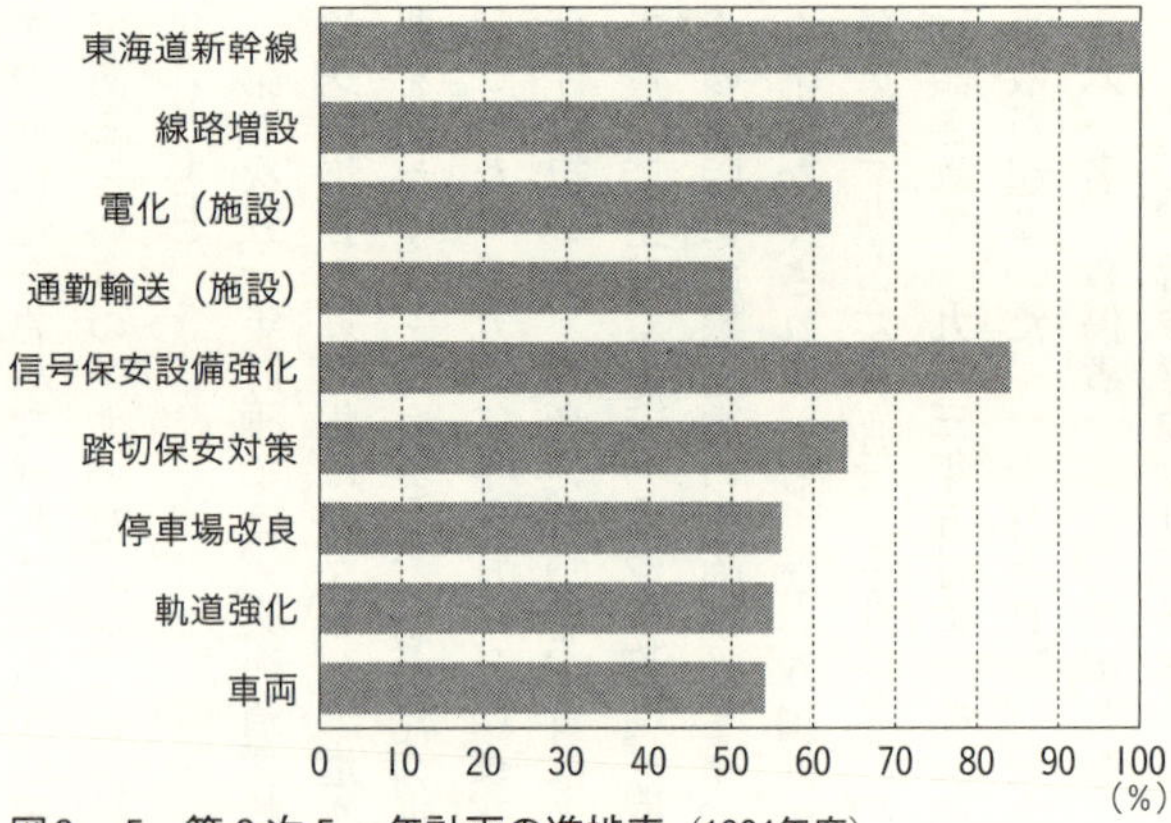

図3－5　第2次5ヵ年計画の進捗率（1964年度）
出典：『日本国有鉄道監査報告書』1964年度

がちとなった。一九六四年末までの進捗率を資金上からみると図3‐5のようであり、東海道新幹線の工事は一〇〇パーセントであったが、それ以外の一般改良工事の進捗率は六二パーセントにとどまり、全体としては六六パーセントであった。そのため、国鉄の輸送力はますます逼迫の度を加えることになった。

第三次長期計画

　こうしたなかで国鉄監査委員会は、一九六三（昭和三八）年度の『監査報告書』で、「現下国鉄最大の急務はちゅう密ダイヤを解消して輸送の安全を確保することを主たる目的とする第3次長期計画の樹立とその推進である」と述べ、第二次五ヵ年計画を一九六四年度で打ち切り、稠密《ちゅうみつ》ダイヤの抜本的な解消を目的とする第三次長期計画を樹立し、一九六五年度から実施すべきであると提言した。そのため、第三次長期計画では、①主要幹線における単線の複線化、②大都市通勤輸送区間における客貨線の分離などの線路増設がめざされることになった。また、第二次五ヵ年計画が資金確保の面で行き詰まったことから、第三次長期計画は単なる国鉄のみの計画としてではなく、国の計画として承認されなければならなかった。

第三次長期計画は、閣議や日本国有鉄道基本問題検討会での審議を経て、一九六五年度から七二年度までの七年間にわたって実施されることになった。七年間に二兆九七二〇億円という巨額の投資を行って、①幹線輸送力の増強（単線区間の複線化、電化、車両の新製、駅・ヤードの改良など）、②通勤対策（複線化、複々線化、電車の新製、駅の改良など）、③安全対策（自動列車停止装置〔ATS〕の全線・全列車取り付け、信号の自動化、踏切の整備、立体交差化など）を実施するというのである。年平均四〇〇〇億円以上の工事費を注《っ》ぎ込むことになるのであるが、この投資は直接国鉄に増収をもたらすものではなく、「採算を度外視してもやらねばならないもの」と考えられていた（日本国有鉄道編『第3次長期計画のあらまし』発行年不詳）。すなわち、第三次長期計画は、「将来の需要増加を見越しての先行投資というような余裕のあるものではなく、過密ダイヤ緩和のための、いわば振り《（ママ）》かかる火の粉を振りはらうためのぎりぎりの投資」であった（日本国有鉄道編『第3次長期計画とその効果』）。

当時、大都市近郊に人口が過度に集中し、国鉄の通勤輸送の混雑ぶりは殺人的様相を呈し、中央線、総武《そうぶ》線、京浜東北線など、東京周辺の通勤線の混雑率は三〇〇パーセントを超えていた。混雑率とは、一人あたりの床面積から計算した車両定員（座席＋立席）に対する乗車人員の比率のことで、交通協力会出版部編『都市交通ポケット・ブック』（一九六八年版）によれば三〇〇パーセントとは「物理的限界に近く身体に危険がある」状況とされている。なお、混雑率は、一五〇パーセントで「肩がふれあい、吊革も持てぬものが半数だが、新聞は楽に読める」、二〇〇パーセントで「体がふれあい、相当圧迫感があるが、週刊誌程度なら何とか読める」、二五〇パーセントで「電車がゆれるたびに身体が斜めになって身動きができず、手も動かせない」とされている（柴田悦子《しばたえつこ》「交通難・公害」、平井都士夫《ひらいとしお》編『講座現代日本の都市問題4　都市交通問題』）。大都市近郊における通勤輸送を緩和するには、各線区で線路増設を行うとともに、地下鉄との相互乗り入れ、ターミナルの改良、電車の編成増とそれにともなう諸施設の整備、電車基地の整備、車両の増備（四五八〇両）、などの輸送改善をはからなければならなかった。

幹線の輸送力も日本経済の急激な成長にともなう輸送需要の増加に追いつくことができず、混雑が慢性化しつつあった。戦前期の一九三六年と比較すると、輸送量は旅客で六・三倍（人キロ）、貨物で三・六倍（トンキロ）に増加しているのに、線路延長の伸びはわずか一・

三倍にすぎなかった。幹線の輸送力を増強するためには、線路の増設とともに、複線区間の倍増、操車場（四八ヵ所）・駅設備の改良、貨物拠点駅（一〇〇ヵ所）の整備、軌道強化や車両の増備が必要であった。

列車事故がこの頃に多発していたのは、ダイヤが過密化していたからである。一九六五年一〇月一日の東海道本線東京〜小田原間の通勤時間帯におけるダイヤをみると、長距離列車、通勤列車が入りまじっており、これ以上は一本の列車も入らないほど過密となっていた。国鉄の最大の使命である輸送の安全を確保するには、過密ダイヤを緩和して正常な列車運行を確保しなければならなかった。また、安全輸送を確保するため、第三次長期計画では自動列車停止装置（ATS）の整備（一九六五年度中に全線完備）、信号の自動化（約七〇〇〇キロ）、継電連動化（約七〇〇ヵ所）、列車無線の増備（大都市通勤線区および主要七線区）、信号機の改良などを実施するとしていた。また、踏切事故を防止するため、踏切の高架化、立体交差化（七三〇ヵ所）、踏切の整備をも行うことになっていた。そして、輸送需要の多い線区では、サービスの向上と経営の合理化のため、電化をさらに進める必要があった。第三次長期計画では、新たに三一〇〇キロの線路を電化し、非電化区間ではディーゼル化を進め、旅客列車では一〇〇パーセント、貨物列車でも八〇パーセントにあたる蒸気機関車を無煙化するとしていた。

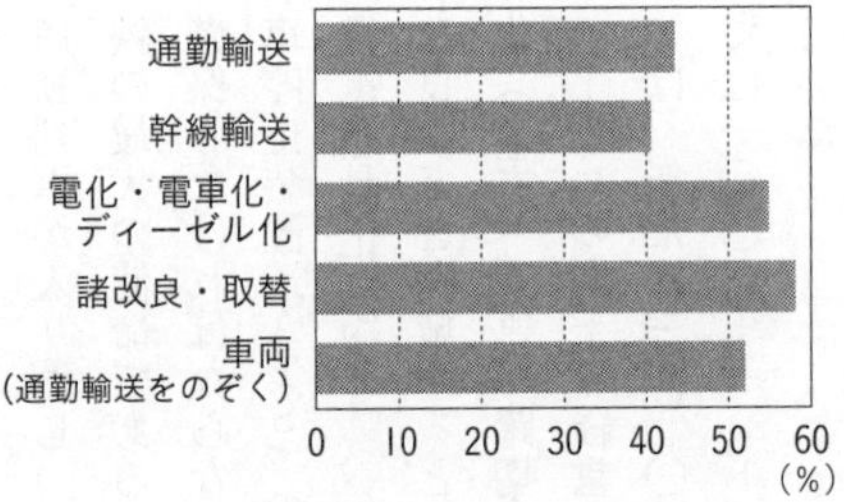

図3－6　第3次長期計画の進捗率（1968年度）
出典：『日本国有鉄道監査報告書』1968年度

問題は、この約三兆円の投資資金をどのように調達するかであった。すでに国鉄は、財政投融資、利用債・縁故債などによる借入金が一兆円に及び、この元利返済だけでも年間一〇〇〇億円を超え、経営を圧迫していた。そのため、国鉄が第三次長期計画に必要な資金を調達するには運賃を値上げするしかなかった。そもそも国鉄運賃は、他の物価と比べてきわめて低位にあったので、このさい運賃値上げを実施して第三次長期計画を実施したいというのであった（前掲『第3次長期計画とその効果』）。

四三・一〇ダイヤ改正

第三次長期計画は、一九六八（昭和四三）年に四年目を迎えた。図3－6は、一九六八年度までの資金面からみた進捗率であるが、おおむね順調に推移している。主要工事はほぼ完了し、主要幹線のネックもおおむね解消した。国鉄は、全国で約五〇〇〇キロにわたる線増を実現し、複線化キロを約四五三〇キロとした。これによって国鉄の複線化率は二一・八パーセントとなった。また、電化開業キロはおよそ四八五キロに達し、電化区間キロは五三三〇キロ、電化率は二五・六パーセントとなった。さらに主要幹線の軌道の強化によって特急列車や急行列車の最高速度が引き上げられ、「狭軌の在来線では国鉄始まって以来の最高速度120km/hが営業列車の速度として実現」した（笹野浩《ささのひろし》「43年10月の白紙改正」、海老原浩一《えびはらこういち》「白紙《よん・さん・とう》改正とスピードアップ」『鉄道ピクトリアル』一九六八年一〇月）。

また、電気機関車三〇〇両、ディーゼル機関車二〇〇両、電車二一〇〇両、ディーゼルカー八〇〇両、貨車九六〇〇〇両、コンテナ八〇〇〇個が新製され、旅客三〇万人、貨物一八万トンの輸送力が増加した。安全対策では、全線・全列車にATS（自動列車停止装置）が設備され、延長一三〇〇キロにわたる線路で自動信号化がなされた。踏切も六七〇四ヵ所で整備され、そのうちの一二三ヵ所では立体交差化が実現した。そして、枕木の取り替え（延長五三八キロ）、レールの取り替え（同三八九キロ）、道床の強化（同六〇三キロ）など、線路の強化も実施された（前掲『第3次長期計画のあらまし』）。

そこで国鉄は、一九六八年一〇月にダイヤの白紙改正を実施した。このダイヤ改正は、国鉄の営業体制を抜本的に改善するもので、実施された年月（昭和四三年一〇月）から「よん(四)・さん(三)・とお（一〇）」と呼ばれるようになった。この全国的な列車ダイヤの改正によって特急列車や急行列車のスピードアップが可能となり、主要都市間の到達時分が大幅

1968年10月1日			B－A
種　別	到達時分 B	表定速度 km／h	
電車特急	8:30	86.6	△1:54
気動車急行	11:30	64.4	△0:58
電車特急	3:53	89.7	△0:37
電車急行	4:35	76.0	△0:34
電車特急	4:35	78.4	△0:54
電車急行	5:12	69.0	△1:46
電車特急	3:55	84.4	△0:35
電車急行	4:35	72.1	△0:30
電車特急	3:05	70.5	△0:25
電車急行	3:22	64.5	△0:30
電車特急	3:42	65.8	△0:17
電車急行	4:05	58.4	△0:29
気動車特急	4:11	60.3	△0:39
気動車急行	4:40	54.1	△0:10
気動車特急	15:10	70.0	△0:25
客車特急	16:20	64.0	△5:44
客車急行	21:47	48.1	△0:17
電車特急	3:27	83.3	△0:11
電車急行	3:59	71.9	△0:16
電車特急	8:19	76.9	△0:16
電車急行	9:41 30	66.2	△0:28
気動車特急	13:40	70.2	△0:34
客車急行	17:06	56.0	△1:29
気動車特急	11:08	72.1	△0:24
客車急行	14:27	55.5	△1:10
電車特急	9:30	75.6	△0:27
客車急行	12:47	55.3	△0:52
気動車特急	2:32	65.8	△0:09
気動車急行	2:43	57.8	△0:14
電車特急～気動車特急	17:15 30		△2:10 30
気動車特急～気動車特急	24:25 30		△0:15 30
客車特急～気動車特急	25:16		△8:25
超特急(ひかり)～電車特急～気動車特急	20:55		△2:15 30
超特急(ひかり)～電車特急	11:56	97.3	△0:19
客車特急	16:30	72.6	△0:20
超特急(ひかり)～電車特急	12:51	90.5	△2:57
特急(こだま)～電車特急	5:22	115.0	△0:20
超特急(ひかり)～電車特急	5:27	119.0	△0:15
特急(こだま)～電車急行	5:44	108.6	△0:13
超特急(ひかり)～電車特急～気動車急行	10:56 30		△0:10 30
超特急(ひかり)～電車急行～気動車急行	11:11 45		△0:53 15

出典：笹野浩「43年10月の白紙改正」『鉄道ピクトリアル』1968年10月を一部修正

	1967年10月1日		
	種　別	到達時分 A	表定速度 km／h
上野～青森	気動車特急	10：24	72.2
	気動車急行	12：28	59.1
上野～仙台	電車特急	4：30	77.5
	電車急行	5：10	67.5
上野～山形	気動車特急	5：29	65.3
	気動車急行	6：58	51.6
上野～新潟	電車特急	4：30	73.4
	電車急行	5：05	65.0
上野～長野	電車特急	3：30	62.1
	電車急行	3：52	56.2
新宿～松本	電車特急	3：59	61.1
	電車急行	4：37	52.3
名古屋～長野	気動車急行	4：50	52.2
大阪～青森	気動車特急	15：35	67.1
	客車急行	22：04	47.4
大阪～金沢	電車特急	3：38	79.1
	電車急行	4：15	67.6
大阪～博多	電車特急	8：35	74.8
	電車急行	10：10	63.1
大阪～西鹿児島	気動車特急	14：14	67.4
	客車急行	18：35	51.6
大阪～長崎	気動車特急	11：32	69.6
	客車急行	15：37	51.4
大阪～大分	電車特急	9：57	71.0
	客車急行	13：39	51.8
天王寺～白浜	気動車特急	2：41	62.2
	気動車急行	2：57	56.5
上野～札幌	気動車特急～気動車特急	19：25	
大阪～札幌	気動車特急～気動車特急	24：40	
	客車急行～客車急行	33：41	
新大阪～札幌	超特急(ひかり)～気動車特急～気動車特急	23：10	
東京～博多	超特急(ひかり)～電車特急	12：15	94.8
	客車特急	16：50	71.2
	超特急(ひかり)～客車急行	15：48	73.5
東京～金沢	特急(こだま)～電車特急	5：42	109.2
	特急(こだま)～電車急行	5：57	104.7
東京～松山	超特急(ひかり)～電車特急～気動車急行	11：07	
	超特急(ひかり)～電車急行～気動車急行	12：05	

表3－1　43・10（よん・さん・とお）による主要都市間到達時分の短縮

に短縮された。すなわち、四・三・一〇のダイヤ白紙改正は、列車の増発キロでは一九六一年一〇月の白紙改正に及ばなかったが、列車の運行、到達時分の短縮などでは画期的であった。

のちに詳しく述べるように、東海道新幹線の開業によって、東京〜大阪間は完全に日帰り圏となったが、国鉄は全国の主要都市間を日帰り可能な三〜四時間で結ぶことを目的としていた。表3-1にみられるように、このダイヤ改正によって上野〜青森間の到達時分が一時間五四分短縮され、上野〜仙台間、上野〜新潟間では四時間の壁を破ることになった。在来線の表定速度は、これまで東海道本線のビジネス特急「こだま」の時速八六・〇キロが最高であったが、上野〜仙台間の「ひばり一号」の八九・七キロによって破られ、さらには上野〜青森間八六・六キロ、上野〜新潟間八四・四キロなど、時速八〇キロ台の列車がつぎつぎに出現した。

こうしたなかで特急列車が大幅に増えた。在来線の特急列車が五八本増発され、一六八本となった。新幹線では「ひかり」六六本、「こだま」一〇四本、合計一七〇本が設定され、在来線特急と合わせると、三三八本の特急列車が設定されたことになる。なお、一〇年前の特急列車はわずか一八本にすぎなかったので、まさに「特急ブーム」が到来したといえる。

また、運転区間一〇〇キロ未満の準急列車は廃止され、急行列車となった。旅客列車の増発キロは六万二〇〇〇キロであったが、そのうちのほぼ七割にあたる四万一六〇〇キロは特急・急行など優等列車によって占められ、それ以外はほとんどが通勤・通学用の増発にあてられていた。しかし、その一方で、乗車効率二〇パーセント以下の地方交通線一一五線区で、一万八五〇〇キロが削減されていたことにも注意しなければならない（原田勝正『国鉄解体―戦後40年の歩み』）。

貨物輸送でも、到達時分の大幅な短縮が実現した。高度経済成長期に入ると、鉄道貨物輸送のシェアが連年低下するようになり、国鉄は貨物の輸送体制を何とか改善しようとしていた。まず、従来の操車場で列車を仕立て直すヤード輸送方式に対して、操車場を経由しないヤードパス方式を増やした。そして、特急貨物列車（最高時速一〇〇キロ）が六本増えて一五本となり、急行貨物列車（同八五キロ）は二三本も増えて六三本となった。ヤードパス方式の採用によって、荷主に対し到着時間を予告できるようになったといわれている。

到達時分も著しく短縮され、東京・北海道で約二一時間、大阪・北海道で約三五時間、東京・広島で約二五時間、名古屋・仙台で約三一時間短縮された。また、国鉄が保有する貨車は約一四万両となったが、そのほとんどで時速七五キロ運転が可能となった。そこで国鉄は、時速六五キロの貨車を北海道・九州に封じ込め、貨物列車の速度を向上させた（前掲「白紙改正《よん・さん・とう》とスピードアップ」、前掲『国鉄解体』）。

姿を消した蒸気機関車

国鉄は、輸送力を増強するため、列車動力や路線施設の近代化を推進した。動力の近代化は長期計画のなかで進められ、一九六〇年代から七〇年代前半にかけて蒸気機関車はつぎつぎと姿を消し、鉄道の牽引動力は電気やディーゼル機関に転換していった。一九五五（昭和三〇）年度における蒸気機関車の走行距離は二億八六〇三万キロで、電気機関車（四四三三万キロ）やディーゼル機関車（六八万キロ）のそれを大きく引き離していたが、その後蒸気機関車の走行距離は激減し、七〇年には八一五五万キロ、七五年にはわずか二二五万キロとなった。これに対して、一九七〇年における電気機関車、ディーゼル機関車の走行距離はそれぞれ二億六五三万キロ、八二九〇万キロとなり、蒸気機関車のそれを上まわっている。

一方、一九五五年度の電車の走行距離は二億六四六〇万キロで早くも蒸気機関車のそれを上まわっていた。電車の走行距離はその後も急速に伸び、一九七〇年度には一六億七〇九五万キロとなった。動力の近代化にともない、機関車が列車を牽引する動力集中方式に代わって、各車両に動力をつけて自走する動力分散方式を特長とする電車が主流となった。動力分散方式の普及は、長大列車編成の場合の出力を大きくし、しかも発車後速やかに速度を上げることができるので、スピードアップが可能となった。東京〜新潟間の所要時間は、一九六四年末には四時間四〇分であったが、七二年一〇月には三時間五五分となり、四五分もの時間が短縮された。

複線化も著しく進んだ。一九五〇年頃までの日本の鉄道は大部分が単線であって、全線複線化が実現していたのは東海道本線と山陽本線のみであったが、一九五七年度から始まる第一次五ヵ年計画以降、主要幹線の複線化がかつてないピッチで進んだ。一九六〇年の複線化は二六〇六・九キロ、複線化率は一二・七パーセントであったが、七〇年には四九一八・九キロ、二三・五パーセントとなった。さらに、急勾配区間の解消のための新線建設、重軌条化（一メートルあたり五〇キログラムのレールを使用）、自動信号区間の増加など、国鉄の輸送力増強のための施設の近代化が促進された（前掲『鉄道要覧』一九七七年度版）。

電化・ディーゼル化の進展

一九五六（昭和三一）年一一月一九日、支線をのぞく東海道本線全線の電化が完成し、東京～大阪間を結んでいた特急「つばめ」「はと」は、全線を電気機関車が牽引するようになった。これによって、所要時間も八時間三〇分から七時間三〇分へと、一時間ほど短縮された。ちょうど日本経済が戦後復興から高度成長へと踏み出す時期にあたり、首都圏と中京圏、関西圏を結ぶ東海道本線は、国鉄全線旅客の約四分の一を輸送する大動脈となっていた。

国鉄では、これに応えて、東海道本線の全線電化を実現する前から東京〜大阪間を結ぶ特急列車の増発を検討していた。当初は、これまでの機関車牽引方式よりもスピードアップをはかろうと考え、一九五五年一二月に当時の最新型貨物用電気機関車のEH一〇形を高速運転仕様として高速走行試験を実施した。その結果、高速域からのブレーキ性能に課題が残り、機関車牽引列車での高速運転には、軌道強化をはじめ莫大な設備投資が必要であることが判明した。

その一方で、乗り心地の改善、騒音の減少を実現した電車方式が注目をあびた。日本の鉄道は、軌道構造が貧弱で、駅の設備も十分ではなかったが、数多くの列車を運転しなければならない。そのため、軸重が重く加速性能の低い機関車に比べれば、動力を分散させた電車は軸重が軽いので、①軌道の構造が貧弱であっても高速運転が可能、②機関車の牽《ひ》く列車に比べて簡単に折り返しができる、③加減速性にすぐれているなどの優位性をもっていた。一九五〇年に長距離電車の先駆けとして登場した湘南《しょうなん》電車によって、一九五七年一〇月には東京〜名古屋間、名古屋〜大阪間の長距離においても電車運転が実現したのである。

湘南電車のほか、一九五二年に新しい動力車両として電気式ディーゼル動車が生まれた。石炭不足を補い、動力近代化を実現するという要請にもとづいて開発されたもので、ディーゼル発動機で電気を起こしてモーターを駆動する、いわば電気車両であった。また、一九五三年には液体式のディーゼル動車が誕生した。これは電気を起こすのではなく、ディーゼル機関で起こされた動力をそのまま液体変速機を使って車軸、車輪を回転させるもので、電気式ディーゼル動車と比べてはるかに構造が簡単で、しかも性能は高かった。非電化線区における動力近代化は、このディーゼル動車によるところが大きい。一九五四年に房総《ぼうそう》各線の蒸気機関車の牽引する旅客列車がディーゼル動車に置きかえられ、一九五五年には東北本線上野～日光間や上野～西那須野《にしなすの》間、あるいは上野～黒磯《くろいそ》間、そして関西本線名古屋～天王寺《てんのうじ》間などでディーゼル動車による準急列車が運行された。こうして、快速列車、高速列車のディーゼル化が一挙に進んだ。

通勤五方面作戦

一九五一（昭和二六）年度の朝のラッシュ時における首都圏各線の乗車効率は、京浜東北線三〇八パーセント、山手線二八〇パーセント、中央線快速三四三パーセント、横須賀《よこすか》線二三一パーセント、常磐線二九一パーセント、総武線二七一パーセントであった。いずれも二〇〇パーセントを超える乗車効率で、かなりの混雑であったといえる。

その後、国鉄の輸送力は毎年増強され、一九五六年には京浜東北線と山手線の線路分離、電車の編成増と運転間隔の短縮などが実施され、各線区の輸送力は一九五一年度に比べて

東京付近の通勤輸送用に新造された通勤電車（『'68国鉄の現状』より）

一・五倍から三・二倍に増加した。しかし、首都圏の人口増加は激しく、混雑は一向に解消されなかった。一九六〇年度における首都圏各線の乗車効率をみると、京浜東北線三〇七パーセント、総武線三一二パーセント、山手線二九九パーセント、中央線快速二七九パーセント、常磐線二四七パーセントであった。「国電」ならぬ「酷電」と揶揄《やゆ》されたのも、理由のないわけではなかった。

こうしたなかで一九六四年六月、国鉄の通常常務会は、首都圏の東海道本線、中央線、京浜東北線、常磐線、総武線の通勤輸送改善計画を策定した。これが「通勤五方面作戦」と呼ばれた大型プロジェクトで、これら五線の線増に一斉に着手したのであった。

首都圏五方面作戦は、①輸送能力の限界を超えた輸送需要に対しては、新規投資によって抜本的な設備改善を行う、②幹線輸送と競合する通勤輸送は、線路を分離する、③必要に応じて都心に直通する地下鉄への国電の乗り入れを実施する、の三点

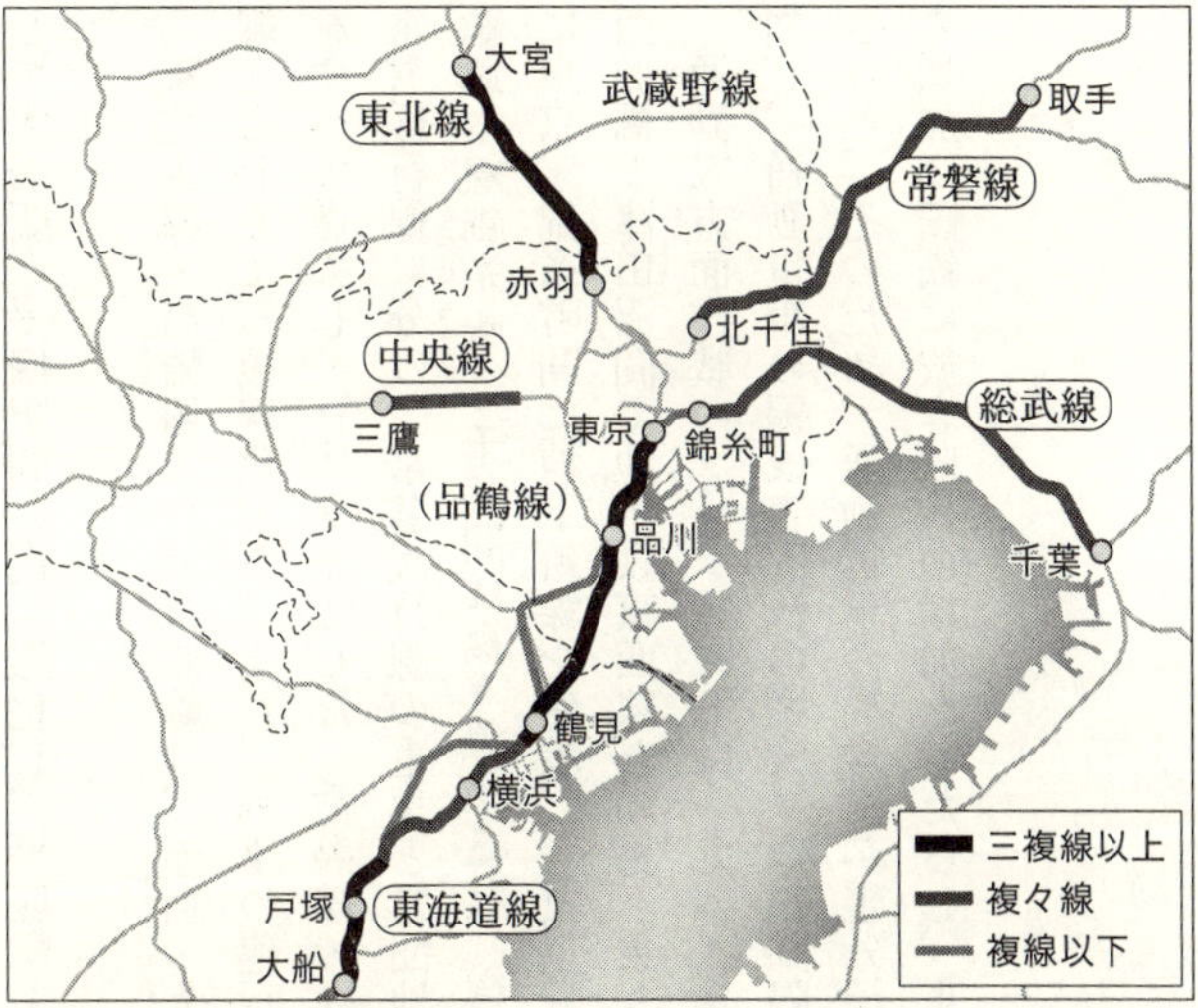

通勤五方面作戦の関連路線

を基本原則として進められた（近藤太郎《こんどうたろう》「通勤五方面作戦の総決算について」『運輸と経済』一九八三年三月）。東海道本線と横須賀線は、東京〜大船《おおふな》間で線路を共有しており、列車増発をむずかしくしていた。そこで、東京駅と品川《しながわ》駅との間に地下線を増設し、東京駅地下ホームから総武快速線と相互直通運転ができるようにした。また、貨物専用線の品鶴《ひんかく》線（品川〜鶴見間を結ぶ東海道本線の支線）を旅客線とし、貨物列車は山手線に代わる首都外郭環状線としての武蔵野《むさしの》線（鶴見〜府《ふ》中本町《ちゅうほんまち》〜西国分寺《にしこくぶんじ》〜南浦和《みなみうらわ》〜新松戸《しんまつど》〜西《にし》船橋《ふなばし》間、一九七八年全通）を通るようにする。鶴見〜戸塚《とつか》間に貨物専用別線を敷設し、戸塚〜大船間を三複線化した。そして大船駅〜平塚駅間も複々線化し、平塚駅〜小田原駅間にも貨物線を新設して複々線化した。

東北本線・高崎《たかさき》線と京浜東北線は、赤羽〜大宮《おおみや》間で線路を共有していたのを分離し、貨物線と合わせて三複線化した。また、列車の運行回数の増加に備えて、川口《かわぐち》〜大宮間では踏切をすべて撤去して立体交差とした。常磐線では、北千住〜取手《とりで》間を複線化して常磐快速線と常磐緩行線に分け、常磐緩行線の電車と営団地下鉄千代田線との相互直通運転を実施した。

総武本線錦糸町《きんしちょう》〜千葉間は複々線化され、総武快速線と総武緩行線とに分離された。同時に東京〜錦糸町間に地下新線を建設し、東京駅で横須賀線との相互乗り入れを行った。また、西船橋〜津田沼《つだぬま》間で地下鉄東西線との相互乗り入れを実施した。

通勤五方面作戦のプロジェクトは一九八二年に終了した。その結果、線路容量が大幅に増加し、通勤電車の編成車両数の増大や運転間隔の縮小が実現し、各線の輸送力は大きく増強された。そのため、通勤電車の混雑率が幾分緩和し通勤時間が短縮された。また、沿線人口の増加は国鉄に旅客収入の増加をもたらし、車両の運用効率も向上した。

Ⅲ　「車社会」の到来と鉄道

自動車産業の発展と自動車道の整備

高度経済成長期には、自動車産業の発展と国民の所得水準の向上を背景に、モータリゼーション（自家用自動車〔マイカー〕の普及）が進展し、鉄道輸送を脅かすようになった。『経済白書』が「もはや戦後ではない」と記した一九五六（昭和三一）年における日本の自動車生産台数は六万九〇〇〇台であった。同じ頃、アメリカは九二〇万台、西ドイツは九〇万台の自動車を生産していたというから、日本と欧米諸国との間には、超えることができないと思われるほどの自動車生産力の格差があった。日本銀行総裁の一万田尚登《いちまたひさと》は、比較生産費説の立場に立って、日本で自動車産業を育成するのは意味がなく、アメリカの安くて性能のよい自動車を輸入すればよいという談話を発表したが、根拠のないことではなかった。運輸省も、基本的には一万田と同じ立場に立って、「外車輸入促進論」を展開していた。国内で自動車を生産するよりも、外車を輸入したほうがコスト的にははるかに得策だというのである。

しかし、通産省は外貨を節約し、産業構造の高度化をはかるうえで、自動車産業の育成は不可欠であるという認識に立っていた。そして、自動車産業を戦略産業と位置づけ、外国車

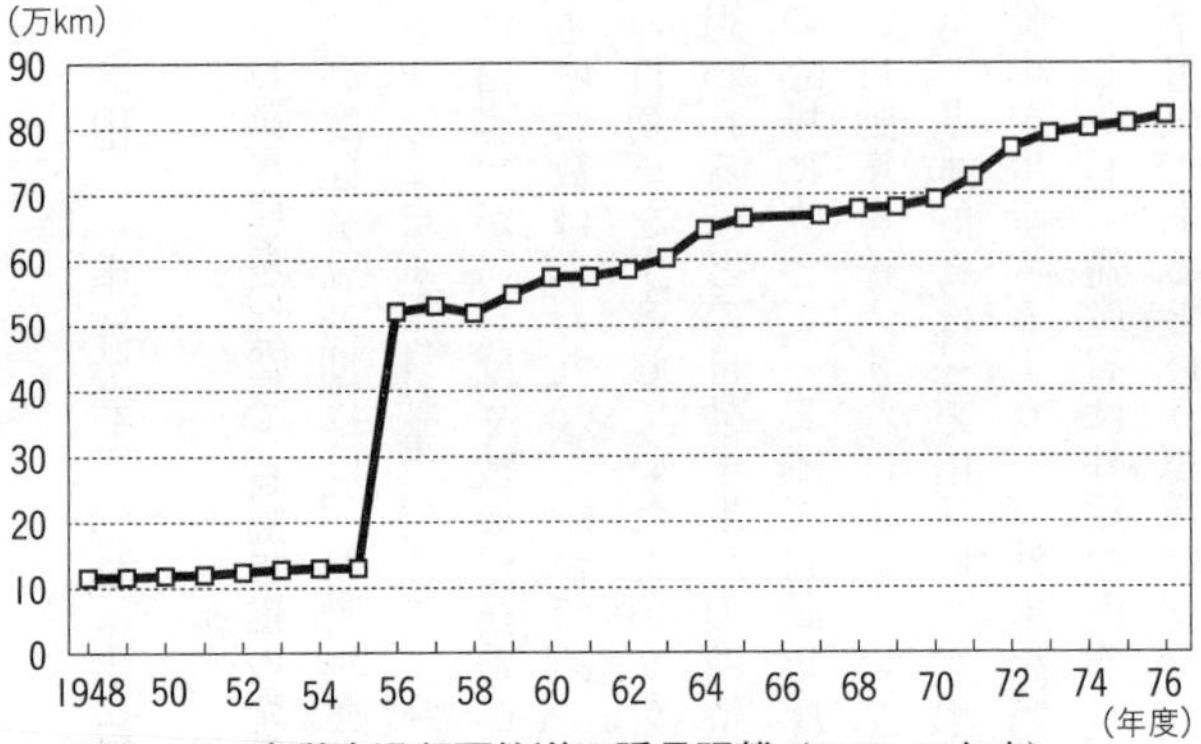

図3－7　自動車通行可能道の延長距離（1948～76年度）

出典：運輸経済研究センター・近代日本輸送史研究会編『近代日本輸送史——論考・年表・統計』

の参入から日本市場を守り、自動車の国産化政策を進めていった（宇田川勝《うだがわまさる》「自動車産業 成長の軌跡」、森川英正《もりかわひでまさ》編『ビジネスマンのための戦後経営史入門―財閥解体から国際化まで』）。日本で自動車産業が発展する余地はないと考えられていたが、国産自動車の生産台数は一九五九年度には約一四七万台、六七年度には約五五八万台、七二年度には約一〇〇二万台に達した。

道路整備の進展も、モータリゼーションの重要な要因である。道路の舗装率は、一九六〇年には三パーセントにすぎなかったが、六五年には七パーセント、七〇年には一八パーセント、七五年には三四パーセントとなった。国道のみに限定すれば舗装率はもっと高く、一九六〇年には三三パーセント、七五年には九二パーセントであった（運輸経済研究センター・近代日本輸送史研究会編『近代日本輸送史―論考・年表・統計』)。

図3－7は、高速自動車道をのぞく自動車通行可能道の延長距離の推移をみたものである。自動車通行可能道とは、最大積載量四トンのトラックが通行できる道路のことであるが、一九五五～五六年に一三万五〇〇キロから五二万二〇〇〇キロへと一挙に距離を延ばし、その後もコンスタントに延びていることがわかる。一九五六年四月に高速道路や有料道路の建設・管理を行う日本道路公団が設立され、東京オリンピックが開催された六四年前後には名《めい》神《しん》高速道路、東名《とうめい》高速道路などの高速自動車道が開通した。オリンピック後の一九六六年に一一年ぶりに日本にもどったフランス文学者の森有正《もりありまさ》は、東京の変貌ぶりを「高層ビルが丸ノ内を中心として方々に建ち、自動車は道にあふれ（中略）高速道路が張りめぐらされている」と表現した（もっとも、森有正はそれにもかかわらず「東京は東京であった」と、東京らしさは変わっていないという点を強調しているのであるが。森有正『遥《はる》かなノートル・ダム』）。なお、高速自動車道はその後も距離を延ばし、一九七三年には一〇〇〇キロを超えた。

高速自動車道の整備は、一九五四年における揮発油税の道路特定財源化を契機に促進された。その立役者は、のちに総理大臣となる田中角栄《たなかかくえい》であったが、背後には自動車業界をはじめとする財界の強い要請があった。高速自動車道が整備されると、これまで都市内の短距離輸送にもっぱら使用されていた自動車が、鉄道に代わって都市間の長距離輸送を担うように

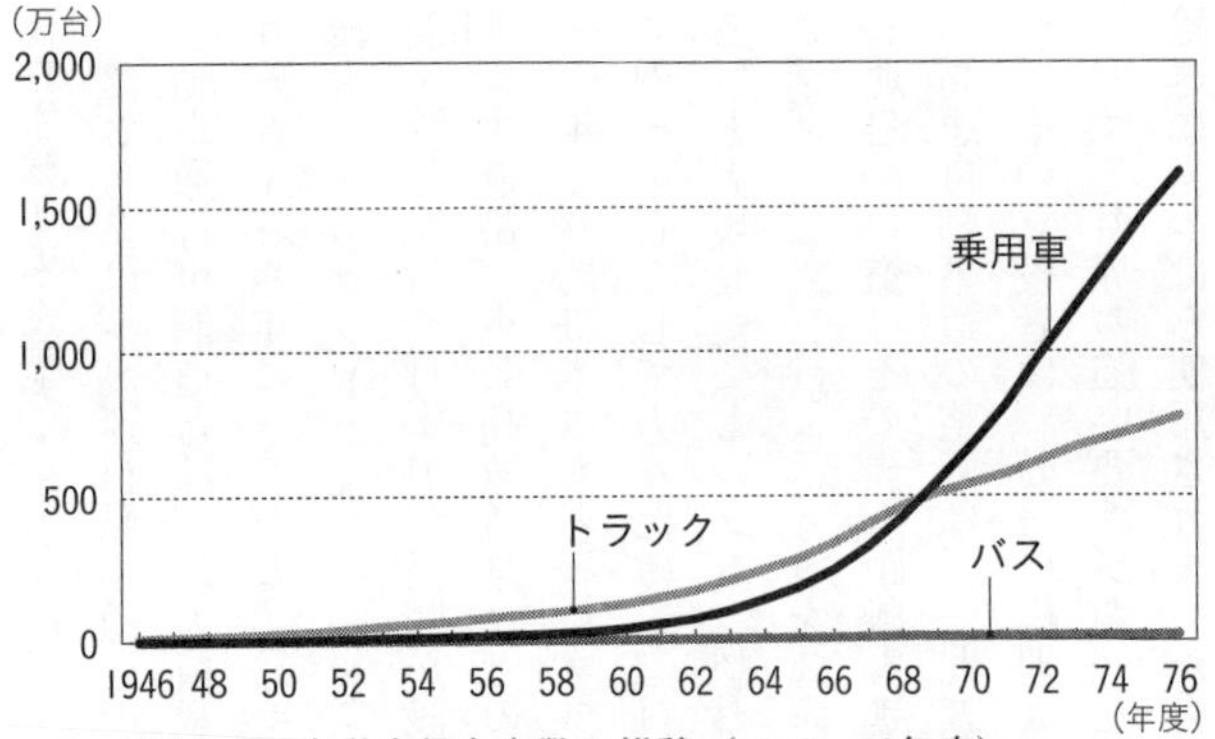

図3－8　自動車保有台数の推移（1946〜76年度）

出典：運輸経済研究センター・近代日本輸送史研究会編『近代日本輸送史――論考・年表・統計』

なった。産業構造が高度化し、家庭電化製品や情報機器のような高価な輸送貨物が増えてくると、多少運賃が高くとも高速輸送の可能なトラックが選好されるようになったのである。

道路の整備にともなって、図3－8にみるように自動車保有台数が急増した。一九四六年の自動車保有台数はトラック一二万台、バス一万二〇〇〇台、乗用車二万六〇〇〇台であったが、その後急激に増加し、トラックは一九六九年に五一二万六〇〇〇台となった。乗用車は、当初はトラックよりも少なかったが、一九六三年に一〇〇万台を超えると、六九年には五五一万二〇〇〇台となり、トラックの保有台数を上まわった。トヨタ自動車が、大衆車「パブリカ」を発売したのは一九六一年のことで、六二年には自家用乗用車を意味する「マイカー」という言葉が流行した。トラックや乗用車と比べると、バスの保有台数は少ないが、それでも一九六五年に一〇万台、七二年には二〇万台を超えている。

　自動車は広く国民各層の間に普及し、各家庭が通勤や買物、あるいはレジャーにマイカーを利用するようになり、自動車が日常生活の奥深くにまで入り込むようになった。そして、かつて経験したことのないほどのモノや人、情報が行き交うようになり、社会や文化のあり方をも大きく変えた。こうした社会を「車社会」と呼ぶことができる。

　マイカーの普及は人々の生活圏を広げ、多くの利便をもたらした。しかしそれにともなって、都市では交通渋滞がひどくなり、交通事故や騒音・排気ガスなどの公害も深刻な社会問題となった。また、都市の構造を大きく変え（都市構造の自動車化）、農村でも鉄道やバスなどの公共交通の衰退をもたらしている。こうして、老齢者層、経済的貧困階層、主婦層、若年層などマイカーを利用できない人々には著しく住みにくい居住環境ができあがった。

　さらに自動車の普及は、都市の景観をも損ねてしまった。一九二八年生まれの経済学者宇《う》沢弘文《ざわひろふみ》によれば、東京都内で自動車の普及によってもっとも景観が破壊されたのは赤坂見附《あかさかみつけ》の近辺であった。宇沢が中学生の頃、赤坂見附から平河町《ひらかわちょう》のほうにかけては、閑院宮家《かんいんのみやけ》のうっそうとした森が広がり、街路樹の美しい地域であった。しかし、一九五六年に渡米し、六八年にもどってみると、そこには巨大な高速道路が建設され、騒音と排気ガス、そして危険を撒《ま》き散らしながら自動車が走っていた。宇沢は、「あまりの変わりように、言葉にあらわせないような衝撃を受けた」という（宇沢弘文『「豊かな社会」の貧しさ』）。

路面電車の廃止

自動車の普及にともなって、東京では都電（路面電車）の軌道敷内を自動車が走行するようになった。東京都は、一九五九（昭和三四）年一月にその取り締まりを強化するよう国家公安委員会と警視庁に申し入れた。しかし、同年一〇月、国家公安委員会は自動車による路面電車軌道敷内の通行を認めてしまった。道路上では交通渋滞が激しくなり、警察関係者の間で路面電車撤去論が叫ばれるようになっていたのである。

一九五五年の都電の輸送人員は六億三九六九万八〇〇〇人であった。しかし、交通渋滞がひどくなり、都電の輸送人員は急激に減少し、一九六〇年には五億九七四〇万九〇〇〇人、六五年には四億五五五六万六〇〇〇人となった（『東京都交通局100年史』）。首都交通圏（東京駅を中心に半径五〇キロ）における国電、私鉄、地下鉄、路面電車（無軌条電車を含む）、自動車（バス、ハイヤー・タクシー）の輸送分担率をみると、路面電車は一九五五年度一六・三パーセント、六〇年度一一・一パーセント、六五年度六・四パーセントと分担率を低下させている。ちなみに、この間に分担率を伸ばしているのは自動車、地下鉄、私鉄であった。国電の輸送分担率は、一九六五年度においても三二・六パーセントでもっとも大きいが、分担率は低下しつづけている（前掲『新交通年鑑』二〇一七年版）。

こうしたなかで、運輸省の都市交通審議会は一九五九年四月、路面電車に関する中間報告を提出し、公共交通の使命を果たし、道路上の渋滞を緩和するため、路面電車を撤去して他の交通機関に代替させるべきであると主張した。世界に目を向けると、路面電車が活躍している都市はたくさんあるのにもかかわらず、ロンドン、パリ、ニューヨーク、ワシントンなどを例にあげて、路面電車の撤去は世界の趨勢《すうせい》であるなどとまことしやかにささやかれていたのである。

当初、東京都交通局や東京都議会は反対の立場であったが、首都圏整備委員会は一九六二年七月に「昭和三七（一九六二）年度首都圏整備事業計画策定方針」を決定し、東京オリンピックの開催までに、東京都営地下鉄および営団地下鉄の建設を促進し、東京都営および横浜市営の路面電車を撤去するとした。また、東京都知事の諮問機関である首都交通対策審議会も、一九六一年一〇月に都電の撤去もありうるという答申を提出していた。地下鉄は路面電車よりも質の高い交通機関なので、地下鉄開業後に路面電車を廃止するのは当然であると考えられていたのである。

そして一九六七年、東京都交通局は財政再建のため都電を全面的に廃止するとし、一二月に路面電車九七・〇キロを廃止した（第一次撤去）。都電の廃止は、一九七二年一一月の第六次撤去までつづけられ、荒川《あらかわ》線三《み》ノ輪橋《わばし》〜早稲田間をのぞく三五五・八キロが廃止された（『東京都交通局100年史』）。

しかし、交通評論家の岡並木《おかなみき》によれば、もともと路面電車と地下鉄は質の異なる交通機関で、地下鉄は比較的長距離の通勤や通学などの「線交通」には適しているが、買物やビジネスのために短距離を移動する、すなわち、「面交通」のための機関としては路面電車のほうが適しているのである。東京の数寄屋橋《すきやばし》にあったマリオンから日本橋の日本銀行に行くのに、地下鉄銀座《ぎんざ》線を利用すると一八分一五秒かかったが、電車に乗っている時間はわずか四分四五秒にすぎなかった。しかし、平均時速二〇キロの路面電車で行くと、五、六分しかかからなかった（岡並木「交通」、高度成長期を考える会編『高度成長と日本人3―社会篇　列島の営みと風景』）。

こうして都電の廃止が始まると、全国各地で路面電車が姿を消していった。それは、日本の古都、京都でも例外ではなかった。奇跡的に戦災をまぬがれ、市民や観光客の足として親しまれてきた京都市電は、戦後も順調に旅客数を増やし、一九六一年度には二億二〇四三万人を記録した。しかし、モータリゼーションの進行とともに旅客数が減少し、七一年度には一億八七九万人とピーク時の半数以下に落ち込んだ（京都市交通局「京都市電略年」『鉄道ピクトリアル』一九七八年一二月）。

　こうしたなかで、京都市交通局は、早くも一九六二年には市電撤去の方針を打ち出した。市電は、地下鉄と比べると時代遅れで、市バスよりも人件費などのコストがかさみ、経営的には赤字であるというのが、その理由であった。一九七一年四月に「京都の市電をまもる会」が発足し、市電を活《い》かしたまちづくりが模索されたが、七二年に千本《せんぼん》・大宮《おおみや》線（千本北《せんぼんきた》大路《おおじ》～九条《くじょう》大宮《おおみや》間）、四条《しじょう》線（四条大宮～祇園《ぎおん》間）、七四年に烏丸《からすま》線（烏丸車庫～七条烏丸間）、七六年に今出川《いまでがわ》線（銀閣寺道《ぎんかくじみち》～白梅町《はくばいちょう》間）、丸太町《まるたまち》線（円町《えんまち》～天王町《てんのうちょう》間）、白川《しらかわ》線（銀閣寺道～天王町間）、七七年に河原町《かわらまち》線（洛北《らくほく》高校前～七条河原町間）、七条線（七条河原町～西大路《にしおおじ》七条

東寺五重塔前を走る京都市電
1978年（写真・読売新聞社）

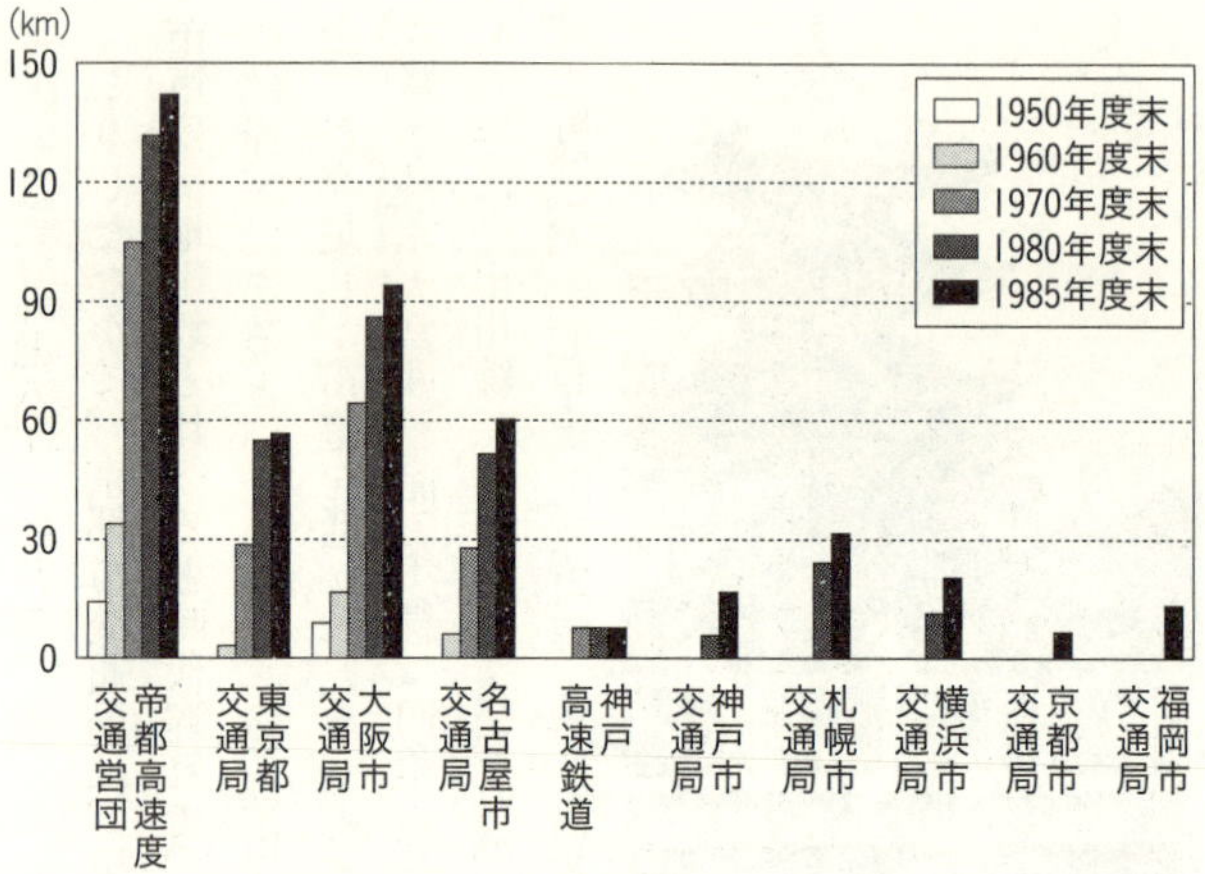

図3－9　地下鉄営業キロの推移

出典：野田正穂・原田勝正・青木栄一・老川慶喜編『日本の鉄道——成立と展開』

間）、烏丸線（七条烏丸～京都駅前間）と、段階的に営業を廃止し、七八年九月にはついに全線の営業が廃止されたのである（広《ひろ》原盛明《はらもりあき》「古都に路面電車を残したかった―京都の市電存続運動の8年間」『鉄道ピクトリアル』一九七八年一二月）。

地下鉄の時代

地下鉄は、一九五〇（昭和二五）年までは東京（帝都高速度交通営団一四・三キロ）と大阪（大阪市交通局八・八キロ）に短距離の路線が走っているだけであった。こうしたなかで、一九五五年七月、運輸省によって都市交通審議会が設置された。同審議会は、地下鉄の新線建設が重要な課題であるという認識を示し、一〇路線二五七キロ、建設資金五二五億円にも及ぶ東京都における地下鉄の新線建設を答申した。地下鉄は、都心部の路面交通に代わる交通手段として導入されたが、一九六〇年代以降郊外に路線を延ばし、都心部と郊外を直結する傾向を強めてきた。都市交通審議会でも、地下鉄と郊外私鉄の相互直通乗り入れが主要な政策として取り上げられ、一九六〇年一二月に開業した都営地下鉄一号線が押上《おしあげ》駅で京成電鉄と相互乗り入れを実現した。これが、地下鉄と郊外の私鉄線や国鉄線との相互乗り入れの最初の事例であった（原田勝正『汽車から電車へ──社会史的観察』）。

一九五四年一月、帝都高速度交通営団が丸《まる》ノ内《うち》線池袋《いけぶくろ》～御茶《おちゃ》ノ水《みず》間を開業した。戦後では最初の地下鉄建設であった。その後の地下鉄の営業キロは、図3－9のように拡大していった。一九六〇年には営団の開業路線は三三・九キロとなり、東京都交通局の都営地下鉄三・一キロと合わせて東京都の地下鉄の路線距離は三七・〇キロとなった。なお、同年の東京都以外の都市における地下鉄の路線距離は大阪市一六・七キロ、名古屋市六・〇キロであった。その後も地下鉄の路線網は拡《ひろ》がり、神戸市、札幌市、横浜市でも地下鉄が開業し、一九八〇年の地下鉄の路線距離は三七三・三キロとなった。とりわけ、東京と大阪では地下鉄の路線網が張りめぐらされ、それぞれ一八六・七キロ、八六・一キロとなった（野田正穂《のだまさほ》・原田勝正・青木栄一《あおきえいいち》・老川慶喜編『日本の鉄道──成立と展開』）。

ところで、高度経済成長期には地下鉄の輸送量が著しく増えた。首都交通圏では、一九六五年における地下鉄の旅客輸送人員は七億五三一七万人であったが、八五年には二三億六九九七万人に増加し、増加率は国鉄や私鉄をはるかに上まわっていた。首都圏の都市交通は、「地下鉄の時代」を迎えていたのである。

地下鉄の建設には、一般の地上鉄道に比較して、膨大な初期投資が必要とされた。そのため、地下鉄を民間で経営するのははなはだ困難で、世界の地下鉄の大部分が地方公共団体の直営による交通局方式か、地方公共団体の出資で企業を設立して経営する営団、もしくは公社方式によっていた。日本の各都市でも交通局方式によって地下鉄の建設・運営がなされているが、東京都内の帝都高速度交通営団(のちの営団地下鉄、現・東京メトロ)は東京都と国有鉄道などの出資によって設立されたものであった。また、神戸の神戸高速鉄道の最大の出資者は神戸市であった。

地下鉄建設に必要とされる巨額な建設資金の大部分は、独立採算の建前から借入金および企業債の発行に依存していた。そのため膨大な元利償還費負担が発生し、一九六〇年度以降の営業収支悪化の要因となった。一九七〇年度には、企業債の支払利息だけで料金収入の七六・五パーセントにあたる二三五億九二〇〇万円にのぼっていた。これに企業債償還金をあわせると、建設のための資本支出は、料金収入の実に一一五・五パーセントにも及んだ。企業債による資金調達は、固定資本投資額の巨額な地下鉄のような事業には好ましいものではなかった。

このため、一九六六年の改正地方公営企業法によって、地下鉄建設にかかわる投資の一部に助成措置が講ぜられるようになった。まず、国の助成措置として、一九六六年度から七〇年度までの建設費総額から建設利子、測量監督費、総経費などの間接費を控除し、その金額に九〇パーセントを乗じたものを補助対象額とし、この金額に一〇・五パーセントを乗じた金額を五年間に分割交付するという措置がなされた。

この措置は償却前損失の補塡《ほてん》を意図したものであるが、実際には一九六六年度から六九年度までに総額八七億円が交付されたにすぎなかった。この金額は、建設投資額の八パーセント、建設のための企業債利子のわずか一年分に相当するだけであった。国の助成措置とはいえ、まったくささやかなものでしかなかったのである。

一方、地方公共団体においても、一般会計からの繰り入れによる地下鉄事業への経営補助がなされている。地下鉄事業の経営危機が深刻になってきたため、やむなく一般会計によって赤字を補塡しようとしたのである。したがって、地下鉄財政の赤字が巨額になれば、地方公共団体の財政力では地下鉄の維持が困難となる。公的負担は、あくまでも地下鉄事業の独立採算を補うものでしかなかった。諸外国の大都市の地下鉄建設が、基本的に公的資金によって負担されているのと比べると、大きな特色であったといえる。

Ⅳ　私鉄経営の両極化

大手私鉄と中小私鉄の輸送構造

高度経済成長期における私鉄の経営は、都市化・過疎化現象とモータリゼーションの影響を強く受けている。この時期の私鉄は、首都圏（東武、西武、京成、京王帝都、東急、小田急、京浜急行）、京阪神圏（近鉄、南海、京阪、阪急、阪神）、中京圏（名鉄）、北九州圏（西鉄）を経営基盤とする大手私鉄一四社と、その他多数の地方中小私鉄に区分できる。なお、私鉄に代わって民鉄（民営鉄道）という呼称が使われることがある。民鉄とは、地方鉄道法、軌道法の適用を受ける鉄軌道の総称で、私企業が経営する鉄軌道のほか、第三セクター鉄道、公営の鉄軌道事業、帝都高速度交通営団など、国鉄以外のすべての鉄軌道事業が含まれる。

大都市圏では、過度の人口集中が起こり（過密）、いかに投資をしても大手私鉄の通勤・通学時の混雑が緩和されないという問題が発生した。一方、農山漁村では、人口流出によって生産機能や生活環境の整備が立ち遅れ、住民の日常生活にも支障をきたすようになったが（過疎）、この間にモータリゼーションが著しく進行し、地方中小私鉄の経営を圧迫した。

大手私鉄・中小私鉄の輸送量の推移を、一九六〇（昭和三五）年度から五年ごとの輸送人キロで示すと、図3-10のようになる。一九六〇年度には四二三六万九〇〇〇人キロであった大手私鉄の輸送量は、六五年度には六〇四三万人キロとなり、ほぼ一・四倍に増加した。その後も大手私鉄の旅客輸送量は増加しつづけ、一九七〇年度には七五八一万二〇〇〇人キロ、七五年度には八二六四万人キロとなった。ただし、五年ごとの増加率をみると、一九六〇～六五年度は四二・六パーセント、六五～七〇年度は二五・五パーセント、七〇～七五年度は九・〇パーセントと低下傾向にあった。

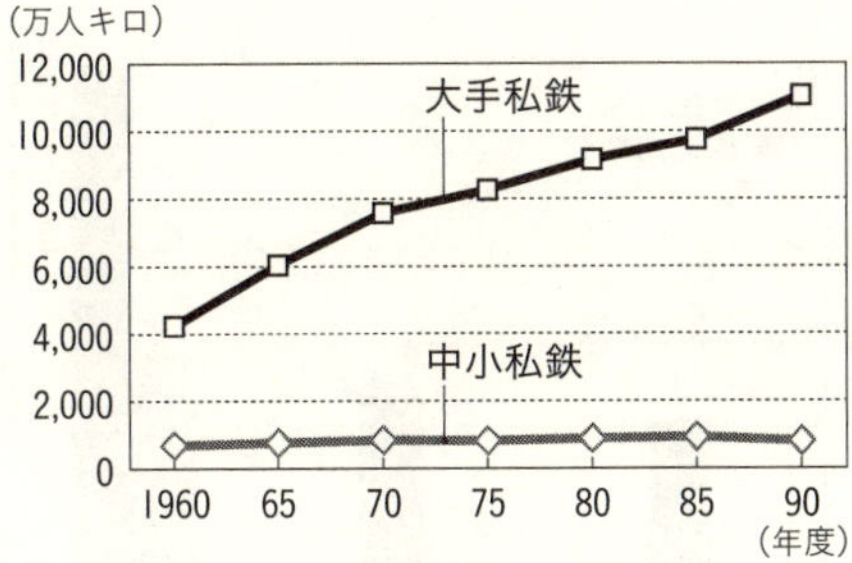

図3－10　大手私鉄・中小私鉄の輸送人キロ（1960～90年度）

出典：運輸省鉄道監督局監修『私鉄統計年報』、同『鉄道統計年報』各年度

一方、地方中小私鉄の多くは、モータリゼーションの影響を受けて一九六〇年代後半から七〇年代にかけて廃線の危機にさらされていた。旅客輸送人キロの推移も停滞気味で、一九六〇年度には六八二万九〇〇〇人キロであったが、七五年度には八一五万六〇〇〇人キロで、一五年間の増加率は一九・四パーセントであった。

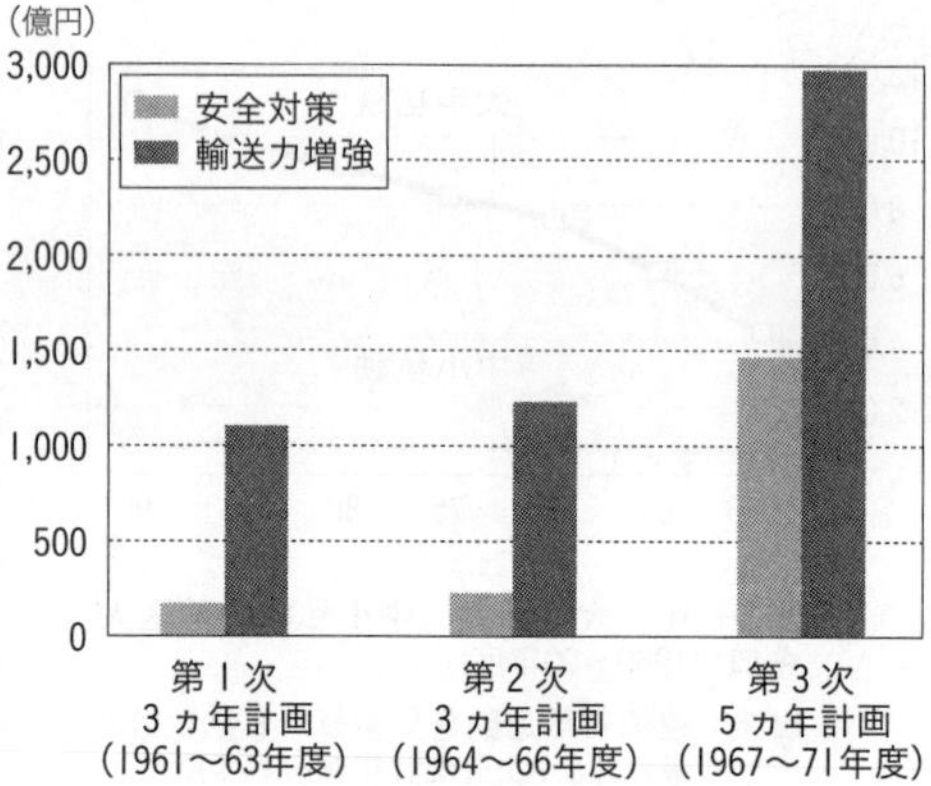

図3－11　大手私鉄の設備投資額

出典：日本民営鉄道協会『大手民鉄の素顔――より快適な都市交通をめざして』1986年10月

大手私鉄の経営発展

大手私鉄は、国鉄の第二次五ヵ年計画と歩調をあわせて、一九六一（昭和三六）～六三年度に第一次三ヵ年計画（設備投資額一二七〇億円）、一九六四～六六年度に第二次三ヵ年計画（同一四五二億円）、そして一九六七～七一年度に第三次五ヵ年計画（同四四三三億円）を立て、多額の設備投資を行った。設備投資は、安全対策の強化と輸送力の増強に大別されるが、その推移をみると図3－11のようになる。輸送力の増強は、線路の増設（新線建設、複線化、複々線化）、車両の増備による連結車両数の増加、車両の大型化、駅ホームの延長、変電所・車庫・工場などの新増設によってなされるが、高度経済成長期には通勤・通学などの輸送需要が急増したため、踏切の立体交差化や整理統廃合などによる安全対策の強化よりも、輸送力の増強により多くの投資がなされていた。すなわち、一九六一年度から七一年度までの設備投資額をみると、安全対策の強化に使われたのは一八五八億円であったが、輸送力の増強には五二九七億円もの投資がなされたのである。

第三次五ヵ年計画の投資総額は、当初は四四三三億円であったが、四七〇〇億円に増えた。その内訳は、都心乗り入れ・新線建設(八八〇億円)、複線化・複々線化(五〇四億円)、ホーム延伸など駅の改良(六七五億円)、車両新造(一二三七億円)などの輸送力増強工事に三二九六億円、高架化・踏切改良(四一〇億円)、運転保安施設の整備(九九四億円)などの踏切および運転保安工事に一四〇四億円とされていた。しかし、この輸送力増強計画でもたらされる混雑緩和の成果はささやかなものであった。一九六六年の大手私鉄一四社の代表的な一九路線の混雑区間で、もっとも混雑する一時間の平均混雑率は二三五パーセントであり、輸送力増強計画を実施すると二三一パーセントに抑えられたが、わずか四パーセントの改善にすぎなかった。もっとも、これをそのままにしておくと、一九七一年には混雑率が三〇八パーセントになると予測されていたので、輸送力増強計画の意義はそれなりに大きいとみることもできる。

設備投資の原資を確保するため、大手私鉄は一九五九年一月に一五パーセント、六二年一一月に一〇パーセント、六六年一月に二四・七パーセント、七〇年一〇月には二三・一パーセントの運賃値上げを実施した。通勤・通学時の殺人的ともいえる混雑を緩和するため、大手私鉄は利用者に運賃値上げという負担を求めたのである。

この間に、大手私鉄の経営多角化が著しく進んだ。一九六一年における大手私鉄の部門別固定資産の内訳をみると、鉄軌道一四九〇億円（五五・一パーセント）、兼業・子会社への投資一二一五億円（四四・九パーセント）であった。それが一九六九年になると、鉄軌道四〇二一億円（四九・八パーセント）、兼業・子会社への投資四〇五一億円（五〇・二パーセント）となった。つまり、この間に大手私鉄では鉄軌道の固定資産額の割合が五〇パーセントを切ったのである。また、部門別の収入をみると、一九六一年度から六九年度にかけて、鉄軌道収入は七七六億円から一八〇五億円へと二・三倍に増加した。しかし、不動産事業をはじめとする兼業収入は、一七二億円から一六一一億円へと九倍もの増加を示していた。

このように大手私鉄では、不動産事業など兼業の比重が高まりつつあった。私鉄が「脱鉄道化」していく要因としては、第一に鉄道やバスの作り出す「外部経済」が大きく、しかも多様であること、そして第二に鉄道やバス経営の利潤率が相対的に低いことなどをあげることができる。

阪神電鉄の営業キロは大阪～神戸間四一・一キロで、大手私鉄のなかではもっとも短く、国鉄および阪急電鉄と競合していた。一九五五年度の事業部門別の営業収益をみると、鉄道事業が二二億一〇〇〇万円で、全体の七八・一パーセントを占めていた。鉄道事業以外では、百貨店事業が二億六七〇〇万円の営業収益をあげ、全体の九・五パーセントを占めている程度で、鉄道事業のウェイトが圧倒的に高かった。それは、一九七〇年度においてもあまり変化はなく、鉄道事業の営業収益は九八億五五〇〇万円で全営業収益の七九・三パーセントであった。

しかし、だからといって、阪神電鉄の経営多角化が進まなかったわけではない。阪神電鉄は、阪神タイガースをはじめ多くの子会社をもち、阪神グループとして運輸業、不動産業、卸・小売業、建設業、製造業、観光・サービス業など、さまざまな事業分野に進出していた。一九七〇年度の阪神電鉄の営業収益は一二四億二三〇〇万円であったが、阪神グループとしての営業収益は運輸業五六億一八〇〇万円、不動産業一六億一九〇〇万円、卸・小売業四〇八億七九〇〇万円、建設業七七億三六〇〇万円、製造業一〇億六七〇〇万円、観光・サービス業四六億九四〇〇万円にのぼり、阪神電鉄単体での営業収益の五倍近くになっている。とくに阪神百貨店を擁する卸・小売業、バスやタクシー事業などの運輸業、阪神タイガースなどの観光・サービス業のウェイトが高い（『阪神電気鉄道百年史』）。

地方中小私鉄の経営危機

地方中小私鉄の経営危機は、一九六〇年代後半からのモータリゼーションの本格化、すなわちマイカーの普及によってもたらされた。一九六五（昭和四〇）年度から七四年度までの一〇年間で、全路線を廃止した地方中小私鉄は三八社（六三五キロ）、一部路線を廃止したのは五一社（五五三・八キロ）に及び、毎年平均一一九キロの路線が廃止されたことになる。また、一九五〇年当時の私鉄全体の路線距離は約七六〇〇キロであったが、八五年には約五六〇〇キロとなり、この間に約二〇〇〇キロの私鉄路線が廃止された（土居《どい》靖範《やすのり》「地域交通と交通権」『交通権』第八号、一九八九年一二月）。地方中小私鉄の路線廃止は一九七〇年前後にピークに達し、七〇年代後半には緩慢になるが、しかし輸送量は依然として減少基調にあり、厳しい経営状況にあることに変わりはなかった。

日本民営鉄道協会による『地方民鉄の現状と対策』（一九七六年九月）は、地方私鉄の経営悪化の要因として、輸送需要の減退と人件費など経費の増大の二点をあげている。輸送需要の減退に関しては、人口の大都市周辺への集中により、地方中小私鉄の沿線人口が減少していること、地方私鉄は自動車（バス）事業を兼営している場合が多いが、道路整備の進展によってマイカーに客を奪われ、自動車事業も不振に陥ったこと、地方私鉄はしばしば貨物輸送でも大きな役割を担っていたが（一九七四年度の貨物輸送量は約四〇〇〇万トンで、全私鉄の

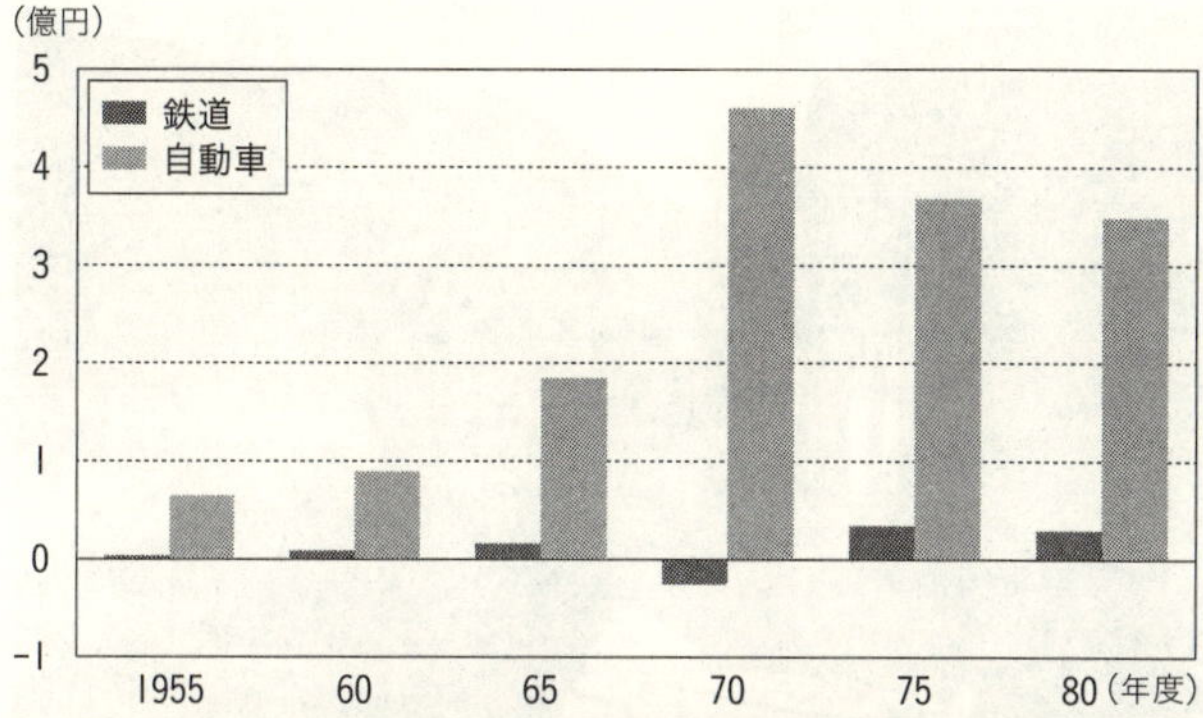

図3－12　遠州鉄道の鉄道・自動車部門営業損益（1955～80年度）
出典：遠州鉄道社史編纂委員会編『遠州鉄道40年史』

八八パーセントを占めていた）、トラック輸送に貨物を奪われ、貨物の輸送量も急激に減少したことなどが指摘されている。遠州《えんしゅう》鉄道は、静岡県西部の浜松を拠点とする典型的な地方中小私鉄であるが、高度経済成長期の鉄道部門、自動車部門の営業損益をみると図3－12のようで、自動車部門が鉄道部門を大きく上まわり、鉄道部門では一九七〇年度には二四五九万二〇〇〇円の赤字となっている。旅客輸送では乗り心地のよいバス、貨物輸送では小回りがきき機動性に富んだトラックへの転換が一挙に進み、奥山《おくやま》線（遠鉄浜松《えんてつはままつ》～気賀口《きがぐち》間）は一九六四年一一月に営業廃止となった（『遠州鉄道40年史』）。

経費の増大に関しては、経済成長にともない賃金水準が上昇し、輸送コストに占める人件費の割合が、一九七四年には七四パーセントにもなったこと、物価の高騰にともない動力費、物件費が著しく増加し、

遠州鉄道奥山線気賀口駅最後の日　1964年10月31日（写真・風間克美）

遠州鉄道奥山線

地方中小私鉄にとって経費を抑制するのがきわめてむずかしくなったことなどが指摘されていた。かくて、一九六五年度から六九年度までの五年間に、地方私鉄は五六九・二キロ、軌道は八七・七キロ、公営鉄道は四〇八・二キロの路線を失っている。

経営危機を打開するためには、諸施設・諸設備の合理化・近代化を推進する必要があるが、地方中小私鉄は自己資金に乏しいので、合理化・近代化を進めるのも困難であった。したがって、地方中小私鉄の経営危機を打開するためには、どうしても長期・低利の資金の確保と、国および地方公共団体による助成の拡充が必要とされるのである。

大都市近郊の大手私鉄は、運輸収入よりもターミナル・デパート、遊園地、不動産事業など経営の多角化を進めることによって高収益を確保してきた。しかし、地方中小私鉄の沿線にはこうした兼業を展開する余地はほとんどなかった。地方中小私鉄は、資本総額を上まわる多額の負債をかかえ、支払利子が巨額にのぼり、ついには廃止のやむなきにいたるのである。一九七三年七月、栗原《くりはら》電鉄、蒲原《かんばら》電鉄、富山地方鉄道、加越能《かえつのう》鉄道、北陸《ほくりく》鉄道、福井鉄道、北恵那《きたえな》鉄道、野上《のがみ》電鉄、土佐《とさ》電鉄、島原《しまばら》鉄道、鹿児島交通の中小私鉄一一社は、連名で運輸省に陳情書を提出した。それによれば、これらの鉄道はいずれも多額の累積欠損をかかえ、輸送の安全すら確保しえないほどの窮状に陥っていたのである（『交通新聞』一九七三年八月一〇日）。

第4章　高速鉄道時代の幕開け

I　湘南電車からビジネス特急「こだま」へ

湘南電車の開業

高度経済成長真《ま》っ只中《ただなか》の一九六四（昭和三九）年一〇月一〇日、第一八回オリンピック東京大会の開会式が代々木《よよぎ》の国立競技場で行われたが、その九日前の一〇月一日に東京〜新大阪《しんおおさか》間（五一五・四キロ）を三時間一〇分（開業当初は四時間）で結ぶ東海道新幹線が開業した。

東海道新幹線の開業は、高速鉄道時代を切り開いたという点で画期的であった。クリスチャン・ウォルマー著『鉄道の歴史―鉄道誕生から磁気浮上式鉄道まで』（北川玲《きたがわれい》訳）によれば、一九六〇年代には、鉄道は自動車や飛行機と競合し「鉄道の時代は終わった」と考えられるようになった。こうしたなかで鉄道事業の近代化が求められていたが、その先陣を切ったのは「高速鉄道の草分けとなる新幹線」を導入した日本であった。欧米では航空機と自動車に挟撃され、鉄道は斜陽化しつつあるといわれていたが、ドイツ、イギリス、イタリアなどの西欧諸国では東海道新幹線の開業に刺激を受け、高速鉄道の研究に着手するようになったのである。そして高速鉄道は、やがて「ゆっくりとではあるが世界に広まっていく」のであった。

東海道新幹線が誕生するまでには、湘南電車の開業に始まる電車列車開発の長い歴史があった。一九四八年三月、のちに東海道新幹線建設の立役者の一人となる島秀雄《しまひでお》が国鉄の工作局長となった。工作局長とは、車両の計画、設計、製作、保守、修理などに関する最高責任者である。

島は当時の常識に果敢に挑み、長編成・長距離の電車列車の開発に取り組んだ。当時、東京と小田原・熱海・沼津《ぬまづ》の間で運行していたのは、電気機関車の牽引する列車であった。それを、加減速・高速性能にすぐれた動力付きの電車列車に切り替えようというのである。しかしながら、それは振動と騒音がひどく、二〇キロ程度（時間にして二〇～三〇分）の通勤用ならまだしも、長編成・長距離の列車には向かないと、一般的には考えられていた。

振動と騒音の問題を解決したのは、かつて海軍航空技術廠の技師であった松平精《まつだいらただし》であった。松平は、戦後鉄道技術研究所に勤め、島秀雄を座長とする「高速台車振動研究会」に参加していた。同研究会では、台車の振動を理論化することに成功し、振動や騒音の少ない台車を開発した。

一九四八年四月、国鉄は東海道本線三島《みしま》～沼津間で電車列車の試運転を実施し、時速一〇〇キロ運転が可能という結論を得た。この成果を踏まえて、同年秋には一編成一五両（のちに郵便荷物車が加わって一六両編成となる）という大編成の電車列車を、ラッシュ時一五分間隔、昼間には東京〜小田原間を三〇分間隔、小田原〜沼津間を一時間間隔で運行するという計画が立てられた。この計画を遂行するため、二八〇両の電車を製作することになったが、ドッジラインによる超均衡予算のもとで大幅に削られ、新製はわずか一〇両にとどまった。

その後、一九四九年六月に日本国有鉄道が発足すると、この電車化計画が再び取り上げられ、占領軍との折衝によって一七五両の車両を新製することに成功した。一九五〇年三月に営業運転が開始され、一〇月には東京〜熱海・沼津間の列車すべてが電車運転に切り替えられた。この電車列車が「湘南電車」と呼ばれるのであるが、中間電動車の採用による長大編成、客車に準じたすぐれた接客設備、湘南色と呼ばれるオレンジ色と緑色の斬新なツートンカラーの採用など、それまでの電車とは一線を画していた。

東京〜沼津間に運転を開始した湘南電車
(『昭和25年度日本国有鉄道事業報告』)

その後、東京と伊東《いとう》方面を結ぶ週末臨時準急列車も電車化され、一九五〇年一〇月には週末臨時準急電車「あまぎ」が運転を開始した。また、一九五一年三月には東京〜伊東・修善寺《しゅぜんじ》間の準急「いでゆ」が電車に切り替えられた。「いでゆ」の速度は、客車特急「つばめ」を上まわり、電車の高性能ぶりをいかんなく発揮した。

このように、湘南電車は中・長距離の輸送を目的とした長大編成の電車で、電気機関車一両が牽引する動力集中方式ではなく、動力分散方式を用いていた点に特徴がある。一〇両編成の場合は四両の電動車、一五両編成の場合は六両の電動車を分散配置していたので、電気機関車で牽引するよりもはるかに出力が増し、列車の運用効率を向上させることができた。この動力分散方式による湘南電車の登場が、東海道新幹線開業への第一歩となる。

交流電化の成功

東海道新幹線のような、時速二〇〇キロを超える列車の高速運転には大きな動力が不可欠であった。電車特急「こだま」の編成では二四〇〇キロワットの出力で十分であったが、新幹線の一二両編成では、その三倍以上の八八〇〇キロワットが必要とされる。これを直流一五〇〇ボルトで供給しようとすると、単純に考えても架線の断面積をこれまでの倍にしなければならない。そのため、架線は太く重いものにならざるをえなかった。

また、電圧降下に対処するため変電所の設置間隔を短くしなければならず、地上設備のコストもかさむ。さらにパンタグラフの集電する電流が大きくなるので、車両の集電部の構造（集電舟《しゅうでんしゅう》）が大型化する。そのため、高速運転では架線と車体に対するパンタグラフの追随性が悪くなる。直流での高速運転は、当時の技術水準では不可能であった。

そこで、東海道新幹線では、北陸《ほくりく》本線、常磐線、鹿児島本線などで実用化されてまもない単相の交流電化方式を採用した。この方式によると、車両に変圧器を設置するので車両費はかさむが、架線電圧が高くなるので変電所の設置間隔を長くとることができ、さらに商用周波数を使用するので地上設備は単純となる。そして、運転にさいしては、電圧を高くできるので、そのぶん電流を小さくすることができ、パンタグラフ集電部の構造を小型化することが可能となる。こうしてパンタグラフの慣性力が高まり、追従性が向上するのであった（奥《おく》原哲志《はらさとし》「解説　東海道新幹線を成立させた技術」、高階秀爾《たかしなしゅうじ》・芳賀徹《はがとおる》・老川慶喜・高木博志《たかぎひろし》編著『鉄道がつくった日本の近代』）。

島秀雄は、一九三六（昭和一一）年の春、在外研究員としてドイツのベルリンに赴いた。ベルリン滞在中にジーメンス社を訪れ、そこで商用周波による単相交流が将来の電化を担うものとして期待されているという話を聞きつけたが、そのままにしてしまった。しかし戦後、島は再び商用周波単相交流に出会う。国鉄を退職した翌年の一九五二年、新たな情報を求め

島秀雄（写真・読売新聞社）

て欧米諸国を訪れた。そのさいにフランスで、商用周波単相交流は電化施設費を軽減するが、車両費はそれほどかさまないという話を聞いて興味をもったのである（島秀雄「交流電化採用の憶出」『鉄道ピクトリアル』一九六九年四月号）。

一九五四年には、国鉄総裁の長崎惣之助がヨーロッパに出張し、フランス国鉄の総裁ルイ・アルマンと会談をした。アルマンは、第二次世界大戦中にフランス国鉄の運転局長という地位にありながら、国鉄労働者のレジスタンス運動の指導者となってドイツ軍の鉄道輸送を妨害し、ゲシュタポに逮捕されたという経歴をもつが、戦後は国鉄総裁として鉄道の近代化・高速化を推進するため、商用周波単相交流電化の実用化試験を指揮していた。長崎は、そのアルマンから従来の電化方式に比べて、商用周波単相交流電化がいかにすぐれているかを教えられた。

帰国後長崎は、国鉄の技術陣に商用周波単相交流電化導入のための調査を始めるよう命じた。国鉄は、フランスから情報を取り入れながら、東北本線の仙台と奥羽《おうう》本線の山形を結ぶ仙山《せんざん》線の作並《さくなみ》機関区を拠点に

仙山線での交流電化試験（写真・鉄道博物館）

交流電化の試験に着手した。国鉄の技術陣だけでなく、東京大学工学部や日立《ひたち》、三菱、東芝の三大重電メーカーの技術者たちも加わり、一九五五年に試作機関車の試運転を始め、みごとに成功をおさめた。その結果、わずか六三キロの仙山線は、仙台～作並間は交流電気機関車、作並～山寺《やまでら》間は直流電気機関車、そして山寺～山形間は蒸気機関車が列車を牽引するという、やや風変わりなローカル線となった（菅建彦《すがたつひこ》「作並から始まった新幹線への道」、前掲『鉄道がつくった日本の近代』）。

その後、一九五七年九月に仙台～作並間、同年一〇月には北陸本線の田村《たむら》～敦賀《つるが》間が交流電化方式で営業運転を開始した。交直流接続設備も整備され、交流電化は、北陸本線米原《まいばら》～直江津《なおえつ》間、東北本線黒磯以北、鹿児島本線などで実用化された。そして、この交流電化の技術が、のちの東海道新幹線に応用されたのである。

電車特急「こだま」

一九五八（昭和三三）年一一月、電車特急「こだま」が東京〜大阪・神戸間で運転を開始した。最高時速は一一〇キロで、東京〜大阪間を六時間五〇分で結び、一日に二往復運転された。東京、大阪での滞在時間は二時間三〇分程度であったが、同区間の日帰りが可能となったのは画期的で、「ビジネス特急」と呼ばれた。「こだま」は、特急列車にふさわしい接客設備、軽くて丈夫な車体、乗り心地のよい台車、冷暖房完備の静かな車体、スピード感あふれる流線型の先頭形状、赤とクリーム色のスマートな外部塗装など、数多くの新機軸を打ち出した。なお、鉄道友の会は日本の鉄道車両の進歩・発展に寄与することを目的にブルーリボン賞を制定し、毎年一回前年（一月一日〜一二月三一日）に日本国内で正式に営業運転を開始した新造および改造車両からもっとも優秀なものを選定してきた。「こだま」は一九五九年に第二回ブルーリボン賞を受賞している。

電車特急「こだま」は、これまで近距離の通勤輸送や都市内輸送にしか向かないと思われていた電車が、長距離の都市間輸送の分野でも十分に活躍できることを実証した。また、国鉄は、これまで機関車牽引による列車運転（動力集中方式）を当然のこととしてきたが、電車特急「こだま」の成功を契機に動力分散方式による電車運転が列車運転方式の主流となっ

電車特急「こだま」を表紙に描いた絵本（木村定男画）

た。いってみれば、電車特急「こだま」は、日本の鉄道を「汽車」から「電車」へとシステムチェンジさせる立役者となったのである。東海道新幹線の建設にあたって電車方式が採用されたのは、電車特急「こだま」が成功していたからにほかならない。その意味で「こだま」は、世界ではじめて時速二〇〇キロを超える超高速の営業運転を実現させることになる東海道新幹線の、いわば試金石であったといえる。

電車特急「こだま」は一躍人気列車となり、客車特急の時代には常識はずれとされていた朝の七時発、夜二三時帰着という運転ダイヤにもかかわらず、連日九〇パーセントを超える乗車率を記録した。また「こだま」に使用された二〇系（一五一系）は、設計上は時速一六〇キロの走行性能を有していたが、将来のスピードアップや新幹線計画に備えるため、営業運転のかたわら高速度試験が軌道・架線を強化した東海道本線島田～焼津《やいづ》間の上り線を中心とした金谷《かなや》～焼津間を試験区間として、一九五九年七月二七日から行われていた。編成は、通常の八両編成から二等車二両を抜いた六両編成で、改良型パンタグラフ、各種測定器、カメラなどを取りつけ、室内には測定装置が所狭しと設置された。地上には、軌道、架線、列車風の測定などを行う地上班が待機し、踏切には高速での通過に備え監視員が配置されていた。

試験最終日の七月三一日、一回目の試験運転で時速一三〇キロ、二回目で一四〇キロ、三回目は一五〇キロと段階的に速度を上げ、第四回目に時速一六〇キロに挑戦した。その結果、東京から二〇二キロの地点で時速一六三キロ運転を達成した。これは、小田急電鉄三〇〇〇形（第一回ブルーリボン賞受賞）のもつ、当時の狭軌鉄道の世界最高記録であった時速一四五キロを大きく上まわるものであった。ブレーキ性能もよく、車体振動、乗り心地も良好であった。集電状況や軌道への影響にも問題がなく、東海道新幹線実現のための追い風となった。

「つばめ」「はと」の電車特急化

電車特急「こだま」の成功によって、機関車牽引方式（動力集中方式）よりも電車方式（動力分散方式）のほうが優位に立ち、特急「つばめ」「はと」も電車に置きかえられた。「こだま」の運転開始後も、「つばめ」や「はと」は機関車牽引の客車特急として運転されていたが、所要時間が長く、冷房装置も一部車両にしかなく、展望車の車齢も三〇年に達するなど、接客設備の水準は「こだま」と比べてはるかに劣っていた。国鉄は、「つばめ」「はと」に冷房装置を取りつけ、スピードアップをはかることを考えたが、新製と同じくらいの経費がかかることが判明したため、「こだま」と同様の電車特急に代えることにした。「こだま」は機能性・実用性が重視されたビジネス特急で、観光客や外国人の利用の多い「つばめ」や「はと」とは異なっていたが、車両運用に共通性をもたせるため、「こだま」の一五一系を増備するとともに、食堂車や特別車両を設計してより豪華な列車とした。

こうして一九六〇（昭和三五）年六月一日から電車特急「つばめ」二往復の運行が開始され、「こだま」とあわせて四往復となった。また、軌道の強化工事も完成し、東京〜大阪間の所要時間は六時間三〇分に短縮された。電車特急「つばめ」の開業記念絵葉書の外袋には、「つばめ号のご案内」として、「エヤー・コンディション」「非常窓と非常口」「ビジネス・デスク」「リクライニング・シート」「側道とビュフェ」「ラジオ」「電話」などが紹介されている。列車電話は当時としては珍しく、「列車の中から御家庭や会社へ電話をかけることができます」と案内されていた。通話範囲は東京、名古屋、大阪の各市内と列車相互間で、一号車の展望車と七号車のビュフェの電話室で通話ができた。

東海道本線の輸送需要は増加の一途をたどったので、一九六一年一〇月一日のダイヤ白紙改正では、一五一系による電車特急が四往復から八往復に倍増した。「こだま」「つばめ」

「富士」が各二往復、「はと」「おおとり」が各一往復であった。これによって、大阪で「第一こだま」からディーゼル特急「みどり」に乗り継ぐと、その日のうちに東京から博多まで行けるようになった。また、四国内に増発されたディーゼル急行に乗り継げば、東京から宇《う》和島《わじま》・窪川《くぼかわ》が日着可能となり、大阪からは松山、高知が日帰り圏となった。一九六二年六月一〇日からは、「つばめ」一往復が電化の完成した広島まで延長され、走行距離八九四・八キロ、所要時間一一時間一〇分という、電車としては前例のない長距離運転が始まった。また、上野〜新潟間には一五一系を勾配路線用に改良した一六一系による「とき」の運転が開始され、東海道本線、山陽本線以外では、初の電車特急となった。

一九六〇年九月には、東京〜札幌間と東京〜門司間を結ぶ幹線系固定無線通信網（超短波多重無線・SHF）が完成した。また座席予約オンラインシステム（マルス・MARS－１）の運用が六〇年二月に始まり、「つばめ」「こだま」四列車分の座席予約が開始された。マルスの実用化によって膨大な座席予約業務がオンライン化され、全国各駅からの特急券の予約・発売ができるようになった。列車の運転だけでなく、通信網の整備、座席予約システムの整備があって、はじめて電車特急の全国展開が可能となったのである。

II 東海道新幹線の開業

十河信二の国鉄総裁就任

東海道新幹線の開業までには、このように長い歴史があった。さらに、最高時速二一〇キロの新幹線を走らせるには、標準軌間（一四三五ミリメートル）で長さ一五〇〇メートルのロングレール、ゆるいカーブ、軽量で車両ごとにモーターをもつ流線型の車両、さらにはCTC（列車集中制御装置）、ATC（自動列車制御装置）、CSC（変電所集中制御装置）などの新技術もなくてはならないものであった。

東海道新幹線を開業に導いたのは、一九五五（昭和三〇）年五月二〇日に長崎惣之助のあとを継いで第四代国鉄総裁に就任した十河信二であった。長崎総裁は、洞爺丸《とうやまる》事故（一九五四年九月）や紫雲丸《しうんまる》事故（一九五五年五月）の責任を取って辞任に追い込まれ、後継総裁として十河信二に白羽の矢が立てられた。洞爺丸は国鉄青函航路の車載客船で、函館《はこだて》港から青森港に向かう途中、台風一五号による暴風雨の影響で沈没し、一一五五名の死者・行方不明者を出した。また紫雲丸は宇野《うの》（岡山県）と高松（香川県）を結ぶ国鉄宇高《うこう》航路の客船で、高松港から宇野港に向かう途中、濃霧のなかで貨物船「第三宇高丸」と衝突し沈没した。死者・行方不明者は一六八名にのぼり、そのなかには、修学旅行中の小中学生が多く含まれていた。

政府部内では、後継総裁には国鉄の関係者ではなく、財界から選出すべきであるという意見が支配的であった。十河は、一九〇九（明治四二）年に鉄道院に入り、後藤新平《ごとうしんぺい》や仙石《せんごく》貢《みつぐ》らの影響を強く受け、三六歳で経理局会計課長となった。しかし、関東大震災後に設立された帝都復興院に出向中贈収賄疑獄に巻き込まれて一九三〇年に鉄道院を辞し、その後は南満州《みなみまんしゅう》鉄道や華北《かほく》交通の理事として活躍した。しかし、それは二〇年も前のことで、戦後は国鉄に関係しておらず、国鉄の部内者とはいえないというのが総裁任命の理由であった。しかし、国鉄の「遠縁」にあたることには間違いなかった。

初登庁の十河信二（1955年5月21日）（写真・読売新聞社）

また、七一歳という高齢でもあったため、十河の総裁就任は必ずしも歓迎されたわけではなかった。当時の新聞は、十河の国鉄総裁就任を「ホコリをかぶっていたコットウ品が店の奥から持ち出され」たようであるとか（「人　十河信二」『朝日新聞』一九五五年五月二〇日）、「鉄道博物館から古機関

（単位：億人キロ・億トンキロ）

	貨物輸送				
	全国		東海道本線		
	輸送トンキロ（c）	指数	輸送トンキロ（d）	指数	割合（%）（d／c）
	333	100	59	100	17.7
	399	120	76	128	19.1
	393	118	85	143	21.6
	410	123	90	151	22.0
	399	120	87	147	21.8
	426	131	95	160	22.3
	469	141	107	183	22.8
	482	145	110	186	22.8

車を持ち出したみたい」（「天声人語」『朝日新聞』一九五五年五月二一日）などと揶揄していた。

輸送の隘路となった東海道本線

東海道本線は、京浜、中京、京阪神など、産業経済上もっとも重要な地域を結ぶ、日本の交通の大動脈であった。日本国有鉄道が一九五八（昭和三三）年七月に刊行した冊子『東海道広軌新幹線』によれば、東海道本線の沿線人口は約三六〇〇万人にのぼり、日本の総人口の約四割を占めていた。また、全国増加人口の六割以上が東海道本線の沿線に集中していた。さらに東海道沿線は、全国工業生産額の六割以上を占める工業地帯でもあった。

東海道本線の旅客および貨物の輸送動向を示すと、表4－1のようである。旅客、貨物とも

年度	旅客輸送				
	全国		東海道本線		
	輸送人キロ（a）	指数	輸送人キロ（b）	指数（b／a）	割合（%）
1950	691	100	153	100	22.2
1951	790	114	174	113	22.0
1952	805	117	187	122	23.2
1953	836	121	195	127	23.3
1954	870	126	203	132	23.3
1955	912	132	214	140	23.5
1956	981	142	233	152	23.7
1957	1,012	146	241	158	23.8

表4－1　東海道本線の貨客輸送量の推移（1950～57年度）

出典：日本国有鉄道編『東海道広軌新幹線』1959年７月

に全国平均よりも高い割合で増加しており、それはなおもつづくものと考えられていた。東海道本線の距離は国鉄全線総延長の二・九パーセントにすぎないが、輸送量では旅客は全国鉄の二四パーセント、貨物は二三パーセントを占めていた。東海道本線は一九五六年に全線複線電化となり、狭軌の鉄道としては世界最高の輸送力を誇っていたが、それ以上に輸送量の増加が著しく輸送の隘路となっていたのである。

経済企画庁による国民総生産の見通しや、国鉄の輸送実績などから推定すると、東海道本線における一九七五年の輸送量は、旅客は五六年の約二倍、貨物は約二・三倍になると予測されていた。もちろん、そのなかには自動車、船舶、航空機など、他の交通機関に転移するものも含まれているが、それを差し引いても、東海道本線の輸送量は旅客も貨物もかなり増加すると考えられていた。東京〜神戸間の高速自動車道が完成したとしても、自動車に転移する輸送量は旅客が約一〇パーセント、貨物にいたっては約五パーセントにすぎず、船舶や航空機への転移はほとんどないとみられていた。

しかし、東海道本線の輸送力をさらに増加させるのは至難の業であった。特急のように速度の速い列車と、速度の遅いローカルな旅客列車や貨物列車を同一の線路で走らせようとすると、列車の運転回数は一日に片道約一二〇回が限界であったからである。こうして、東海道本線は、一九六一、六二年頃には全面的に行き詰まり、列車を増発する余裕はほとんどなくなるというのである。幹線中の幹線である東海道本線の輸送が行き詰まれば、国鉄全線に波及し、国民経済にも重大な影響を及ぼすことになるのは明らかであった（日本国有鉄道編『東海道広軌新幹線』）。

広軌新幹線の構想

十河信二が国鉄内部で正式に広軌新幹線建設の検討を要請したのは、一九五六（昭和三一）年一月中旬の理事会においてであったが、それよりも前から副総裁の天坊裕彦や技師長の藤井《ふじい》松太郎《まつたろう》には相談をしていた（有賀宗吉《ありがそうきち》『十河信二』）。藤井が広軌新幹線の建設は無理だと反対して狭軌を主張すると、建設担当の常務理事に転出させ、一九五五年一二月一日付で住友《すみとも》金属から島秀雄を呼び戻して技師長に任命し、新幹線の技術指導者として迎え入れた（瀧山養《たきやままもる》「新幹線計画の推進」、エコノミスト編集部編『高度成長期への証言 上』）。島秀雄は、後藤新平や仙石貢の時代に広軌論の権威として活躍していた島安次郎《やすじろう》の息子で、一九四八年に国鉄の理事（工作局長）に就任したが、五一年に桜木町電車事故の責任をとって辞職し、住友金属の顧問におさまっていた。

年明けの一九五六年一月、十河は国鉄の常務理事会に「東海道広軌鉄道計画」を提出した。これを『朝日新聞』（一九五六年二月一四日）が、「東京―大阪二時間半〝広軌計画〟が再登場」という見出しで取り上げ話題となった。そして、五月には技師長の島を会長とする「東海道線増強調査会」を国鉄内に設置し、東海道本線の将来の輸送量、輸送力、サービスの程度、動力方式、車両、保安施設などについて検討させた。同調査会は、五月一九日に第一回会議を開催した。あいさつに立った十河は、「東海道を増強するならば広軌である」と持論を述べたが、それにとらわれることなく「要はどうしたら国鉄の使命を十分に果し得るか、調査研究願いたい」と要請した（「第一回調査会議事録」一九五六年五月一九日、有賀宗吉『十河信二』別冊）。さらに、「技術屋としては大いに新しいことをやりたいが、国鉄の財政状態や施設の現状から見て、今直《す》ぐに余り飛やくすることは考えものである」という理事の発言を批判し、「技術的な検討を充分やってそれから経済の問題を考えればよい」「鉄道が経済発展について行くという考え方ではなしに、交通機関が経済活動をリードするのであるということを考えねばならぬ」などと発言した（「第四回調査会議事録」一九五七年一月二三日）。十河の東海道広軌新幹線にかける、並々ならぬ意気込みが伝わってくる。

東海道線増強調査会では、東海道本線の輸送力増強の方法として「現在線に併設する案」「別線狭軌案」「別線広軌案」などが検討され、広軌電鉄案が浮上してきた。国鉄は、一九五七年七月二日に同調査会の報告を受けて、運輸大臣に東海道本線の増強を要請した。そして、七月二九日には国鉄本社に「幹線調査室」（室長・大石重成《おおいししげなり》）を設置し、東海道新線の調査・計画ならびにこれと直接関連する幹線の輸送力増強について、本格的な検討を始めた。

政府も東海道本線の輸送力増強に大きな関心を示し、一九五七年八月三〇日には運輸大臣の諮問機関として運輸省内に「日本国有鉄道幹線調査会」（会長・大蔵公望《おおくらきんもち》）が設置された。同調査会では、東海道本線の輸送需要の見通しや高速道路、内航船舶、航空機など、各種交通機関との関連について審議を重ねた。輸送需要の見通しについては、「昭和五〇年には現在に対比して旅客は約二倍、貨物は二・三倍以上に達し、国鉄の輸送力増強五ヵ年計画が完成しても到底需要に追付くことはできない」という認識に達した。また、他の交通機関との関係については、東京～神戸間の高速自動車道（名神高速道路・東名高速道路）の完成、内航船舶や航空機などの発達を総合的に推定しても根本的な解決にはならず、「現有路線を以てしては、三六、七年頃にはほぼ東海道全線にわたって輸送の行詰りは避けられない」とし、別線による広軌（一四三五ミリ）複線の新規格路線の建設が必要との結論に達した（「東海道新規路線の建設―幹線調査会の第一次答申」『運輸と経済』一九五八年一月）。

広軌新幹線の敷設にあたっては、在来線と並行させる案と別線とする案とがあった。在来線と並行させると、既成市街地を通過するので用地買収が複雑となり、しかも各駅を大幅に改良しなければならなくなるので、莫大な工事費を要することになる。また、沿線一〇六〇ヵ所の踏切をすべて取り除くのは不可能なので、高速度運転が不可能となる。

一方、別線とすれば在来線並行案の難点が解消するだけでなく、東京～大阪間の距離は在来線よりも短くなり、ゆるやかなカーブで踏切のない理想的な線路とすることができる。そして、別線に高速度の旅客列車や貨物列車を走らせ、在来線に通勤列車、普通旅客列車、一般貨物列車を走らせれば、列車回数を増やし輸送力を増強することができる。

また、広軌別線とすれば、①輸送力が大きい、②到達時間が速い、③工事費が安い、④徹底した近代化が可能など、広軌道の利点を最大限に発揮できる。別線と在来線を高速鉄道と低速鉄道で使い分け、同じ速度、同じ間隔で列車を運転すれば、広軌でも狭軌でも最大列車運転回数は同じになると思われるが、狭軌での貨物列車は高速運転ができないため、旅客列車との速度差がはなはだしく大きくなり、列車の運転回数は急激に減少する。そして広軌線列車は狭軌線列車の一・三倍の輸送力をもち、速度も広軌のほうが狭軌よりもはるかに速く、最高時速二七〇キロ、平均時速一七〇キロで走り、東京～大阪間を三時間で結ぶことができる。

広軌のほうが狭軌よりも工事費が安いというのは、意外に思われるかもしれない。狭軌は、確かに一キロあたりの工事費では安いが、広軌の場合は新旧両線の車両が乗り入れる必要がなく、設備費の安い交流電化方式を使えるので、総合的には安くなるのである。

しかし、広軌新幹線にはいくつかの問題点もあった。旅客列車では、東京～大阪間を三時間で結び、振動防止、防音装置、冷暖房装置などの最新技術を採用した近代的な超特急電車を走らせることができるが、他線への直通運転ができないので、接続駅での乗り換えや山陽・九州方面の列車の座席確保に万全を尽くす必要がある。貨物輸送でも、東京～大阪間を五時間三〇分で結ぶ高速列車を走らせることができるが、貨車が他線と直通できないという不便をともなうのである。

十河総裁の再任

一九五八（昭和三三）年一二月、交通関係閣僚会議での議論を経て閣議に東海道新幹線の建設に関する報告がなされた。国鉄部内には反対派が多かったが、十河総裁は東海道新幹線建設のための布石を着々と打っていたのである。

幸いなことに、国鉄では敗戦直後、海軍から三木忠直《みきただなお》や松平精といった優秀な航空関係の技術者を鉄道技術研究所に受け入れていた。そのため、同研究所では航空機で培われた技術を使って鉄道の高速運転を研究しており、一九五七年五月には欧米先進国で高速運転の限界とされていた時速一六〇キロの壁を破って時速二〇〇キロの見通しを立て、東京～大阪間三時間運転が可能となるという研究を発表した。国鉄だけでなく、民間メーカーや研究所の技術者を含めた研究体制を確立し、新技術をシステムとして開発していたのである。

また国鉄は、一九五八年の秋頃から世界銀行と接触し、借款を受けるための交渉を開始した。一九六〇年五月に世銀の調査団が来日し、「これだけ高密度で効率をあげている。日本の鉄道の収支がトントンというのは運賃が安すぎるからで、運賃が是正されれば新幹線は十分ペイする」という見解を発表した（前掲「新幹線計画の推進」）。島は世銀を訪れ、総額八〇〇〇万ドル、年利五・七五パーセント、三年半すえおき、二〇年償還という条件の借款を受け入れ、一九六一年五月に調印した。そのさいに、資金の五分の四は日本政府が負担し、一九六四年の東京オリンピックまでに完成させるという条件が付された。

東海道新幹線の起工式は、一九五九年四月二〇日、新丹那《しんたんな》トンネル熱海口で行われた。十河総裁は、「東海道新幹線は本日、世紀の着工式を挙げ、建設の第一歩を踏み出すことにな

東海道新幹線起工式での鍬入れをする十河信二（新丹那トンネル熱海口。1959年４月20日）（写真・読売新聞社）

りました。まことに感謝にたえません。みなさまに心からのお礼を申上げるとともに、国鉄職員が一丸となって新しい時代の国民の鉄道として、ご期待に沿いうるような、立派なものをつくり上げる決意をかためたことをここにお誓い申上げます」とあいさつをした（「東海道新幹線晴れの起工式　感慨の十河老総裁　〝国鉄は私の女房〟　新丹那の土にクワ入れ」『朝日新聞』一九五九年四月二〇日、夕刊）。

しかし、着工式から一ヵ月後の五月一九日には十河総裁の任期が切れることになっていた。政府は高齢を理由に勇退をせまり、後任の総裁候補には前開発銀行総裁の小林中《こばやしあたる》や営団総裁の鈴木清秀《すずきせいしゅう》らの名前があがり、小倉俊夫《おぐらとしお》副総裁の昇格案も取りざたされていた。ただ、十河総裁は東海道新幹線の建設に並々ならぬ熱意を示し、再任を強く望んでいた。

こうした十河総裁の姿勢が世論のあと押しを受け、次第に再任が求められるようになった。そして、大新聞もコラム欄などで「何か相談でもしたように、政府の勇退勧告に反対」するようになり、国鉄内部や財界の一部からも十河総裁再任説が主張されるようになった。運賃値上げや東海道新幹線の計画など相当の功績があり、「本当に国鉄総裁らしい総裁」だというのである（「この人を評定する⑲　勇退勧告を受けた国鉄総裁　十河信二」『エコノミスト』一九五九年五月一二日）。一方、十河総裁の更迭を画策してきた運輸相の永野《ながの》護《まもる》は、辞任に追い込まれた。

一九五九年五月の閣議で、十河国鉄総裁の再任が決まった。十河は、「一番やりたいことは、起工式を終った東海道新幹線の推進だ」と抱負を語った（「総裁の再任と国鉄の自主化」『運輸と経済』一九五九年六月）。国鉄の常務理事などを歴任した瀧山養が、「もしあのときに留任されなかったら、新幹線は日の目を見なかったんですね」と述べているように、東海道新幹線の建設にとって十河総裁の再任は決定的に重要な意味をもった（前掲「新幹線計画の推進」）。

「夢の超特急」の開業

十河総裁の二期目の任期は一九六三（昭和三八）年五月一九日までであったので、六三年になると再び同総裁の再任問題が話題となった。政府は十河総裁を再任せず、財界人から起用するという方針を立てていた。十河自身も、年齢と健康上の理由のほか、「東海道新幹線の工事費が予定よりかさみ、国鉄全体の予算に悪影響を及ぼし、その責任を痛感している」として、四月二七日に再任の意思がないことを表明した（「再任の意思なし　十河国鉄総裁表明」『朝日新聞』一九六三年四月二七日、夕刊）。

　新幹線の工事費は一九六三年三月の国会で二九二六億円に補正されたが、その一ヵ月後にはさらに八七四億円の不足が明らかになった。高度経済成長にともなって用地費、人件費、資材費などが高騰したからであるが、結果として在来線の工事費を圧縮することになった。また、新幹線工事を優先して、在来線の改良のほか一部の新線建設を中止したので、政治家や運輸省から批判された。すなわち、「どうせ将来、ローカル線は、自動車にとって代わられるのだから、国鉄は幹線に徹するという方針を立てて、十河さんのバックアップの下に九五億円ついていたローカル線の建設を半分中止した」のである。そして、今度は前回のように総裁留任を求める世論の高まりもなかった。後継の第五代国鉄総裁には、元三井《みつい》物産常務で前国鉄監査委員会委員長の石田《いしだ》禮助《れいすけ》が就任した。

　東海道新幹線は、それから一年数ヵ月後の一九六四年一〇月一日に開業し、東京〜新大阪間を四時間で結んだ。着工から五年半の歳月が経っていた。『朝日新聞』（一九六四年一〇月一日、夕刊）は、それを「鉄道の〝新時代〟の幕あけ」であると報じた。天皇・皇后両陛下を迎えての開業式には十河前総裁も出席し、天皇陛下から新幹線建設に功績があったとして銀杯一組を贈られた。涙もろい十河前総裁は、感無量の表情で目をしばたいていた（「五輪の一〇月　新幹線、笑顔のスタート」『読売新聞』一九六四年一〇月一日、夕刊）。

東海道新幹線の開業は、東京～大阪間の輸送力を大幅に増強した。東海道新幹線開業前の一九六四年九月、東海道本線静岡～浜松間の特急、急行、準急の一日平均列車本数は片道五三本で、一日あたりの輸送力は三万八一〇九人であったが、開業後の一〇月には、在来線の東海道本線が三五本の二万六六四四人、東海道新幹線が二八本の二万七六三六人、合計六三本の五万四二八〇人となった。一万六一七一人（四二・四パーセント）の輸送力が増強されたのである。また、在来線の東海道本線では特急、急行、準急あわせて一八本の列車が削減されたため線路容量に余裕が生まれ、貨物列車五本、不定期団体専用列車一本が増発された。

東海道新幹線（開業前の試運転）（写真・鉄道博物館）

こうして東海道本線の総合的な輸送力が

大幅に増強され、東京〜大阪間の所要時間も六時間三〇分から四時間へと大幅に短縮された。東海道本線は、国鉄の大動脈としての使命を果たすことが可能となり、東海道新幹線は人口稠密な地域における輸送機関としての鉄道の新たな方向性を示すものとして、世界の注目をあびることになった（『日本国有鉄道監査報告書』一九六四年度）。

石田禮助総裁は、開業式のあと、以下のような談話を発表した（「将来は東北への延長も必要　国鉄総裁談」『朝日新聞』一九六四年一〇月一日、夕刊）。

新幹線の完成で、東京—大阪間の旅行時間が縮まり、輸送力も倍加した。近い将来三時間運転が実現すれば効果は一段と高まろう。今後は新幹線を岡山、広島、北九州へと伸ばし、投資効果を一段と高めなければなるまい。東北方面への新幹線延長も当然考えなければならぬ時期が来よう。

しかし、国鉄には、主要幹線のネック、東京、大阪付近の通勤輸送難など、早急な解決を要する問題が山積している。新幹線完成で一息つくことなく、その解決に努力したい。

石田は、新幹線網の全国的な拡張を構想するとともに、東海道新幹線の建設で後回しにされてきた主要幹線のネックの解消、通勤輸送難の解決など、国鉄のかかえる課題に取り組む姿勢を示したのである。

Ⅲ　広がる新幹線網

「ひかり」は西へ

東海道新幹線は、高速輸送と大量輸送という鉄道の特性をもっとも発揮できる、世界最速の鉄道であった。そして、東海道新幹線の開業から約一〇ヵ月後の一九六五（昭和四〇）年八月、国鉄は山陽新幹線新大阪〜岡山間（一六一キロ）を、山陽本線の増設工事として建設することを認可するよう申請し、同年九月に認可された。

山陽新幹線新大阪〜岡山間の建設は、一九六七年三月に着工され、五年後の七二年三月一五日に開業した。新橋《しんばし》〜横浜間にはじめて鉄道が走ってからちょうど一〇〇年目であったので、国鉄はこれを「鉄道第二世紀の幕あけ」と宣伝した（「山陽路をひた走り　新幹線　東京—岡山、4時間10分」『朝日新聞』一九七二年三月一五日、夕刊）。東京〜岡山間（六七六・四キロ）の所要時間は四時間一〇分となり、岡山は東京からの一日行動圏に組み込まれた。また、同時に実施されたダイヤ改正で、岡山は九州、四国、山陰方面への交通拠点となった。しかし一方では、新大阪〜岡山間では昼間の特急、急行二八往復がなくなり、関西圏のローカル列車も廃止となった。こうした新幹線中心の鉄道網再編の方針に対しては、地域住民から厳しい批判の声があがった。

国鉄は、さらに「ひかりは西へ」のキャンペーンを展開し、一九七五年三月一〇日には山陽新幹線を北九州の博多まで延伸した。この日から新幹線は一〇〇〇キロを超えるロングラン運転となり、東京〜博多間（一〇六九キロ）を六時間五六分で結ぶ輸送の大動脈となった。この日はあいにくの雨であったが、博多、広島、岡山、名古屋、東京の各駅で出発式が行われ、博多駅では藤井松太郎国鉄総裁らがテープを切った。

しかし、記念すべき開業日としては、車内に空席が目立った。国鉄新幹線総局の発表によれば、始発列車の乗車率は博多発東京行き「ひかり一〇〇号」九五パーセント、広島発東京行き「ひかり一五八号」五〇パーセント、岡山発博多行き「こだま四三一号」五〇パーセント、名古屋発広島行き「こだま三八一号」二〇パーセント、東京発博多行き「ひかり二一号」一一〇パーセントであった。定員を満たしていたのは東京発博多行きの「ひかり」のみであって、名古屋発広島行きの「こだま」にいたっては、定員の二〇パーセントでしかなかった。

騒音や振動などの新幹線公害も深刻となった。新幹線の相次ぐ故障や事故で、「新幹線は安全かどうか」という議論も起こった。岡山～博多間を新幹線と並行して走る山陽本線では、昼間の特急や急行が全廃となった。国鉄の強引な新幹線への乗客誘致策にも、沿線住民の批判の目が注がれるようになった（「〝博多新幹線〟スタート　不安と期待乗せて　雨の中一番列車」『朝日新聞』一九七五年三月一〇日、夕刊）。

全国新幹線鉄道整備法（全幹法）の公布

東海道新幹線の開業から三年ほど経った一九六七（昭和四二）年九月、国鉄は「全国幹線鉄道網・首都圏高速鉄道網の整備について」という将来の鉄道構想を発表した。東海道新幹線の実績を評価しつつ、「今後の鉄道の姿としては、鉄道の特質である大量性、迅速性、安全性を最大限に発揮できる広軌新幹線方式が基準であろう」という認識を示した。すなわち、一九八五年頃までに総延長四〇〇〇キロにわたり、主たる区間を時速二〇〇キロ以上の高速で走行する新幹線を建設し、東京、大阪の大都市圏から主要都市に三時間ほどで到達できる新幹線鉄道網を作ろうというのである。国鉄が構想する全国新幹線網が完成すると、東京、大阪からの主要都市への到達時分は表4－2のようになり、大幅な時間短縮が見込まれていた。

	都市名	1966年10月	新幹線網整備後
東京からの到達時間	旭　川	21時間55分	6時間20分
	札　幌	19:25	5:50
	青　森	10:24	3:50
	仙　台	4:44	1:50
	秋　田	8:30	2:50
	新　潟	4:45	1:30
	金　沢	5:58	1:50
	名古屋	2:00	1:40
	大　阪	3:10	2:30
	高　松	7:55	3:40
	岡　山	5:50	3:20
	広　島	8:00	4:10
	博　多	12:15	5:40
	鹿児島	19:33	7:10
	都市名	1966年10月	新幹線網整備後
大阪からの到達時間	金　沢	3時間43分	1時間20分
	広　島	4:22	1:40
	松　江	6:00	1:30
	高　松	4:15	1:10
	松　山	7:30	1:50
	博　多	8:35	3:10
	長　崎	11:30	3:50
	熊　本	10:26	3:50
	鹿児島	15:53	4:40
	大　分	10:05	3:20
	宮　崎	13:41	4:10

表4－2　新幹線鉄道網の整備による到達時分の短縮

出典：日本国有鉄道編『全国幹線鉄道網・首都圏高速鉄道網の整備について』

また国鉄は、首都圏の過密な通勤輸送を改善するため、首都圏にも新幹線方式（別線）による超高速鉄道網の建設を構想していた。すなわち、東京から五〇キロ圏の新国際空港・北千葉ニュータウン、一〇〇キロ圏の茨城県中央部（筑波経由水戸付近）、栃木県中央部（宇都宮付近）、群馬県南部（前橋・高崎付近）、山梨県中央部（甲府付近）、七〇キロ圏の神奈川県湘南地区に向けて、総延長五二〇キロにわたる最高時速一六〇キロ、平均時速一二〇キロの超高速鉄道を建設するというのである。

一方、一九六九年五月、「新全国総合開発計画」（「新全総」）が閣議決定された。一九六二年に策定された「全国総合開発計画」（「全総」）は拠点開発方式を特徴としており、名神高速道路や東海道新幹線が幹線交通施設と位置づけられていた。しかし、その後、高度経済成長は長期にわたる継続的なものという認識が広まり、全総のような拠点開発方式では対応しきれないと考えられるようになった。とりわけ、日本列島がかかえていた過密・過疎といった国土の不均等発展は解決できないというのである。

新全総は、今後到来する社会を情報化社会であると見通し、交通体系を地域開発政策のなかでも、もっとも重要な戦略的手段であると位置づけ、高速道路、新幹線鉄道による幹線交通を主軸とする、新たな高速交通ネットワークを形成すべきであるとしていた。佐藤栄作内閣が一九六七年三月に閣議決定した「経済社会発展計画」には、東海道新幹線以降の四五〇〇キロに及ぶ全国新幹線構想が盛り込まれていたが、新全総ではそれがさらに拡大され、一九八五年度までに総延長約七二〇〇キロに及ぶ新幹線網を整備するという壮大な計画となった。

田中角栄が一九七二年六月に公表した日本列島改造論は、新全総と密接な関連をもって構想されたものである。それは、①新幹線と高速道路を全国に張りめぐらし、日本列島の各地を東京からの一日行動圏とする、②大都市から地方への工業の移転、③地方都市の生活環境整備、中堅都市（人口二〇万人）の育成による人口の地方への移転などを実施し、過疎と過密を同時に解決し、国土の均衡ある発展をはかるというものであった。そして、そのための方策として、鉄道、自動車、船舶、航空機などを適材適所に配置し、それぞれの特性を発揮しながら、全国幹線網、大都市交通、国際輸送、地方交通の四つの面から、総合交通体系を形成しようとしたのである（上地《うえじ》龍典《たつのり》『運輸省』）。

こうしたなかで、一九七〇年五月に全国新幹線鉄道整備法（全幹法）が公布された。同法は、「高速輸送体系の形成が国土の総合的かつ普遍的開発に果たす役割の重要性にかんがみ、新幹線鉄道による全国的な鉄道網の整備を図り、もって国民経済の発展及び国民生活領域の拡大並びに地域の振興に資すること」（第一条）を目的としていた。すなわち、新幹線鉄道によって「全国の中核都市を有機的かつ効率的に連結」（第三条）し、幹線鉄道網を形成しようというのである。

整備新幹線とは、この全幹法の規定にもとづいて、運輸大臣が整備計画の決定を行った路線のことをいう。運輸大臣は、一九七三年一一月に、①北海道新幹線（青森～札幌間）、②東北新幹線（盛岡～青森間）、③北陸新幹線（高崎～大阪間）、④九州新幹線鹿児島ルート（博多～鹿児島間）、⑤同長崎（西九州）ルート（鳥栖《とす》～長崎間）の五路線一四四〇キロの整備計画を決定し、建設を指示した。そして、この五路線が「整備五線」と呼ばれたのである（二六六頁地図参照）。

東北新幹線、上越新幹線の開業

一九七一（昭和四六）年一一月、東北新幹線（東京～盛岡間）、上越《じょうえつ》新幹線（東京～新潟間）の建設工事が始まった。東海道新幹線、山陽新幹線は国鉄の線路増設工事として着工されたのであるが、東北新幹線、上越新幹線は全幹法にもとづいて着工された最初のケースであった。当初予定の工事費は東北新幹線八八〇〇億円、上越新幹線四八〇〇億円で、東北新幹線は国鉄が、上越新幹線については日本鉄道建設公団（鉄建公団）が建設主体となった。

しかし両新幹線の建設工事は大幅に遅れ、東北新幹線が開業したのは一九八二年六月二三日、上越新幹線は中山《なかやま》トンネルの出水事故などもあり、さらに五ヵ月ほど遅れ、開業したのは同年一一月一五日であった。東北新幹線も上越新幹線も、着工から開業までに一〇年以上の歳月を要した。しかも、両新幹線とも大宮を暫定始発駅としての開業であった。

東北新幹線大宮暫定開業　1982年6月23日（写真・読売新聞社）

東北新幹線、上越新幹線の建設工事が難航したのにはいくつかの理由があった。まず第一には、一九七三年の石油危機を契機に、日本経済の高度成長にかげりがみえるようになっていたからである。しかも列島改造ブームで地価が高騰し、石油危機によってもたらされた「狂乱物価」も重なって工事費が暴騰したのである。

第二には、埼玉県大宮市以南の戸田《とだ》市、浦和《うらわ》市、与《よ》野《の》市などの住民による激しい新幹線建設反対運動があったからである。当初、埼玉県南部の新幹線ルートは南埼玉《みなみさいたま》トンネル（二〇・六キロ）を掘って通過する予定であったが、技術的にむずかしいと判断した国鉄は、一九八〇年一月に地下方式を高架方式に切り替えると発表した。これを契機に戸田、浦和、与野の県南三市では、自治体と住民が一体となって新幹線建設反対運動を展開した。そのため、用地取得が大幅に遅れることになったのである（老川慶喜『埼玉鉄道物語―鉄道・地域・経済』）。

第三には、東海道新幹線や山陽新幹線の沿線で問題になっていた騒音や振動などの新幹線公害をあげることができる。一九七四年三月には、名古屋市内の東海道新幹線沿線の住民が、騒音や振動を理由に国鉄に対して新幹線通行の差し止めを請求する名古屋新幹線訴訟が起こり、新幹線公害への関心は全国的に高まっていた。大宮市、上尾《あげお》市、伊奈町《いなまち》をはじめとする東北・上越新幹線沿線の住民も、こうした新幹線公害に敏感になっていたのである。国鉄総裁を辞任したばかりの藤井松太郎がいうように、「新幹線も開業当初は花嫁さんの様にもてはやされていたのだが、昨今は世間一般から白い眼《め》で見られる様になっ」ていたのである（藤井松太郎『国鉄とともに五〇年』）。

『朝日新聞』（一九八二年六月二三日、夕刊）は、「みちのくの熱気乗せて」という見出しで東北新幹線開業当日の様子を「最高時速二一〇キロ。「やまびこ」「あおば」が、みちのく路を走りだした。くす玉が割れ、歓声がはじける。盛岡や仙台は、駅も市内も、「祭り」に酔った。だが、南に下り、首都圏に近づくにつれて、それは次第に調子が落ち、沿線の人びとは、さめた目で超高速列車を迎えた」と報じている。東北地方では熱烈に歓迎された東北新幹線も、首都圏に近づくにつれて歓迎ムードは冷め、「熱い北と、対照的に冷ややかな首都圏近郊」という色合いの違いがくっきりと描き出されたのである。

上越新幹線は、太平洋側と日本海側を結ぶ初の列島横断型の新幹線で、豪雪地帯を通過す

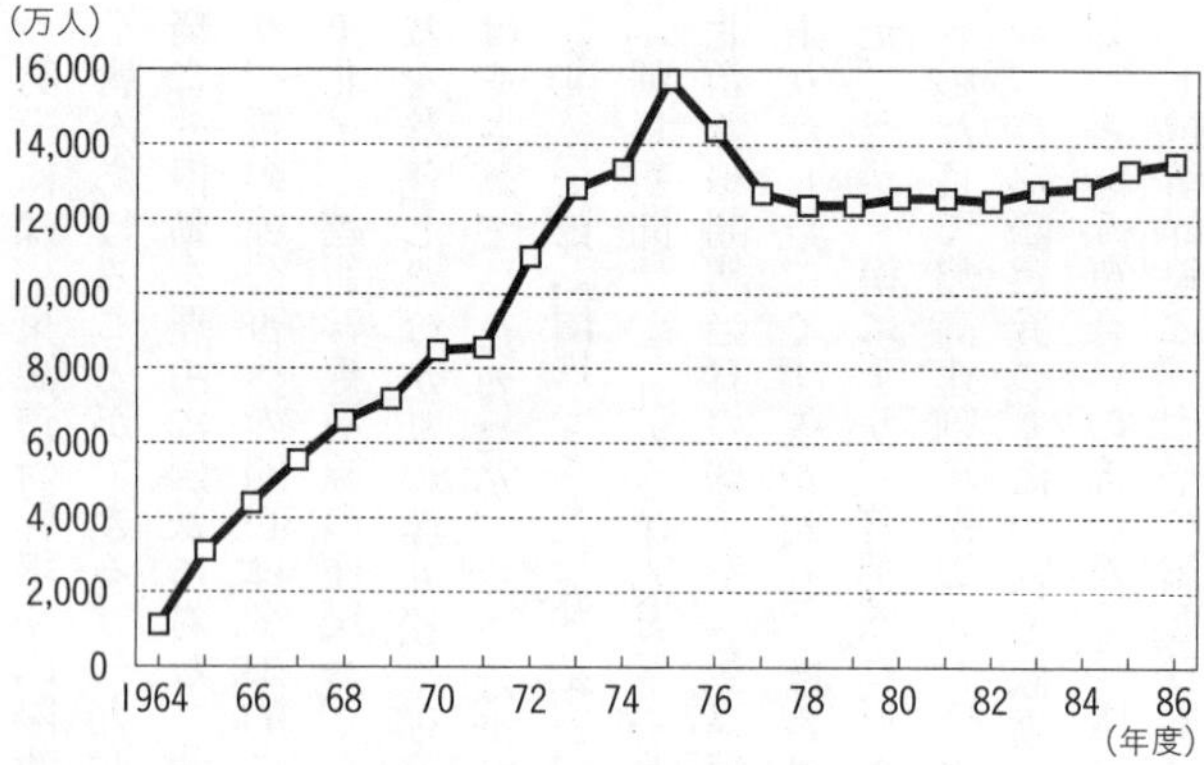

図4－1　東海道・山陽新幹線の輸送人員（1964〜86年度）

出典：交通協力会編『新幹線50年史』

るため融雪や排雪のためにさまざまな工夫がなされ、巨額の資金が投じられた。上越新幹線は鉄建公団によって建設されたが、当初四八〇〇億円と見積もられていた建設費は三・五倍にふくれあがった。国鉄は、鉄建公団から全施設を借り受けて営業をするが、年間一〇二〇億円の借料がそのまま赤字になるとみられていた。

ところで、大宮〜上野間には新幹線連絡直通電車「リレー号」が走った。大宮駅でリレー号を利用する乗客は、階段を上り下りして乗り換えなければならなかった。駅員は、新幹線利用者以外の一般客がリレー号に乗車しないよう規制をしていた。また、大宮〜上野間は一九八五年三月に開業したが、上野〜東京間の工事は国鉄財政悪化のため事実上凍結され、開業したのは国鉄の分割民営化後の一九九一年六月のことで、JR時代になってからであった。

いずれにしても、東海道新幹線に始まった新幹線建設は、東北新幹線、上越新幹線の開業で一つの区切りを迎えたといえる（「上越新幹線が開業　建設にひと区切り」『朝日新聞』一九八二年一一月一五日、夕刊）。なお、東海道・山陽新幹線の輸送人員の推移をみると図４－１のようで、開業以来順調に増加していたが、一九七五年度の一億五七二一万八〇〇〇人をピークに減少に転じ、八一年度には七五年度の七九・九パーセントとなった。こうした事態は、運賃値上げ、航空機や自動車との競争、頻発する労働争議などにもよるが、基本的には一九七三年秋の石油危機による高度経済成長の終焉《しゅうえん》、低成長経済への移行による影響と思われる。国鉄は、旅客のニーズの多様化に対応して、低成長時代にふさわしい効率的で省力化した新幹線の再構築に取り組まなければならなくなったのである。

第5章　暮らしのなかの鉄道

I　経済成長を支えて

集団就職列車と出稼ぎ列車

一九五〇年代の半ばから七〇年代初めにかけての高度経済成長期、都市部では大量の若年労働力が必要とされた。しかしながら、高校進学率が高まったため、中学卒業者を労働力として確保するのはむずかしかった。そこで、東京、名古屋、大阪など都市部の中小企業や商店では、中卒者を日本の各地から集めることにした。中卒者は、数少ない貴重な若年労働力で、「金の卵」と呼ばれ、就職先のある都市に向かうとき、地域ごとにまとまって列車に乗った。その列車を集団就職列車という。一九五四（昭和二九）年四月五日、中学校を卒業したばかりの少年少女を乗せた列車が青森駅にあった。集団就職列車の始まりであり、上野まで二一時間かけて走った。翌年の一九五五年からは「神武景気」が始まり、日本は復興から経済成長に舵《かじ》を切っていた。

集団就職列車は、就職者を集団で計画的に輸送する団体臨時列車である。当初は各県が国鉄の鉄道管理局に運行を働きかけていたが、一九六二年度からは労働省が日本交通公社に運行を依頼し、各県が協力するという体制がとられた。

集団就職列車の到着　上野駅、1964年3月（写真・共同通信社）

かつて石川啄木《いしかわたくぼく》が、「ふるさとの訛《なまり》なつかし　停車場の人ごみの中に　そを聴きに行く」と詠んだ上野駅は、東北地方からの集団就職者にとっての玄関口で、期待と不安を抱きながら降り立つ駅であった。映画『ALWAYS　三丁目の夕日』には、ヒロインの六子《むつこ》（堀北《ほりきた》真希《まき》）が青森から集団就職列車に揺られて上野駅に降り立ち、就職先の自動車修理工場「鈴木オート」の社長（堤真一《つつみしんいち》）が出迎えにくるという場面がある。また、歌手の井沢八郎《いざわはちろう》が一九六四年に発表した大ヒット曲「あゝ上野駅」は、集団就職者の心情をみごとに歌いあげている。

一九六五年には、三月一九日から四月一日まで、一〇四本の臨時列車が走り、八万数千人の県外就職者を輸送した。その第一陣、宮城県の集団就職者四五九人を乗せた列車が、三月二〇日の早朝、上野駅に着いた。前日、陸羽東《りくうとう》線鳴子《なるご》駅（現・鳴子温泉駅）、ここに宮城県玉造《たまつくり》郡鳴子中学校を卒業したばかりの少年少女一五人が集合した。中学校の全教職員、在校生、家族らが見送るなかで列車が動き出した。それまではしゃいでいた少年少女も、堰《せき》を切ったように泣き出した。古川駅《ふるかわ》でいったん下車し、古川職業安定所管内の仲間と合流して二六〇人の団体を組み、午後五時三一分発の臨時列車に乗り込んで、見送りの家族や友達と別れた。途中、いくつかの駅で仲間が乗り、総勢四五九人となって上野駅に着いた。そのほか父兄一二一人、先生二四人、県の職業安定課と職安の関係者九人、交通公社の社員二人、仙台からは日本赤十字の看護婦も乗り込んだ。こうした万全の輸送体制を組んで、集団就職列車は走ったのである（「集団就職列車に同乗して」『朝日新聞』一九六五年三月二二日）。

集団就職のピークは、東京オリンピックの翌年の一九六五年度で、東北地方全体で三四本の集団就職列車が走り、約一万八〇〇〇人の少年少女を運んだ。その後は、集団就職者は減少し、一〇年後の一九七五年三月、盛岡発上野行きが最後の列車となった（松村洋《まつむらひろし》『日本鉄道歌謡史2　戦後復興～東日本大震災』）。

東北地方から上野駅に向けて「出稼ぎ列車」も走った。当初は、農家の主人が、秋の収穫後から翌年春にかけての農閑期に都市に出稼ぎに出ていたが、やがて農業を家族にまかせて通年で出稼ぎに出るようになった。こうした出稼労働者が乗る直通の普通列車が、やがて出稼ぎ列車と呼ばれるようになった。東北本線・常磐線経由の「みちのく」「北斗《ほくと》」、上野～秋田間の「鳥海《ちょうかい》」などの急行列車も走っていたが、出稼労働者は普通列車で上京した。

一九五六年一一月一九日のダイヤ白紙改正で、上野～青森間に奥羽本線経由の急行「津《つ》軽《がる》」が登場した。東京に出て働いて現金収入を得た出稼労働者は、盆や暮れに帰省するさい、急行「津軽」を利用した。「津軽」は出稼労働者の「出世列車」なのであった。

多摩ニュータウンの鉄道建設問題

一九六三（昭和三八）年七月、大都市周辺に環境のよい住宅地を大量に供給することをめざして、新住宅都市開発法が公布され、複数の行政区域にまたがる住宅地の開発を推進する条件が整えられた。高度経済成長期における地価の高騰によって、東京の周辺では大規模な住宅地を取得するのがむずかしくなりつつあったからである。

こうしたなかで、南多摩《みなみたま》丘陵一帯が、東京周辺では最後に残された大規模住宅地として注目されるようになった。この地域は、①京王帝都電鉄線と小田急電鉄線のほぼ中間に位置し、どちらからも遠いという交通の不便さ、②旧陸軍の弾薬工場や火薬庫があって、長らく米軍の管理下に置かれていたこと、などの理由によって地域開発の波に洗われることがなかったのである。一九六五年一二月には、新住宅都市開発法にもとづいて、多摩町《たま》（一九七一年一一月、多摩市）、稲城町《いなぎ》（同年同月、稲城市）、八王子市《はちおうじ》、町田市《まちだ》の四市町にまたがる東西一四キロ、南北二～四キロ、面積二九六三ヘクタール、居住人口約三〇万人に及ぶ南多摩新都市開発事業（多摩ニュータウン事業）が都市計画決定された。東京都、都住宅供給公社、日本住宅公団（のちの住宅・都市整備公団、都市基盤整備公団、現・都市再生機構）を事業主体とし、一九六六年一二月に着工となった。

その後、社会党や共産党などの革新勢力の支持を得て一九六七年四月に東京都知事となった美濃部亮吉《みのべりょうきち》は、多摩ニュータウン事業の再検討を各部局に命じ、都知事の諮問機関である東京問題調査会（委員長・都留重人《つるしげと》）に意見を求めた。同調査会は、①住宅対策であることを重視し、居住人口を三〇万人から四一万人に増やす、②居住者の多くは都心への通勤者であるから、交通機関の整備が不可欠であり、それには逆方向への輸送量を増やすための施策、用地取得費に対する配慮などが必要である、③単なるベッドタウンにしないため、大学、研究機関、病院、計算センターなどを誘致する、という内容の意見書を提出した。なお、居住人口を四一万人に増やすという調査会の提言は、そのままの形では受け入れられず三二万九〇〇〇人に落ち着いた。

多摩ニュータウンでもっとも早く開発されたのは多摩町の永山《ながやま》、諏訪《すわ》の二住区で、一九七一年四月から二六九〇戸の第一次入居が始まったが、鉄道のない状況がしばらくつづいた。もともと京王帝都電鉄が多摩川支線を延長し、ニュータウンを東西方向に縦断して橋本《はしもと》、津《つ》久井《くい》町中野《まちなかの》にいたるルート（相模原《さがみはら》線）を建設し、小田急電鉄が百合ヶ丘《ゆりがおか》付近で分離して南側から計画地域に入り、京王帝都の路線と並行して城山町《しろやままち》にいたるルート（多摩線）を決定し、一九六六〜六七年に新線敷設の免許を得ていた。しかし、二社とも開発・分譲の利益を見込めなかったため、鉄道建設費を全額負担したのでは採算に合わないという理由で、なかなか着工しなかった。そのため、入居者は京王帝都電鉄京王線の聖蹟桜ヶ丘《せいせきさくらがおか》駅までバスで出なければならず、多摩ニュータウンはいわば「陸の孤島」と化していた。

このようななかで鉄道の早期建設を望む声が高まるとともに、京王帝都や小田急の側からの要望もあって、政府は助成策を検討しはじめた。運輸省、大蔵省、建設省などでさまざまな助成策が検討されたが、最終的に日本鉄道建設公団法を改正し、鉄道建設公団が、私鉄のニュータウン乗入線工事、都心乗入線工事、線増（三複線化）工事の大規模建設工事を実施して私鉄に譲渡し、私鉄は二五年間で建設費を元利均等償還すればよいということになった。さらに、①ニュータウン区域内鉄道用地の素地価格（平均取得価格＋利息）による提供、②同区域内路盤下工事費の半額開発者負担、③建設費の国と地方公共団体による利子補給などを骨子とする助成も整備された。

こうして、多摩ニュータウンの鉄道建設問題は解決をみた。京王帝都も小田急も一九七二年中には鉄道建設工事に着手し、京王は一九七四年一〇月、小田急は七五年四月までに、ニュータウンの中心的な商業・業務地区となる多摩センターまでの路線を開業させた。永山、諏訪地区も、京王永山駅が開設されて「陸の孤島」から脱皮することができた（『小田急五十

年史』、野田正穂・原田勝正・青木栄一・老川慶喜編『多摩の鉄道百年』）。

なお、ニュータウンの開発においては、千里《せんり》ニュータウンの北大阪《きたおおさか》急行鉄道（一九七〇年）、泉北《せんぼく》ニュータウンの泉北高速鉄道（一九七一年）、千葉ニュータウンの北総《ほくそう》開発鉄道（一九七九年、現・北総鉄道）などのように、私鉄と地方自治体、日本住宅公団などとの共同出資による第三セクター鉄道の建設もみられた。

混雑に悩む東京の都市交通

運輸省は、一九五五（昭和三〇）年二月に『都市交通の現状（その一東京）』を刊行した。それによれば、「東京及びその近郊の交通は、今日極めて困難な事態に直面」していた。戦後、東京をはじめ周辺諸都市の人口は急激に増加し、それにともなって都心への通勤・通学者もまた著しく増加した。そのため、都市内での輸送需要が増大したが、交通機関の輸送力が追いつかず、高度経済成長期には、都市交通問題が解決すべき重要な課題となった。

バス（都心乗入線）および都電は、輸送力（車両キロ）の増大が輸送量（輸送人員）の伸びを上まわり、戦争直後の混雑は解消されつつあった。これに対して、国電および私鉄（地下鉄を含む）の輸送人員の増加率はきわめて大きく、一九五三年には戦前期（一九三六年）の約四倍（国電三・二倍、私鉄四・七倍）に達し、なおも増加の一途をたどっていた。しかし、それにもかかわらず輸送力の増強は、大戦前の約二倍強にすぎなかった。戦後の荒廃した施設、車両などの復旧整備は一応完了していたので、根本的な対策が講じられない限り、これ以上の輸送力の増強を求めるのはむずかしかった。

東京周辺の都市交通の第一の問題点は、国電に過重な負担を強いていることにあった。都心に入るおびただしい数の乗客は、最終的にはほとんどすべて国電に流れこみ、その負担を過度に重くしていたのである。ことに中央線および山手線、京浜東北線の輸送量は非常に大きく、それぞれがラッシュ時一時間に七〜八万人にものぼる乗客を輸送していた。常磐線、総武線、地下鉄線の輸送量がいずれも一〜三万人であることを考えれば、中央線、山手線、京浜東北線の負担がいかに大きいかが明らかとなる。

第二の問題点は乗り換え駅の混雑である。郊外私鉄のターミナルがすべて山手線各駅に置かれているので、都心に向かう乗客はすべてこれらの連絡駅を通過しなければならなかった。そのためいずれの駅も容量を超えた混雑を呈し、交通上の隘路となっていた。都心四駅（神《かん》田《だ》、東京、有楽町《ゆうらくちょう》、新橋）の乗降人員は戦前期（一九三六年）の二〜三倍なのに対し、連絡駅の新宿駅では約五倍、池袋駅では約六倍、渋谷《しぶや》駅にいたっては約一〇倍に増加していた。

第二次世界大戦後、車両の取替増備、諸施設の復旧が進み、運転間隔の短縮、編成両数の増加などによって輸送力の増強がはかられてきた。しかし、線路増設はほとんど行われず、

線別（区間）	輸送力（人）	混雑率（%）	集中度（%）
東海道線上り（藤沢～大船間）	16,050	233	32
京浜東北線・北行（大井町～品川間）	33,320	210	21
京浜東北線・南行（上野～御徒町間）	36,400	247	26
南武線上り（矢向～尻手間）	15,640	200	27
鶴見線下り（国道～鶴見小野間）	8,800	224	43
横浜線上り（小机～菊名間）	7,840	181	32
横須賀線上り（保土ヶ谷～横浜間）	11,110	295	28
中央線上り・快速（新宿～四ッ谷間）	42,000	249	33
中央線上り・緩行（代々木～千駄ヶ谷間）	29,120	152	19
青梅線上り（西立川～立川間）	8,960	247	36
東北線上り（東大宮～大宮間）	10,560	206	37
山手線外回り（上野～御徒町間）	28,560	270	24
山手線内回り（新大久保～新宿間）	30,240	238	17
赤羽線上り（板橋～池袋間）	12,320	269	21
常磐線上り（三河島～日暮里間）	22,400	264	29
常磐線上り・中距離（藤代～取手間）	5,280	218	40
高崎線上り（宮原～大宮間）	10,560	199	34
総武線上り（平井～亀戸間）	33,600	307	28
根岸線下り（桜木町～関内間）	11,200	195	24
五日市線上り（東秋留～拝島間）	1,920	229	40
下河原線下り（国分寺～北府中間）	2,240	175	77

表5－1　首都交通圏における通勤電車の混雑度（1968年11月調査）

出典：『日本国有鉄道監査報告書』1968年度
注１：混雑率は輸送力に対する輸送人員の割合
注２：集中度は、片道１日輸送人員に対する最高混雑時１時間の輸送人員の割合

線別（区間）	輸送力（人）	混雑率（%）	集中度（%）
東海道・山陽線下り・快速（高槻～大阪間）	8,030	190	28
東海道・山陽線上り・快速（芦屋～大阪間）	9,708	173	28
東海道・山陽線下り・緩行（東淀川～新大阪間）	11,550	224	29
東海道・山陽線上り・緩行（塚本～大阪間）	11,550	193	27
大阪環状線内回り（鶴橋～玉造間）	16,800	290	20
関西線下り（柏原～天王寺間）	7,426	279	32
片町線下り（鴫野～京橋間）	7,700	228	23
阪和線上り・快速（堺市～天王寺間）	5,160	247	34
阪和線上り・緩行（杉本町～天王寺間）	10,516	224	24

表5－2　京阪神交通圏における通勤電車の混雑率（1968年11月調査）

出典：『日本国有鉄道監査報告書』1968年度
注1：混雑率は輸送力に対する輸送人員の割合
注2：集中度は、片道1日輸送人員に対する最高混雑時1時間の輸送人員の割合

地下鉄の新線建設や山手線と京浜東北線の分離なども着工されはじめたばかりであった。しかも、この路線建設工事には巨額の資金が必要とされるので、個々の企業にとっては資金調達が容易ではなく、経済性もきわめて低いため、経営面での大きな犠牲を覚悟しなければ着手することができなかった。地下鉄丸ノ内線は、一九五一年に着工、三年の年月と五〇億円の資金を費やして、一九五四年一月に池袋～御茶ノ水間を開業した。しかし、全収入は九七〇七万円にすぎず、支払利息一億四六二二万円をまかなうこともできなかった。

こうしたなかで運輸省は、東京およびその近郊の交通問題を解決するには、合理的な都市計画を確立し、適切な人口・住宅政

策を実施し、都市交通機関の整備拡充、経営の改善を行わなければならないとしていた。しかし、通勤難は容易には解消しなかった。表5-1は、一九六八年一一月の時点での首都交通圏における通勤電車の最高混雑時一時間における混雑率と集中度を線別・区間別に示したものである。総武線上り（平井《ひらい》～亀戸《かめいど》間）では混雑率が三〇〇パーセントを超え、横須賀線上り（保土ケ谷《ほどがや》～横浜間）、山手線外回り（上野～御徒町《おかちまち》間）、赤羽線上り（板橋《いたばし》～池袋間）、常磐線上り（三河島～日暮里間）などでも二五〇パーセントを超えていた。京阪神交通圏でも同様であった。線別の混雑率と集中度をみると表5-2のようで、大阪環状線内回り（鶴橋《つるはし》～玉造《たまつくり》間）二九〇パーセント、関西線下り（柏原《かしわら》～天王寺間）二七九パーセント、阪和線上り・快速（堺《さかい》～天王寺）二四七パーセント、片町《かたまち》線下り（鴫野《しぎの》～京橋《きょうばし》間）二二八パーセントであった（『日本国有鉄道監査報告書』一九六八年度）。

II　ローカル線の風景

国鉄松浦線

国鉄松浦《まつうら》線は、長崎県と佐賀県の北部を走る佐世保～有田《ありた》間約一〇〇キロの路線である。

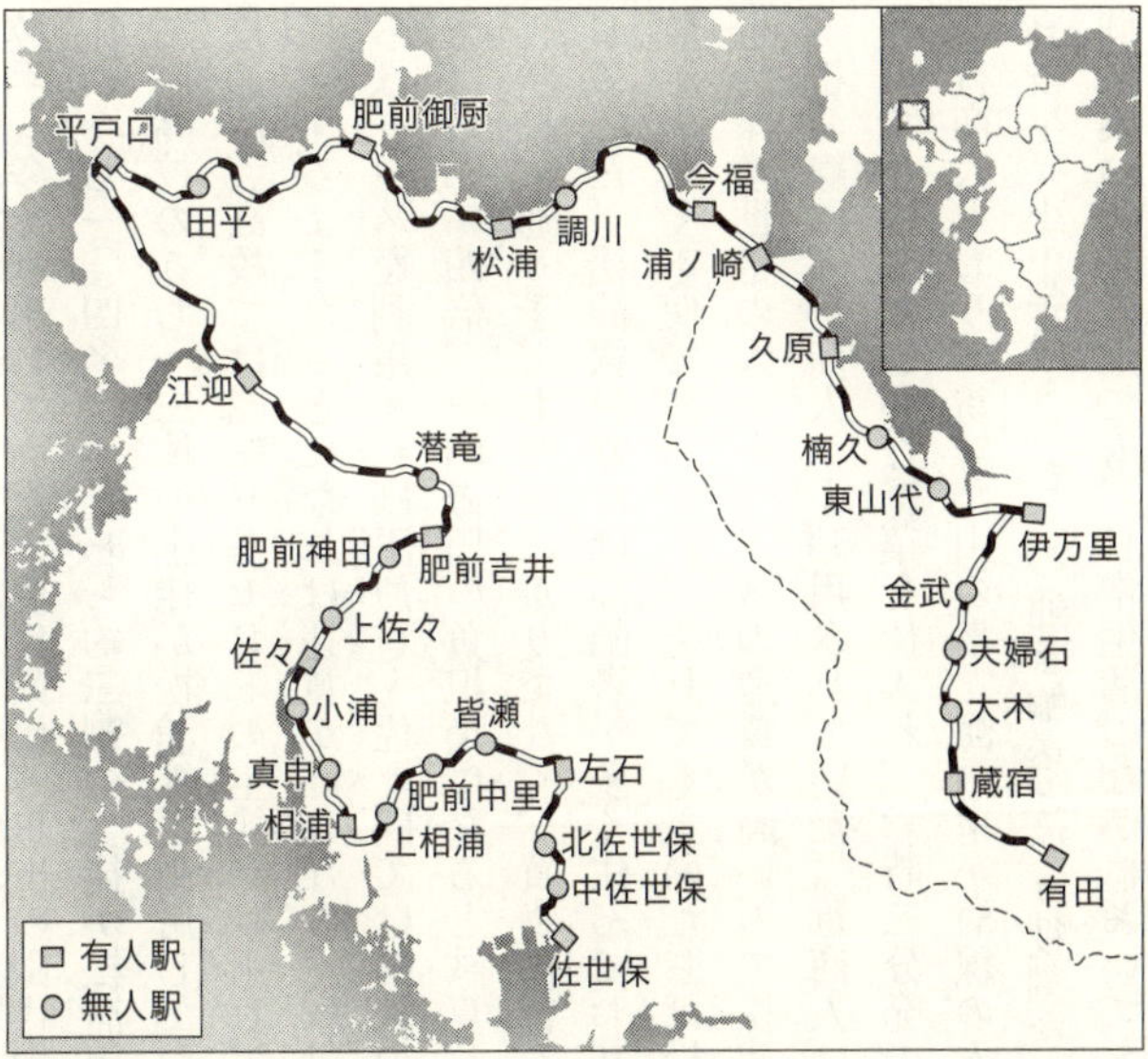

松浦線

一日一キロあたりの平均輸送量を示す旅客輸送密度は一七四二人（一九七七〔昭和五二〕～七九年度の平均値）で、いわゆる地方交通線であった。国鉄の分割民営化後の一九八八年四月に第三セクター鉄道に転換し、松浦鉄道西九州《にしきゅうしゅう》線として経営を存続させている。

日比野《ひびの》正己《まさみ》『交通権の思想』（一九八五年）によれば、松浦線の運転本数は少なく、乗り継ぎも不便で車両も古い。したがって、利用客は多くない。しかし、それでも利用する人、あるいは利用せざるをえない人がいる。まずはランドセルを背負った小学生である。さらに中学生や高校生も多く利用していた。佐賀県伊万里《いまり》市の山代《やましろ》中学校の校長先生によれば、三六二名の生徒のうち一〇四名、すなわち約三割の生徒が松浦線を利用していた。また、松浦線沿線の二三の高校のうち一三校の生徒が松浦線を利用しており、鹿町《しかまち》工業高校では四九パーセント、松浦園芸高校では四三パーセントの生徒が利用していた。もし松浦線が廃止されて、バスで通学するようなことになれば運賃が高くなり、家計を圧迫するのは明らかであった。日比野らは、バスを利用すれば平戸口《ひらどぐち》〜佐々《さざ》間では国鉄の約六倍、年間二〇万円、伊万里〜松浦間では約四・四倍、一四万円の負担増になると試算している。

学校に通う子どもたちばかりでなく、買物に行く主婦や、病院に通う老人も松浦線を利用していた。松浦線沿線には高齢者が多く住んでおり、生活保護世帯も多い。日中は極端に本数が少なく不便であったが、それでも主婦たちは松浦線が廃止されたら困るという。老人や生活保護世帯の人々も、バスの運賃が高いので松浦線の廃止には反対であった。

松浦線は、行商人にも利用されていた。行商人は、朝の三時二〇分に起床して駅まで歩き、朝市でその日に必要な野菜を仕入れ、六時三分発の始発列車に乗って出かけていた。魚を商う行商人もおり、新鮮な山の幸と海の幸が沿線の人々の食卓を潤していた。ローカル線は、高校生（小中学生も含む）の通学輸送という役割をのぞけば、「沿線の地域社会にとって、地域産業の開発の上でも、日常生活のなかにおいても、あまり有効に機能しない交通機関」となっているという見方もあるが（青木栄一「教育問題としてのローカル線」『地理』一九八三年一一月）、松浦線はそこに生きる人々の生活を支える重要な鉄道であった。松浦線が廃止されると、小中高校生、主婦、高齢者、低所得者（生活保護世帯）、それに行商人など、大量の交通貧困階層（the transportation poor）を生み出すことになる。交通貧困階層とは、公共輸送サービスを利用できないために移動を制限され、就業、就学、買物、通院など社会生活を営むうえでの基本的な行為に支障をきたさざるをえない人々のことである（湯川利和《ゆかわとしかず》『マイカー亡国論―未来都市建設のために』）。

軽井沢〜小諸間の列車ダイヤ改善運動

各地のローカル線はさまざまな問題をかかえていたが、標高二五六八メートルの浅間山《あさまやま》の広大な山麓に位置する軽井沢《かるいざわ》でも例外ではなかった。国鉄信越《しんえつ》本線沿線の軽井沢〜小諸《こもろ》間には軽井沢駅近くに軽井沢高校、二〇キロ離れた小諸市に小諸高校、小諸商業高校がある。この三校の高校生は、朝夕の通学を信越本線に頼る以外になく、それが深刻な教育問題を引き起こしていた。中沢憲一《なかざわけんいち》『高原に列車が走った』（一九八二年）によってみてみよう。

信越本線上野〜長野間には特急・急行列車が、上下それぞれ二十数本走っていた。時間帯によっては、一〇分間隔で往復していた。軽井沢〜長野間は一九六三（昭和三八）年六月に

上り			下り		
小諸駅		軽井沢駅	軽井沢駅	小諸駅	
着	発	着	発	着	発
13:54	14:18 →	14:54	10:53 →	11:23	11:35
14:38	止				12:56
16:30	16:49 →	17:21	15:08 →	15:35	15:35
16:44	止				16:48
18:00	18:02 →	18:28			17:36
18:52	止		17:18 →	17:41	18:06
20:17	20:18 →	20:54	19:34 →	19:59	20:03
	21:42 →	22:10	21:14 →	21:39	21:45

表5－3　信越線軽井沢〜小諸間普通列車時刻表（1980年）

出典：中沢憲一『高原に列車が走った』

電化され、複線化も進んでいったが、増えたのは流線型の列車ばかりで、沿線住民が期待していた各駅停車の鈍行はむしろ減少した。

一九八〇年当時の列車ダイヤから普通列車の時刻表を示すと、表5－3のようである。軽井沢、中軽井沢《なかかるいざわ》、信濃追分《しなのおいわけ》、小諸の四つの駅には特急・急行列車は停車するのであるが、普通列車では谷間になっていることがわかる。とくに、昼頃の下り列車が少ない。軽井沢発午前一〇時五三分と午後三時八分の間には、下り列車が一本も入っておらず、実に四時間余の間、ダイヤが空白となっているのである。土曜日や試験日など、午前中に授業を終える日には、三〇〇人以上の軽井沢高校の生徒が三時間も列車を待たなければならなかった。午後三時八分と五時一八分との間にも、二時間余の空白がある。

それにもかかわらず、信越本線（軽井沢〜小諸間）

を利用して通学している高校生の数は沿線の軽井沢高校、小諸商業高校、小諸高校の三校だけでも約九〇〇人、近隣の高校を含めると一〇〇〇人を超えている。しかし、授業やクラブ活動を終えても、ちょうどよい列車がないので、生徒たちは一時間、二時間、ときには三時間も待たなければならなかった。列車を待つ間、街をぶらつき好ましくない場所に出入りしたり、無届けでバイク通学をしたりする生徒があとを絶たなかった。また、列車が不便なためにクラブ活動をあきらめる生徒も相当の数にのぼっていた。

こうした事態を何とか打開したいと考え、高等学校の教員たちが列車ダイヤの改善運動に立ち上がった。この問題は、高等学校の教育、すなわち「人づくり」に直結した問題であるという認識が広まり、生徒の保護者、地域の商工業者、主婦なども参加し、地域住民の運動に拡大していった。そして、一九八一年一月三一日、小諸市民会館で「列車ダイヤと人づくりを考える一市二町のつどい」が開かれ、軽井沢〜小諸間の列車ダイヤの改善を求める「陳情書」を採択した。教員たちの要求は、①午後六時五二分小諸止まりの上り列車を軽井沢まで運行してほしい、②小諸発午後〇時五六分発および同四時四八分発の下り列車を軽井沢始発にしてほしい、③午後六時三〇分頃の軽井沢発下り列車を増発してほしい、というささやかなものであった。しかし、一九八〇年には国鉄再建法が制定され、地方交通線の廃止が日程にのぼっており、ダイヤ改正が簡単に認められるような状況ではなかった。

それから一年半ほど経った一九八二年六月一九日、長野鉄道管理局は一一月一五日から実施するダイヤの改正案を発表した。そこには、軽井沢午後〇時二五分発、同四時一五分発の下り列車など、合計六本の普通列車が増発とあった。教員たちの努力は報われたのである。なお、中沢憲一『高原に列車が走った』は、一九八四年に映画化された（主演・美保《みほ》純《じゅん》、監督・佐伯《さえき》孚治《たかはる》）。

信越本線横川～軽井沢間の廃止

全国新幹線鉄道整備法（全幹法）にもとづいて、一九七三（昭和四八）年に整備計画が決定された北海道新幹線（青森～札幌間）、東北新幹線（盛岡～青森間）、北陸新幹線（高崎～大阪間）、九州新幹線鹿児島ルート（博多～鹿児島間）、同長崎ルート（鳥栖～長崎間）の五線を整備新幹線という。整備新幹線は、一九八八年九月、まず北陸新幹線高崎～長野間から着工されることになった。一九九八（平成一〇）年二月の長野冬季オリンピック開催を控えていたため、同新幹線の建設が優先されたのである。

北陸新幹線高崎～長野間の着工が決まると、在来線の信越本線横川《よこかわ》～軽井沢間（一一・二キロ）の廃止が日程にのぼった。新幹線が開業すると、それと並行する在来線を廃止するという、いわゆる並行在来線廃止問題の最初のケースであった。沿線の群馬県松井田町《まついだまち》（現・

安中市《あんなか》）では、住民と行政が一体となって同線存続のための運動を始めた。

信越本線横川～軽井沢間は、碓氷峠《うすいとうげ》を越えるので、最急勾配は六六・七パーミル（パーミル＝千分率〔‰〕、六六・七パーミルは一〇〇〇メートル進むと六六・七メートル高くなることを意味する）にも達していた。同区間は一八九三（明治二六）年四月に機関車の歯車とレールの凹凸をかみあわせるアプト式のラックレールを用いて開業したが、戦後の一九六三～六六年に新線を建設し、通常の鉄のレールの上を鉄の車輪で走行する粘着運転に切り替えられた。そのため同区間を通過する列車は、すべて横川方にＥＦ六三形電気機関車二両を補助機関車として連結しなければならなかった。横川には補助機関車の基地が置かれ、二一両の機関車と一〇〇人余の職員がＥＦ六三形電気機関車の運転に従事しなければならなかったので、多額の経費を要していた。

ＪＲ東日本の試算では、北陸新幹線の開業によって横川～軽井沢間を通過する昼間の特急はなくなるので、二万人を超える断面交通量は数百人に減少し、同区間は県境のローカル線に転落する。それにもかかわらず補助機関車を使用する運転を継続すれば、年間一〇億円の赤字が見込まれるので、ＪＲ東日本としては路線を廃止しバスに転換したいというのである。

松井田町は、一九九〇年六月に「信越本線（横川・軽井沢間）鉄道輸送方策調査委員会」（委員長・高崎経済大学教授高階勇輔《たかしなゆうすけ》）を設置し、鉄路存続の道を探った。同委員会は、補助機関車をつけなければJR東日本の推定するような多額の赤字は出ないという観点から、世界各地の急勾配区間の路線を調査し、補助機関車を連結しなくても運転可能であるという結論をえた。また、利用者に対してもさまざまなアンケートを実施した。そして、北陸新幹線開業後も在来線が存続するならば、四二・六パーセントの人が往復とも在来線を利用すると考えており、行きか帰りのどちらかを利用するという人と合わせると五二・五パーセントにもなった。そして同委員会は、信越本線の旧熊ノ平《くまたいら》駅および旧丸山《まるやま》変電所付近に簡易停車場を新設し、アプト式の旧信越本線の線路跡に残る橋梁やトンネルなどの構造物を保存し、観光資源として活用するという松井田町の地域振興策を実施するならば、かなりの利用客をえられるのではないかと予測していた。

委員会が実施したアンケートの自由記述にも、興味深い意見がある。たとえば、東京に住む三七歳の男性教員はつぎのように述べている(信越本線横川・軽井沢間鉄道輸送方策調査委員会編『平成二年度調査研究報告書』群馬県松井田町、一九九一年六月)。

政府・JR当局は発想の転換をすべし、ゆくゆく上野—長野が新幹線で結ばれれば、ビジネス目的の往復には非常に便利になるだろう。また軽井沢近辺で、東京への「通勤」を本気で考える人も出るだろう。しかし一般の旅行客や別荘在住者にとってはどうか？　夏期休暇は今後いっそう長期化の傾向にあろうから、在来線で二時間程度で来れる軽井沢（横川も）への所要時間が一時間になったから、皆が高い料金覚悟で新幹線にシフトするとはとうてい思えない。むしろ横川―軽井沢間に松井田町の地域振興計画のような見るべき個所《かしょ》が用意され、そこにしゃれた「登山電車」を走らせれば、人々は途中下車を繰り返しながら観光を楽しみ、ゆっくりと長野県内にたどりつくであろう。スイスの登山電車の例を考えてみよ。ここで逆の発想に立ち、横川―軽井沢間（信濃追分まで視野に入れたい）を、ＪＲの名物路線にすることが可能である。在来線をその形態にこだわり、コスト論議によって葬ろうとはいかにも頭の悪い話である。

しかし、信越本線横川～軽井沢間は、存続運動の甲斐《かい》もなく整備新幹線開通後は並行在来線を廃止するという方針のもとに廃線となり、現在は一日に上り七本、下り七本のＪＲバスが運行している。

III　国鉄の観光戦略

観光ブームの到来

敗戦直後の一九四六（昭和二一）年のエンゲル係数は六六・七であったが、経済の高度成長が始まる五五年には四七・〇となり、その後も六〇年には四一・五、六五年には三八・〇となった（総理府統計局編『家計調査』各年版）。エンゲル係数の低下は、各家庭の消費行動に大きな変化をもたらし、「ひまを惜しんで働くこと」が美徳とされていた人々も、観光やレジャーを楽しむようになった（高度成長期を考える会編『高度成長と日本人1―個人篇 誕生から死までの物語』）。

とりわけ、旅行をする人々が増え、一泊以上の旅行をした世帯は、一九五八年九月には四三・九パーセントであったが、六四年二月には六二・二パーセントとなった。しかも、そのうち四回以上旅行をした世帯が八・二パーセントから一七・三パーセントに倍増している（内閣総理大臣官房審議室編『観光白書』一九六五年版）。こうしたなかで、一九六三年六月、観光基本法が制定され、観光は、①国際親善の増進、②国民経済の発展、③国民生活の安定・向上に寄与し、国際平和と国民生活の安定を象徴するものであるとされた。

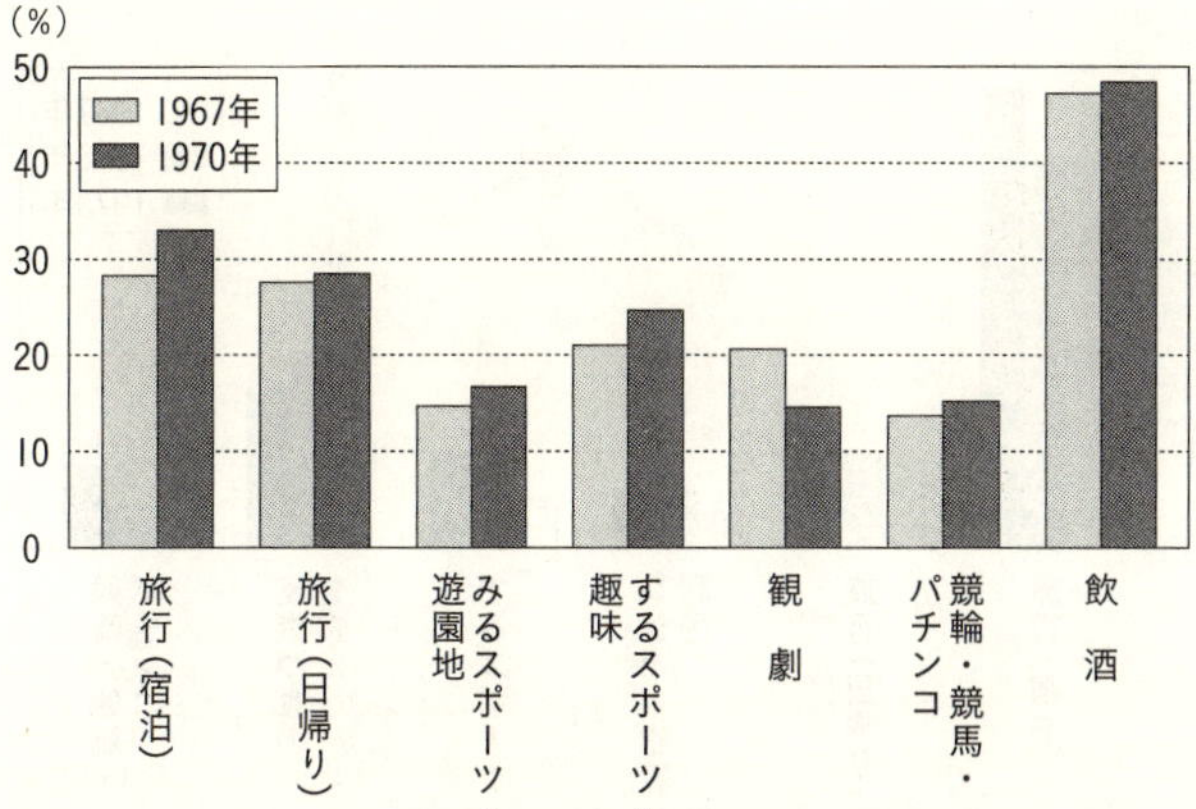

図5－1　レジャー活動の内容（1967、70年）
出典：経済企画庁調査局編『消費と貯蓄の動向――消費者動向予測調査の結果と分析』1968、71年版
注１：複数回答のため、総計が100％を上まわっている
注２：各年は３月から翌年２月まで

経済企画庁の「消費者動向予測調査」によって、一九六七年および七〇年におけるレジャー活動の内容を全世帯割合によって示すと、図５－１のようである。両年とも「飲酒」が四七・二パーセント、四八・四パーセントと他を圧倒しているが、注目されるのは「宿泊をともなう旅行」が二八・三パーセントから三三・〇パーセントへと五パーセントも増えていることである。「日帰り旅行」も二七・六パーセント、二八・五パーセントを記録しているので、宿泊をするかどうかを問わなければ、かなりの世帯がレジャー活動の一部として旅行を楽しんでいることになる。

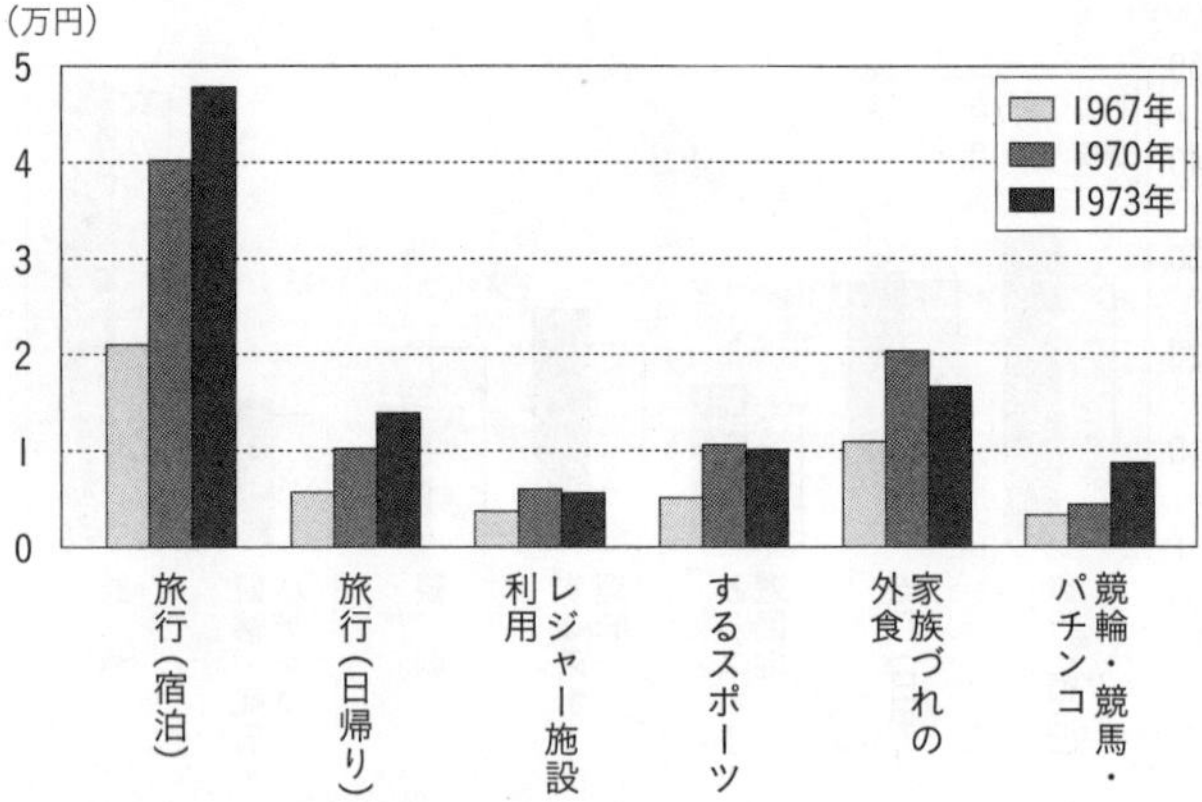

図5－2　レジャー活動の費用（1967、70、73年）
出典：経済企画庁調査局編『消費と貯蓄の動向――消費者動向予測調査の結果と分析』1968、71、74年版
注：各年は３月から翌年２月まで

また、同調査によって、一九六七年から三年ごとに各種レジャーの消費内容をみると、図５－２のようになる。各年とも「宿泊をともなう旅行」への支出がもっとも多く、一九六七年には二万一〇〇〇円、七〇年には四万二〇〇〇円、七三年には四万七八〇〇円が支出されている。「日帰り旅行」にもそれぞれの年次で五七〇〇円、一万二〇〇円、一万三九〇〇円が支出されているので、各世帯とも「旅行」を楽しむためにかなりの支出をしていることがわかる。しかも、その金額は年々増加しており、各世帯で旅行がレジャー活動の中心として定着してきているといえる。

問題は、旅行に使用する交通機関である。一九六七年の「家族旅行」「団体旅行」についてみると、「家族旅行」では鉄道が五四・八パーセント、乗用車が二一・八パーセント、バスが一四・二パーセントで、飛行機や船はごくわずかであった。鉄道がもっとも多く、乗用車とバスをあわせても鉄道のほうが多い。「団体旅行」では、鉄道とバスが四六・一パーセントと拮抗《きっこう》している。その他、乗用車は五・四パーセント、船は四・七パーセントで、飛行機は一・〇パーセントであった（経済企画庁調査局編『消費と貯蓄の動向―消費者動向予測調査の結果と分析』一九六八年版）。旅行市場は確実に拡大しつつあったが、鉄道とバスや乗用車が旅行市場をめぐって激しく競合しつつあるという実態が浮かび上がってくる。

一九六四年一月に公表された財団法人日本産業構造研究所の調査報告書『国民所得の向上による観光旅客の増加が国鉄輸送に及ぼす影響に関する調査研究―分析モデルの定立と昭和45年度の予測を中心に』は、「きわめて近い将来においては、国鉄の観光旅行市場に自動車が（倍増計画の予測をこえるような加速度で）食いこむという予測はたてられない」としていたが、自動車のシェアはかなりの速度で拡大していた。団体旅行よりも、家族や友人同士による少人数での旅行が望まれるようになったことも自動車（とくに乗用車）のシェア拡大をもたらした大きな理由である。

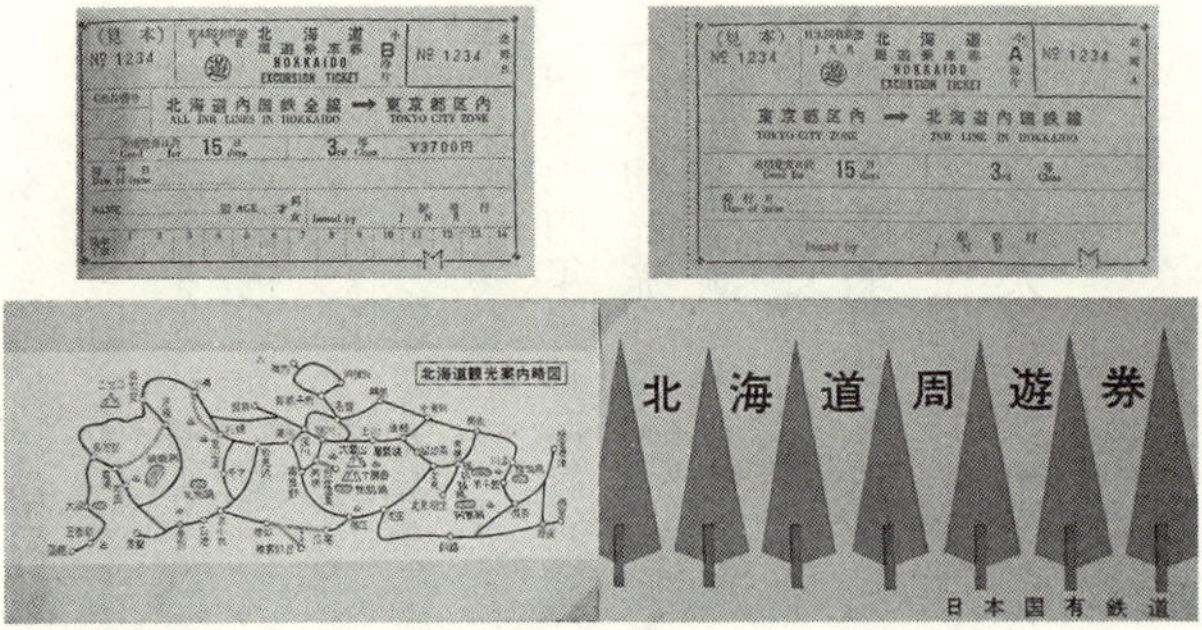

北海道周遊券（写真・鉄道博物館）

国鉄の周遊券

国鉄は、旅行市場の多様化と拡大にともない、輸送面での充実をはかるとともに、さまざまな旅行商品を開発し、販売面からも積極的な戦略を展開した。輸送面では、観光客の輸送需要は季節波動が大きいので、定期列車の運行を充実させるだけでなく、夏の海水浴臨時列車、冬のスキー・スケート臨時列車、春秋の郊外への快速列車など、季節列車を走らせた。

販売面では、一九五五（昭和三〇）年二月に普通周遊乗車券を発売した。これは、二ヵ所以上の周遊指定地を回れば運賃が二割引になるというもので、翌一九五六年からは北海道、九州、東北、南近畿、山陰の地域内を自由に旅行できる均一周遊券も発売された。日本国有鉄道監修『時刻表』（一九五五年五月号）の巻末には、「旅行には安くて便利な割引周遊券《クーポン》を」という広告が掲載されていた（種村直《たねむらなお》樹《き》『時刻表の旅』）。周遊券に「クーポン」というルビを振

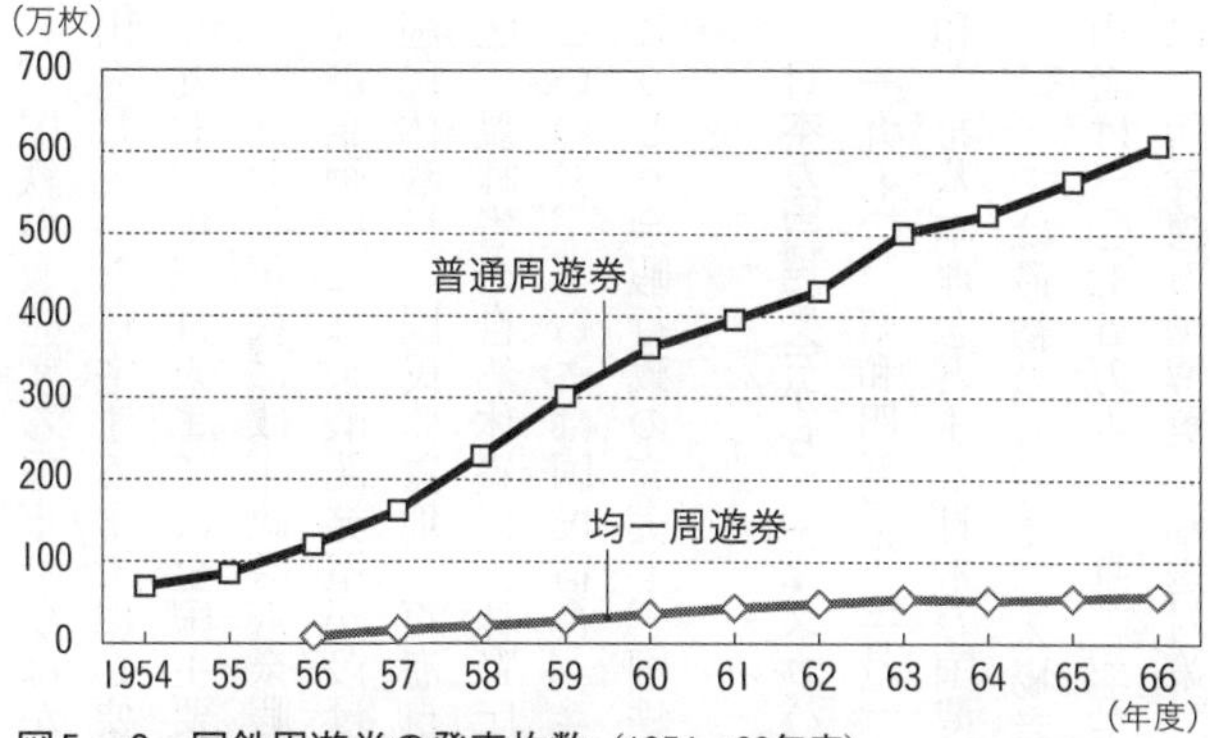

図5－3　国鉄周遊券の発売枚数（1954～66年度）
出典：運輸省観光局編『観光のはなし――わが国観光の現状』1962年、内閣総理大臣官房審議室編『観光白書』1965、69、70年版

っているのがおもしろい。周遊券の販売数は図5－3のようで、国鉄のヒット商品となった。さらに国鉄は、特殊往復乗車券、フリーきっぷ、ミニ周遊券、ルート周遊券、オフシーズンのエック（エコノミークーポン）など、観光客誘致のためにさまざまな切符を販売した。こうして、周遊券を片手に、「次から次へと宿泊地を移して、観光地の数をかせぐ旅が人気を博した」のであった（前掲『高度成長と日本人1』）。

国鉄は、一九六五年九月、指定席特急券の専用販売窓口として「みどりの窓口」を開設した。オープンカウンター方式の開放的な窓口で、国鉄のイメージを一新した。また、同年一〇月には主要一五二駅と日本交通公社の七九支店にマルス一〇二という座席予約自動装置を導入した。一九六八年一〇月には名古屋駅に「旅行センター」を開設し、国鉄の販売する乗車券類ばかりでなく、指定旅行業者と提携して宿泊券や観光券など、出発してから帰宅するまでに必要な、ありとあらゆる旅行商品を販売した。旅行センターは、一九七三年三月末までに全国主要駅に設けられ、国鉄の広域的な営業活動の拠点となった。

一九七〇年代には、政府も余暇行政に力を入れるようになった。通産省に余暇開発産業室、経済企画庁には余暇開発室が設けられた。また、建設省のレクリエーション都市、厚生省の国民休暇村、国民休養地、東海自然歩道、運輸省の青少年旅行村、観光レクリエーション地区、農林省の自然休養村、林野庁の総合森林レクリエーション・エリア、労働省の勤労者いこいの村、さらには国民宿舎、ユースホステルなど、公的な余暇施設の整備が進められた。こうした余暇行政の充実も、国鉄に対する旅行需要を拡大したと考えられる。

日本万国博覧会から「ディスカバー・ジャパン」へ

一九七〇（昭和四五）年三月一五日から九月一三日までの一八三日間、「人類の進歩と調和」を基本理念とする日本万国博覧会が大阪府の千里《せんり》丘陵で開催された。日本万国博覧会はアジアでは最初の万博で、入場者数は五〇〇〇万人（一日平均二七万三〇〇〇人）、国鉄の利用者は一〇七五万人（一日平均五万九〇〇〇人）と見込まれていた。国鉄は、一九六八年八月に「新幹線万国博覧会輸送対策」を決定して万博輸送に備え、一日あたりの列車本数を二〇〇本に増やした。また、「ひかり」は三〇本を一六両編成とし、「こだま」を増発して五分間隔の稠密なダイヤを組んだ。そして、冷暖房完備の新車両を製造し、指定席用の新コンピュータを導入した。さらに国鉄バスの夜行便「ドリーム号」を増発するなど、膨大な設備投資を行った。また、記念回遊券や記念セットなどの企画商品も発売した。

国鉄は、万博の観客輸送を成功させるため、一大キャンペーンを展開した。一九六九年一一月には、国鉄の主要駅、日本交通公社、日本旅行、近畿日本ツーリストの主要営業所などに万国博コーナーを設置し、七〇年二月からは「プランを急ぎましょう」「万国博は回遊券で」などと旅客の誘致をはかった。そして、一九七〇年五～八月には「午後の新幹線で夕涼み万博を」というキャッチフレーズで、比較的余裕のあった午後の新幹線に旅客を誘導した。また、元読売巨人軍の大投手金田正一《かねだまさいち》をテレビCMに起用し、「熱い万博と涼しい新幹線」と、快適な新幹線の新車両を宣伝した。なお、金田は一九六五年の開幕前までは国鉄スワローズ（現・東京ヤクルトスワローズ）に在籍してエースとして活躍し、巨人の長嶋茂雄《ながしましげお》や王貞治《おうさだはる》と名勝負を演じていた。

国鉄の万博輸送は成功し、万博入場者数は六四二二万人に及んだ。日本人の入場者数は六二五一万人であったので、一人平均入場回数を二・四回とすると実数は約二六〇〇万人となる。実に国民の四人に一人が、日常の生活圏から離れて千里丘陵の万博会場に足を運んだこ

「ディスカバー・ジャパン」のポスター　金沢・旧市街（『ディスカバー、ディスカバー・ジャパン「遠くへ行きたい」』より）

とになる。国鉄は、万博入場者の三十数パーセントにあたる約二二〇〇万人の入場者を運び、そのうちの一〇〇〇万人を東海道新幹線が輸送した。東海道新幹線の万博輸送は、予想を大幅に上まわる成果をあげたのである（前掲『観光白書』一九七一年版）。

万博が終わると、万博対策として設定された輸送力をいかに販売し、増収につなげるかが課題となった。国鉄は、万博後の旅客誘致策として「ディスカバー・ジャパン」の名のもとに、一九七〇年一〇月から「日本の豊かな自然、美しい歴史や伝統、こまやかな人情を、旅によって発見し、自分自身のものにしよう」という旅のキャンペーンを展開した。テレビでは、国鉄の単独提供で「遠くへ行きたい」という番組が始まり、進行役の永六輔《えいろくすけ》が全国各地の風物を紹介した。テーマソングもヒットし、旅への誘いとしては十分な役割を果たした。

一九七一年一〇月には、国鉄が「ミニ周遊券」（特殊用均一周遊乗車券）を発売した。従来の「均一周遊券」(均一周遊乗車券)は一六日間有効で、指定エリアの急行列車が乗り放題で人気を博していたが、有効期間を短縮し低価格としたのである。周遊券を利用し、ユースホステルなど格安な宿泊所を利用して全国各地を旅する若者が増えた。彼らは、大きな横長のリュックサックを背負って横歩きで列車を乗降していたので「カニ族」などと呼ばれていた。

ディスカバー・ジャパンのキャンペーンに乗って、若い女性も旅をするようになった。『an・an』『non・no』という女性誌が発売され、その読者となった若い女性が「アンノン族」と呼ばれた。その女性誌に国鉄を利用して国内をめぐる旅が紹介されたので、「カニ族」に加えて「アンノン族」も国鉄を利用して全国各地を旅するようになった。そして、一九七八年一一月には、人気アイドル歌手の山口百恵《やまぐちももえ》の歌う「いい日旅立ち」が発表され、そのメロディにのって国鉄のディスカバー・ジャパンのキャンペーンは成功をおさめた。

Ⅳ　私鉄経営と観光・レジャー事業

湘南の海水浴と江ノ電・小田急

私鉄各社も観光開発に熱心であった。ここでは、小田急電鉄・江ノ島《えのしま》電鉄による湘南海岸、東武鉄道による日光、近畿日本鉄道による伊勢《いせ》・志摩《しま》の観光開発を取り上げることにしたい。

藤沢《ふじさわ》市は、一九四七（昭和二二）年四月に片瀬町《かたせまち》を合併し、景勝の地江《え》の島《しま》を市域に編入した。同年七月には観光都市をめざして観光課を設置し、一一月には藤沢市観光協会を創設した。そして、翌一九四八年には、英国人貿易商サムエル・コッキングが、明治期に金亀山《きんきざん》与願寺《よがんじ》（現・江島《えのしま》神社）に西洋庭園の形式で造った供御《くご》菜園の跡地約三八〇〇坪を買収し、四九年一二月に藤沢市立江ノ島熱帯植物園（現・江の島サムエル・コッキング苑）として開園した。また、一九五一年三月には世田谷《せたがや》区二子玉川《ふたこたまがわ》の読売遊園《よみうりゆうえん》（のちの二子玉川園《ふたこたまがわえん》）にあった落下傘塔を植物園内に移築し、「読売平和塔」という展望台を兼ねた民間灯台（江の島灯台）を建設した。このときに江の島自動車駐車場も開業しており、バスの利用による湘南観光を定着させる転機となった。この間、一九四九年四月には、神奈川県の事業として江の島弁天橋《べんてんばし》が竣工《しゅんこう》している。

神奈川県は、一九五四年五月に県立湘南海岸公園整備事業に着手し、六〇年七月に完成させた。同公園の整備事業は戦前の一九三五年にはすでに決定されていたが、その後日中戦争勃発後の方針転換によって中断に追い込まれていた。神奈川県は、これを引き継いで片瀬西《かたせにし》浜《はま》から鵠沼《くげぬま》海岸にいたる地域で、本格的な公園整備事業に着手したのである。戦後の観光ブームのなかで、従来の片瀬東浜《ひがしはま》だけでは海水浴場が不足し、西浜地区の海水浴場を整備する必要が生じていたのである。

藤沢市は、一九五七年の夏、湘南の海水浴場を「東洋のマイアミ」として宣伝した。藤沢市観光協会を中心に「マイアミ・ショウ実行委員会」を結成し、七月二〇日頃から八月一五日まで毎週のように種々の催物を繰り広げた（『月刊小田急』一九五七年九月）。藤沢市は、一九五九年三月にはアメリカのマイアミビーチ市と姉妹都市提携を結び、さらに大々的に宣伝した。その結果、一九六〇年には「近頃は新聞、ラジオ、テレビに、又週刊誌に江ノ島、鎌倉《かまくら》及び湘南海岸が全国に知らされない日はない位」となった（『ひろば』江ノ電社内報、一九六〇年八月）。

湘南の観光開発を担ってきた江ノ電は、一九四九年八月に江ノ島鎌倉観光株式会社と商号を変更した。小田急電鉄は、一九五三年八月に同社を傘下におさめ、湘南海岸に多くの海水浴客を運び、一九五〇年代の後半からは毎年のように史上最高の人出を記録した。一九五六年の夏、新宿駅は午前六時半頃から九時頃まで「身動きできぬ人波に埋まり」、江ノ島駅には「実に五万七千余」の海水浴客が押し寄せた。海水浴客は午後二時頃から帰りはじめ、江ノ島駅には「蜿延《えんえん》長蛇の列」ができ、改札を停止してホームの混雑緩和をはかるほどであった。乗客は、新宿～江ノ島間の直通客が多く、混雑にいっそうの拍車をかけた。

こうして、夏の片瀬・江の島方面は小田急のドル箱となった。小田急がもっとも高度の旅客輸送を行い、それにともなう運賃収入を確保しているのは、『春夏の行楽季節と夏季の海水浴季節」で、最高の運賃収入をもたらすのは「夏季の江の島、鵠沼海水浴客に対する旅客輸送」であった。そして、この期間中には「当社（小田急の…引用者）年間収入の最高記録を更新する一日」があった（『月刊小田急』一九五六年九月）。

片瀬・江ノ島方面が海水浴客でにぎわったのは一九六〇年代の前半がピークで、七〇年頃には交通の混雑、レジャーの多様化、海水浴場の水質汚染などによって、海水浴ブームにかげりがみえた。一九六〇年代前半には、藤沢市を訪れる観光客の七割前後が夏季に集中していたが、七〇年代には三〜四割程度となった。小田急も、夏のシーズンの輸送戦略の重点を、海（江ノ島方面）から山（小田原・箱根方面）へと移していった（藤沢市教育委員会編『「江の島」から〝湘南〟へ』）。

日光へ！　東武鉄道の戦略

東武鉄道は、戦前期から国立公園日光の観光開発を積極的に進めていた。高度経済成長期には、関連会社を通じて、あるいは地元企業との提携などによって、赤城《あかぎ》、伊香保《いかほ》、水上《みなかみ》、谷川岳《たにがわだけ》などの上州《じょうしゅう》地区、仙台、蔵王《ざおう》、松島《まつしま》など東北地方の観光開発にも取り組んだが、もっとも力を入れていたのは日光であった。

東武鉄道は、一九四九（昭和二四）年二月、早くも特急列車を復活させ、浅草〜東武日光間に「華厳《けごん》」、浅草〜鬼怒川温泉《きぬがわおんせん》間に「鬼怒《きぬ》」を走らせた。東武鉄道は、これをロマンスカーと呼んだが、その原型は一九四八年六月に運転を開始した連合国軍専用の週末日光行列車であった。この専用列車に一般客を乗せるようになり、それまで週末のみであったのを毎日運転するようにしたのである。最高速度は時速八〇キロ、平均速度は同四六キロで、浅草〜東武日光間を一八〇分で結んだ。

浅草〜東武日光間の所要時間は、その後一三六分にまで短縮されたが、一九五六年四月には一七〇〇系特急ロマンスカーを投入し、最高速度を時速一〇五キロとして、所要時間を一一九分に短縮した。ついに、長年の夢であった二時間の壁を破ったのである。

東京から日光に向かう鉄道には国鉄日光線もあった。東武鉄道は、戦前期から国鉄と熾烈《しれつ》な競争を展開しながら優位性を確保してきた。国鉄は、一九五六年一〇月に蒸気機関車に代えて新型ディーゼルカーを投入し、上野〜日光間に準急「日光」を走らせた。上野〜日光間の所要時間は一二五分で、東武鉄道との差は六分ほどに縮まった。さらに、当時の国鉄総裁十河信二は電化を積極的に進め、一九五八年に東北本線大宮〜宇都宮間、翌五九年には日光線全線（宇都宮〜日光間）が電化され、同年九月から上野〜日光間を一一〇分で結ぶ直通電車「日光」を走らせた。東京から日光への所要時間は、国鉄を利用したほうが東武鉄道を利用するよりも九分以上も短くなり、東武鉄道の優位性は失われた。

東武鉄道は、一九六〇年一月に「国鉄日光線の電化による影響調査」をまとめ、同社の損失額を約二〇〇〇万円と予測し、早急に対策を講じる必要があると結んだ。しかし、ドル箱路線東武日光線を脅かしているのは、国鉄だけではなかった。これまで、日光への観光客の大半は東照宮などへの参拝客がほとんどであったが、日光でスキーや登山、キャンプなどを楽しもうという若者が増え、彼らの多くは東武にせよ国鉄にせよ、鉄道ではなく貸切バスやマイカーを利用する。東武鉄道のライバルはもはや国鉄ではなく、バスやマイカーなどの自動車であったのである。

こうしたなかで東武鉄道は、一九六〇年一〇月にデラックス・ロマンスカーを導入し、下りには「けごん」と「きぬ」、上りには「おじか」と「けごん」が運転を開始した。そして、一九六二年九月には最高時速一一〇キロ運転が始まり、浅草〜東武日光間の所要時間は一〇六分となった(『東武鉄道百年史』)。

近鉄と伊勢志摩の観光開発

戦後まもない一九四七(昭和二二)年一〇月、近畿日本鉄道は大阪の上本町から名古屋にいたる路線に全車座席指定の特急電車「すずか」「かつらぎ」を走らせた。この電車は、大阪〜名古屋間のビジネス特急で、上本町〜近畿日本名古屋間を四時間三分で結び、一日に二往復が設定されていた。大阪線（上本町〜伊勢中川間）が標準軌、名古屋線（近畿日本名古屋〜伊勢中川間）が狭軌であったため、伊勢中川駅で乗り換えなければならなかったが、上本町駅発の電車と近畿日本名古屋駅発の電車が伊勢中川駅に同時に到着し、すぐに折り返すようにしたため、乗り継ぎに要する時間は最小限にとどめられた。さらに、一九四八年の正月には、「すずか」の運転を延長し、上本町〜宇治山田間に「迎春号」と名づけられた臨時特急列車を走らせ、同年七月からは定期の特急列車とした。所要時間は二時間四〇分であった。こうして、近鉄は伊勢中川経由で大阪、伊勢、名古屋の三方面を結ぶ特急列車網を完成させた。

伊勢志摩は、近鉄にとってもっとも重要な観光地の一つであった。そのため、近鉄は伊勢志摩の観光開発を積極的に進め、一九五一年四月には志摩観光ホテルを開業した。伊勢志摩国立公園の利用者数は、一九六三年の約五一〇万人から六七年には約六七〇万人に増加した。近鉄では、一九六一年四月に宇治山田駅の一番ホーム横に高架のバスターミナルを設置し、特急利用者の便をはかっていた。しかし、バスでは所要時間や輸送力に限界があり、伊勢志摩方面の観光開発を進めるには宇治山田〜鳥羽《とば》間に近鉄の鉄道路線を敷設する必要があった。

一九六七年八月、近鉄は「伊勢志摩総合開発計画」を策定し、鳥羽線（宇治山田〜鳥羽間

一三・二キロ）を建設し、一九六五年四月の三重電気鉄道との合併のさいに継承した志摩線（鳥羽〜賢島《かしこじま》間二五・四キロ）の改良工事を実施した。鳥羽線は単線標準軌であったが、志摩線は単線狭軌で電圧七五〇ボルトの電車線であったので、特急列車など大型車を運行するには大幅な改良が必要であった。

鳥羽線の建設、志摩線の改良工事が竣工したのは一九七〇年二月で、三月には鳥羽線が全線開業し、志摩線との直通運転を開始した。賢島は、特急で大阪から二時間三二分、京都から三時間四分、名古屋から二時間四分で結ばれた。こうして近鉄は、宇治山田から鳥羽まで路線を延長して、大阪、京都、名古屋から賢島まで特急列車による直通運輸体制を確立したのである。折しも一九七〇年には、大阪で日本万国博覧会が開催されることになっていた。近鉄は、伊勢志摩を「万国博第二会場」と位置づけ、鉄道網を整備して、大阪の万博に訪れた内外の観光客を呼び込もうとしたのである（『近畿日本鉄道 １００年のあゆみ』）。

第6章　国鉄の解体

I　財政悪化と再建策

国鉄財政の悪化

東海道新幹線が開業し、高速鉄道時代の幕開けとなった一九六四（昭和三九）年度から、国鉄は単年度で赤字を出すようになった（図6‐1）。敗戦直後の一九四五～四九年度の営業収支も赤字であったが、その要因は第二次世界大戦中における利益の臨時軍事費への繰り入れなど無理な経理上の操作、資材・労働力の不足、インフレーションによる経費の増大などであった。

その後は一九五五～五六年度に単年度で一〇〇億円を超す赤字を計上したものの、基本的には六三年度まで営業損益、事業損益ともに黒字がつづいていた。この間に輸送需要が増大したからであったが、国鉄が営業努力を重ねてきたことも事実であった。

しかし、一九六四年度には営業損益で三二三億円、事業純損益で三〇〇億円の赤字が発生した。以来、国鉄の累積赤字は雪だるま式に増加し、財政は悪化の一途をたどった。一九六三年度までの利益積立金は一六〇〇億円ほどであったが、すべて赤字の補塡に使われ、六六年度には繰越欠損を生じるようになった。一九六四年度からは毎年度赤字となり、七〇年代

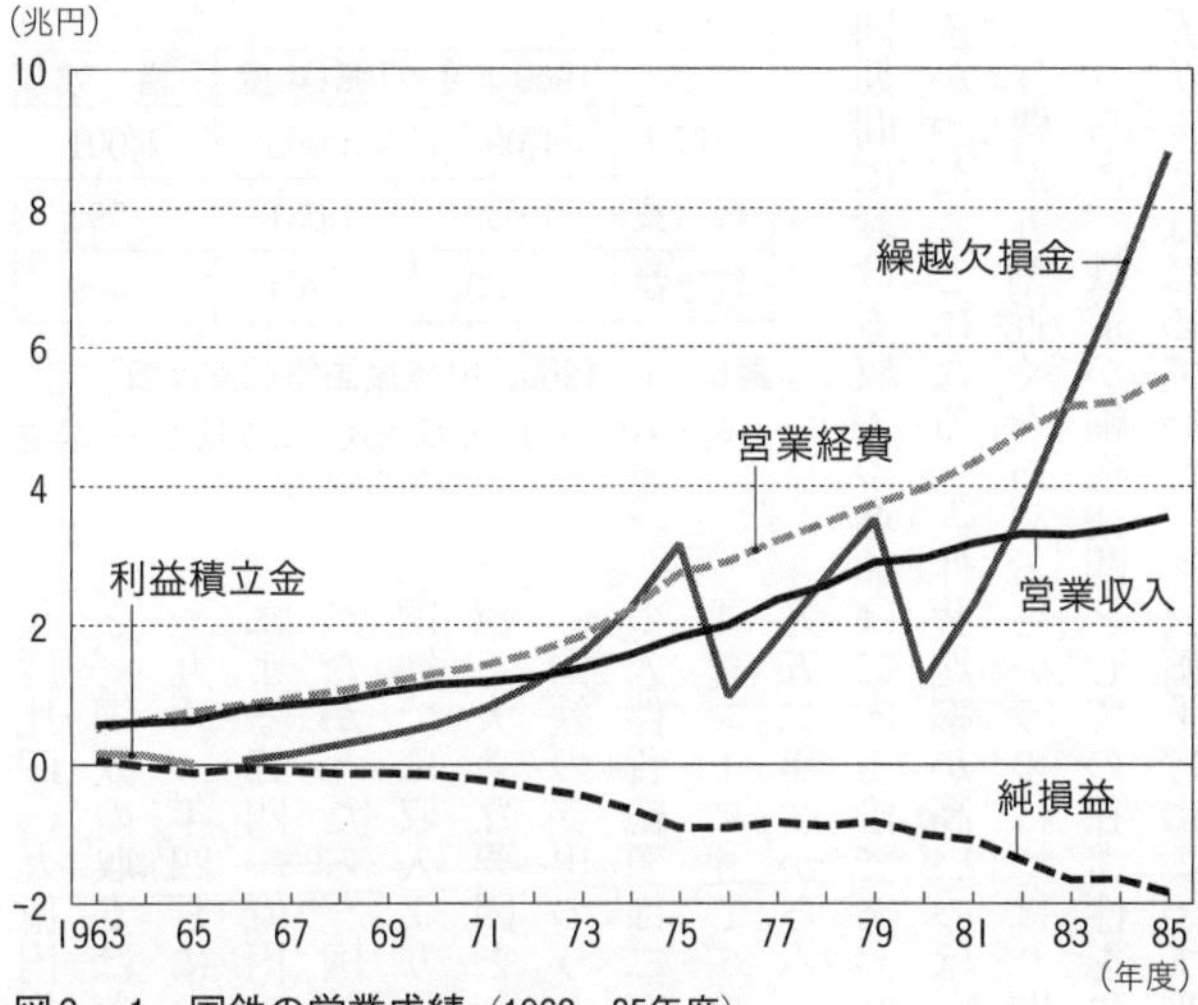

図6－1　国鉄の営業成績（1963〜85年度）
出典：『日本国有鉄道監査報告書』1985年度

半ばになると毎年度八〇〇〇〜九〇〇〇億円の赤字を計上し、巨額の累積赤字に悩まされるようになった。そして、一九八五年度には営業損益で二兆二〇〇億円、事業損益で一兆八四七八億円の赤字となり、累積欠損は八兆八〇一一億円にのぼった。

しかし、国鉄財政は、一九六四年になって突如赤字になったわけではない。一九五六年に国鉄監査委員会が発足してから六年間、同委員会の委員長を務めた石田禮助の経営診断によれば、一九六一年度の国鉄の総収入は五〇九五億円で、前年度比一〇一億円の増収であった。一方、経費は前年度比五九二億円増の四六三一億円で、純益は前年度比四〇九億円増の四六四億円となった。この数字だけをみると、国鉄の収支はきわめて良好のようである（表6-1）。しかし、一九六一年四月には一割二分の運賃値上げを実施しており、それによる五四一億円の増収分が含まれている。つまり、運賃値上げがなかったら、国鉄の収支は七七億円の赤字ということになる。国鉄では収入よりも支出の増加のほうが多く、これが財政悪化を招く大きな要因となっていたのである。

（単位：億円）

	1960年度	1961年度	増　減
総収入	4,094	5,095	1,001
経　費	4,039	4,631	592
純　益	55	464	409

表6－1　1960、61年度国鉄収支比較

出典：石田禮助『私は国鉄をこう見る――監査委員長六年の経営診断』

国鉄の支出のうち主要なものは人件費であった。一九六一年度の人件費総額は二四六二億円で、営業収入五〇五四億円の四八パーセントに達していた。しかも、人件費は年々増加しており、一九五二年度から六一年度までの九年間に二・六倍となった。一方、同期間における収入の増加は二・三倍であったので、人件費の増加率が収入のそれよりも大きかったことになる。人件費比率が高いのは、世界各国の鉄道事業に共通するものであるが、人件費が五割近くを占めるというのはやはり問題である。

さらに、鉄道が輸送機関としての独占性を失いつつあるなか、運賃値上げの神通力にも限界がみえはじめていた。運賃値上げによって乗客離れが進み、かえって収入減となりかねな

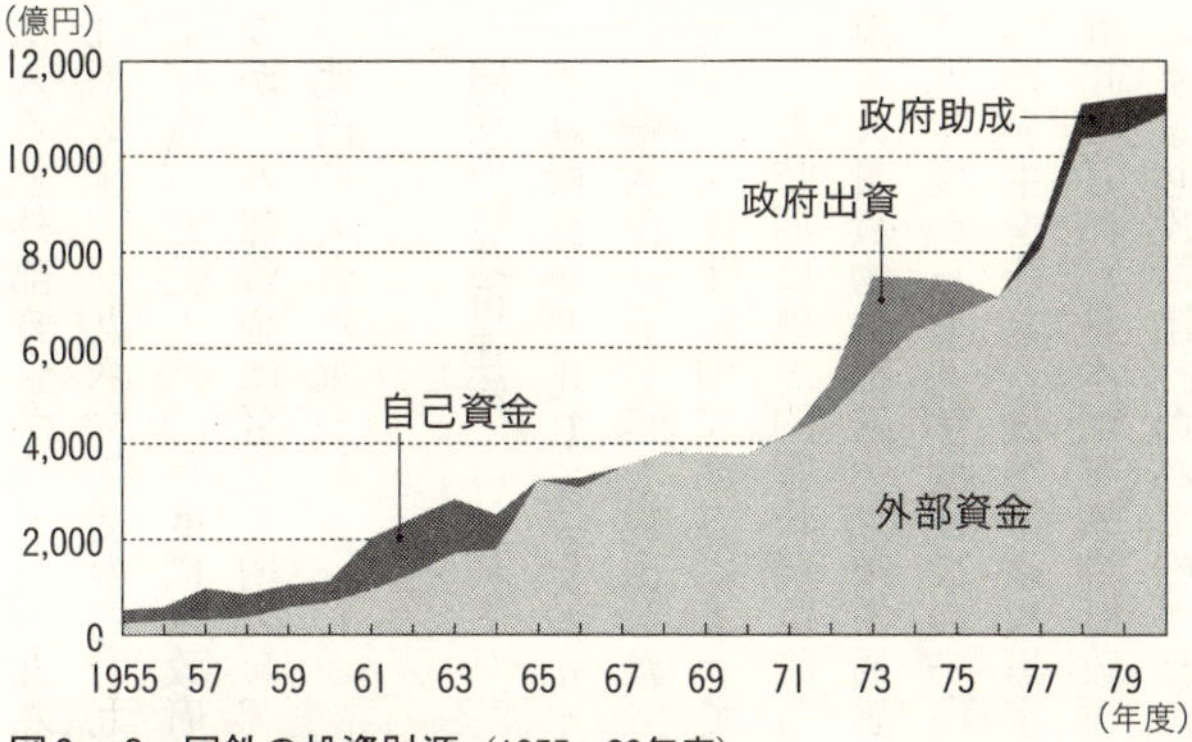

図6－2　国鉄の投資財源（1955～80年度）
出典：『運輸白書』1981年版

い。こうしたなかで石田は、人件費の削減をはかる「消極的合理化」ではなく、国鉄職員の企業精神を高揚させ、いかにして収入を増やすかを考えるような「積極的合理主義」を採るべきで、国鉄は企業体として活動できるよう機構改革、人事行政の革新を遂行しなければならないと提言する（石田禮助『私は国鉄をこう見る―監査委員長六年の経営診断』）。

一九六〇年代に入ると、国鉄の資本蓄積は底をついていたが、国鉄は一九六五～七五年にわたる第三次長期計画を策定し、その後も膨大な投資を行った。第三次長期計画についてはすでに述べたが、問題は投資財源である。自己資金が枯渇していたため、高金利の外部資金に依存せざるをえなかったのである。図6-2は、一九五五～八〇年度における投資財源を外部資金、政府助成、政府出資、自己資金に分類して、その推移を示したものである。一九六〇年代に入ると外部資金が増え、一九六二年度には一〇〇〇億円を超えた。その一方で、自己資金は増えず、一九六六年度の二〇九億円を最後になくなっている。一九七一～七五年度には政府出資、七七～八〇年度には政府助成などもみられるが、いずれも少額であった。そうしたなかで外部資金は著しく増大し、一九七三年度に五〇〇〇億円を超え、七八年度にはついに一兆円の大台に乗った。

国鉄の財政再建策

国鉄財政が悪化していくなかで、一九六八（昭和四三）年一一月、国鉄財政再建推進会議は運輸大臣に意見書を提出した。同推進会議は、国鉄財政は運輸収入の伸び悩み、資本費の増嵩《ぞうすう》、人件費の増加などによって急速に悪化し、一九六九年度には償却前赤字に転落し、遠からぬ時期に破局的な状況に陥るとみていた。そのうえで、国鉄は都市間旅客輸送、中長距離・大量貨物の輸送、大都市通勤・通学輸送の分野で役割を果たすべきであるとして、一九六九年度から七八年度までの一〇年間を「国鉄財政再建期間」と位置づけ、前半で償却前赤字の発生を防ぎ、後半で逐次黒字に転じるという計画を立てた。これにもとづいて、一九六九年五月に「日本国有鉄道財政再建促進特別措置法」が公布され、職員六万人の削減を目標とする財政再建計画が実施された。

政府は、財政再建推進会議の意見書を踏襲し、一九六九年九月に「日本国有鉄道の財政の再建に関する基本方針」を閣議決定した。そして、翌一九七〇年二月には、国鉄の財政再建計画が実施された。同計画は、一九六八年度の実績を基準に、七三年度に旅客輸送量を二三パーセント、貨物輸送量を二五パーセント、七八年度までに旅客輸送量を五八パーセント、貨物輸送量を六三パーセント増加させ、償却前黒字を達成することを目標としていた。そのための収入増加策として輸送力の増強と近代化、運賃料金制度の弾力化、販売システムの整備、関連事業の整備、能率的な業務運営の方策として駅の集約化、不採算路線の廃止、輸送の近代化、中間管理機構の簡素化、要員の六万人削減などがあげられていた。また、通勤輸送に約五五〇〇億円、新幹線に約九三〇〇億円、幹線輸送力の増強に約一兆一四〇〇億円、合理化・近代化などに約一兆八〇〇〇億円、合計約三兆七〇〇〇億円の投資が計画されていた。

しかし、国鉄の収入は計画のようには伸びなかった。とくに貨物収入が不振をつづけ、一九七一年度には早くも深刻な予算編成難に陥った。国鉄の財政再建計画は、発足後二年にして挫折したのである（前掲『新版　日本の交通問題』）。そこで一九七二年一月、蔵相、運輸相、自民党政調会長、同党国鉄再建懇談会長の四者が覚書を取り交わし、運賃改定の実施、職員一一万人の削減、政府による助成などを決めたが、運賃改定法案は廃案となった。

一九七三年九月には「国鉄財政再建促進特別措置法」が改正され、七四年三月になると

「国鉄財政再建に関する基本方針」が閣議決定された。これは、一一万人の職員削減という目標を引き継ぎ、一九八二年度までに利益が生じるようにするというものであった。しかし、石油危機後の狂乱物価のなかで運賃がすえおかれたため、一九七五年度には営業損益、事業損益ともに九〇〇〇億円を超える赤字となり、累積赤字も三兆円を超えた。

一九七五年一二月には「日本国有鉄道再建対策要綱」が閣議了解され、二年間で収支の均衡を回復するとされた。そのため累積赤字のうち二兆五〇〇〇億円を一時棚上げし、一九八〇年度までに五万人の職員を削減するなどの対策が講じられることになった。しかし、国鉄は大幅な運賃値上げを実施したため輸送量が落ち込み、予定した収益をあげられなかった。

一九七七年一月には「日本国有鉄道再建対策要綱」の一部を修正し、新たに「日本国有鉄道の再建対策について」が閣議了解され、一九七九年度に国鉄の収支を均衡させるという目標が設定された。しかし、一九七七年一二月には「日本国有鉄道の再建の基本方針」が閣議了解され、収支均衡は八〇年代にもちこされた。同時に運賃法が改正され、国鉄運賃は法定制から運輸相による許可制となった。

国鉄再建法の成立

こうして、国鉄の経営再建計画はいずれも所期の目的を達成できずに終わった。これらの計画は、どちらかというと設備投資に重点を置いて、輸送量を増加させて増収をはかることをめざしていたが、国鉄の輸送分担率の低下、経営の硬直化が進むなかでは、輸送量の増大そのものを実現するのが困難であった。

そこで政府は、一九七九（昭和五四）年一二月に「日本国有鉄道の再建について」を閣議了解し、①一九八五年度までに職員七万四〇〇〇人を削減する、②赤字ローカル線約四〇〇〇キロの分離・バス転換を実施する、などの方針を決め、翌八〇年二月に「日本国有鉄道経営再建促進特別措置法案」（国鉄再建法）を国会に提出した。同法案の主な内容はつぎのようである。

一　国鉄は、職員合理化などの経営改善計画を策定し、運輸大臣の承認を受ける。
二　赤字ローカル線の分離・バス転換を強力に推進する。基準については、別途政令で定める。
三　赤字ローカル線に特別割増運賃を導入する。
四　一九七九年度末の累積赤字を再び棚上げする。
五　監査委員を一人増員し、労組代表の参加を拡大する。

このように国鉄再建法による経営改善計画では、高運賃政策（毎年五パーセント以上の運賃値上げ）を実施し、一九八五年度までに国鉄職員七万四〇〇〇人の削減（三五万人体制の実現)を達成し、貨物輸送からは撤退するとされていた。また、赤字ローカル線対策では、輸送密度（一日一キロメートルあたりの輸送人員）八〇〇〇人未満の路線を「地方交通線」と呼び、このうち輸送密度が四〇〇〇人未満でバスに転換したほうがよいと思われるものを「特定地方交通線」とした。具体的な基準は一九八一年三月公布の「国鉄再建法施行令」によって定めるとしていたが、廃止対象となったのはまずは輸送密度二〇〇〇人未満の線区で、一九七六〜七八年度の平均輸送実績でみると、検討の対象となる線区は、国鉄二四五線区・約二万一三〇〇キロのうち八八線区・約四〇五〇キロであった。国鉄全路線の約二割が廃止対象となったのである。とりわけ北海道では、二七線区・二〇〇〇キロが対象となり、線区では北海道全体の四分の三、キロ数では二分の一強を占めた。

ただし、実際には輸送密度二〇〇〇人未満の線区でも、①ラッシュ時の輸送密度が一〇〇〇人以上、②豪雪地帯で、並行する道路が年間一〇日以上通行不能となる、③並行する道路がない、④旅客の平均乗車距離が三〇キロを超え、輸送密度が一〇〇〇人以上、などの場合には例外として扱われることになっていた（「二年協議で見切り発車　赤字線のバス転換　国鉄法案提出決まる」『朝日新聞』一九八〇年二月一九日、夕刊）。国鉄再建法は、審議未了・再提出という経過を経て、一九八〇年一二月に成立した。

ローカル線の廃止と地域社会

国鉄は、一九八一（昭和五六）年六月、第一次特定地方交通線四〇線を発表した。対象路線は、九州、北海道、東北に多いが、かつて炭鉱の町として栄えた九州北部の筑豊《ちくほう》では添田《そえだ》線、室木《むろき》線、香月《かつき》線の三線が対象となった。添田線（香春《かわら》～添田間、一二・一キロ）は朝夕のラッシュ時にだけ走る典型的なローカル線で、毎日六本の気動車が往復していたが、一九八〇年度の営業係数は三三二四と日本一の赤字路線であった。沿線の大任町《おおとうまち》では、建設中の油《ゆ》須原《すばる》線が添田線と交差する。添田線は日田彦山《ひたひこさん》線と連絡するので、大任町では北九州市の住宅地としての振興計画を描いていた。また、油須原線は田川《たがわ》線とつながり、日産《にっさん》自動車九州工場のある苅田町《かんだまち》や、行財政の中心地である行橋《ゆくはし》市と直結する。大任町は、北九州、豊前《ぶぜん》両地域の近郊都市としての将来構想を描き、産炭地からの脱皮をはかろうとしていたのである。しかし、頼みにしていた添田線が一九八五年四月に全線廃止となり、油須原線の新設が凍結されると、一転して鉄道の通らない町となった。

筑豊の南端に位置する山田《やまだ》市（現・嘉麻《かま》市）は、二二平方キロの狭い地域に三〇近いヤマがひしめき合う炭鉱の街で、最盛時の一九五八年には人口四万人を数えていたが、閉山が相次ぎ一九八〇年前後には人口も一万五〇〇〇人ほどとなった。そこで山田市は、上山田《かみやまだ》線（飯塚《いいづか》～豊前川崎《ぶぜんかわさき》間、二五・九キロ）の沿線にあったので、福岡都市圏のベッドタウンという将来構想を描いていた。しかし、上山田線は一日上下二〇本ほどしか運行しておらず、一九七七年度から三年間の輸送密度は一〇五六人で、第二次特定地方交通線に指定された。山田

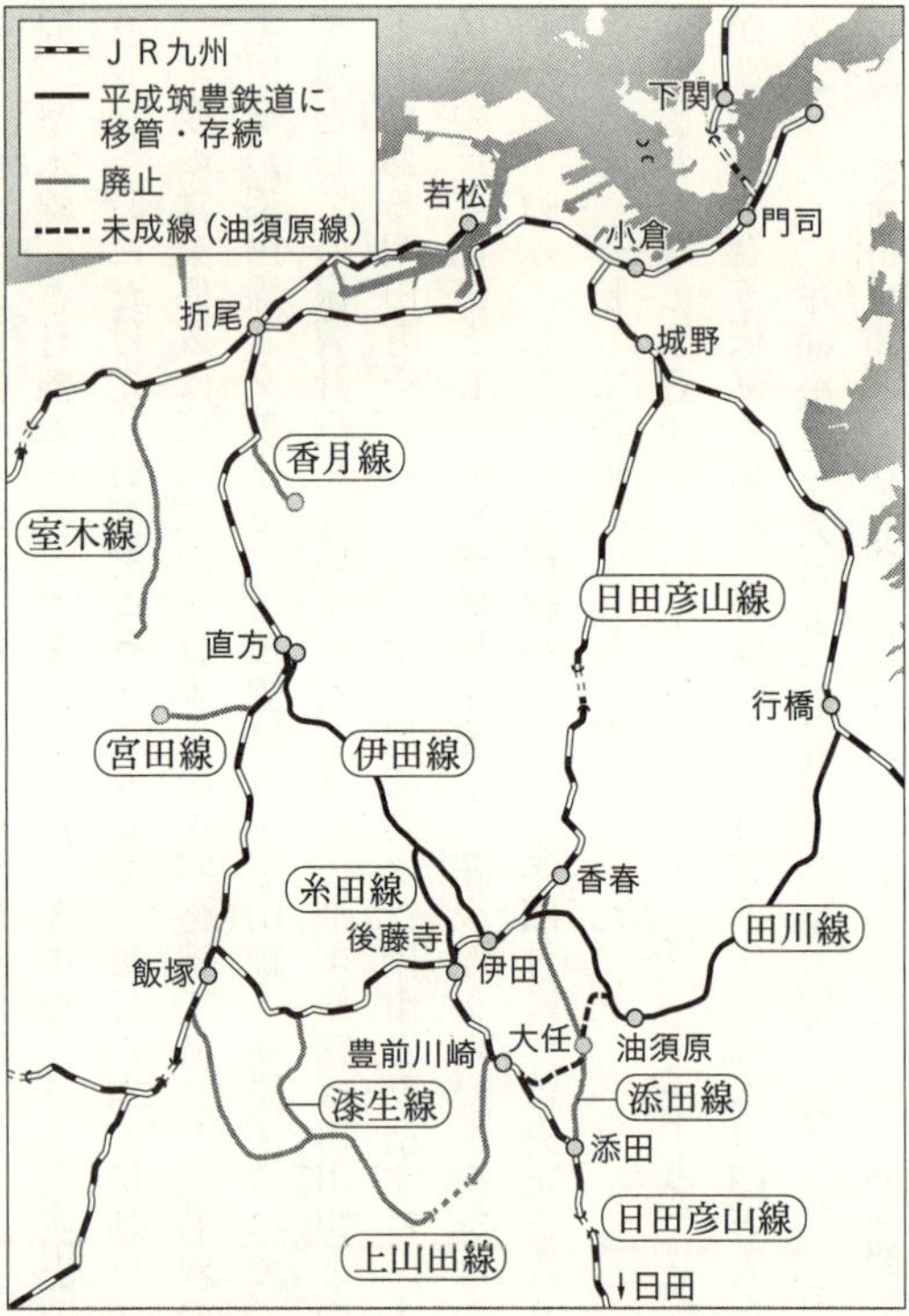

九州北部の国鉄路線

市では、一九八一年二月に市議会が全会一致で「ローカル線問題特別委員会」を設置し、さらに商工会議所と山田地区労が手を結び、青年団や婦人会にも呼びかけて「国鉄上山田線を守る山田市住民会議」を結成した。しかし、上山田線は一九八八年九月に廃止となってバスに転換された。

特定地方交通線の問題は、北海道ではより深刻であった。深川《ふかがわ》〜名寄《なよろ》間一二一・八キロの深名線《しんめいせん》の一九七九年度における輸送密度は旅客二四五人、貨物一一トン、営業係数は二七八五で、北海道内で一番の赤字路線であった。しかし、深名線の廃止は、厳冬と積雪を宿命とする沿線住民にとっては生命にかかわる問題でもあった。

深名線沿線の母子里《もしり》は「日本で一番寒い村」である。母子里から名寄までバスや自家用乗用車で出かけると、常に雪崩《なだれ》や凍死の危険にさらされるが、鉄道ならば駅舎もあり、ストーブもあるのでそうしたリスクは避けられる。沿線住民は、「北国の自然環境の厳しさは、今回の国鉄再建法にともなう赤字ローカル線（特定地方交通線）の選定に際しては、全く考慮されなかった。採算性というたった一つの物差しで、道内のローカル線三六線中二三線が廃止対象となった」と批判する（全運輸省労働組合編『生活交通の現状―行政現場からの報告』）。深名線は、並行道路の未整備を理由に廃止をまぬがれてきたが、一九九五（平成七）年九月、ついに廃止となった。

第三セクター鉄道の成立

国鉄再建法は、特定地方交通線を廃止し、バスに転換することを求めていた。八三線が廃止対象とされ、そのうち四五線（五四・二パーセント）がバスに転換されたが、第三セクター鉄道に転換されたり、私鉄に譲渡されたりして、ともかくも鉄道として存続した路線も三八線（四五・八パーセント）に及んだ。政府がバス転換を推進していたのに、廃止対象路線の半数近くが鉄道として存続されたことは、地域社会がいかに鉄道を必要としているかの証左ともいえる。

「第三セクター」とは、一般的には行政部門（第一セクター）と民間部門（第二セクター）による公私混合部門（公的主体と民間資本の共同出資による株式会社）であるが、ここでいう「第三セクター鉄道」は国鉄から地方公共団体に経営が譲渡された特定地方交通線のことをさす。地方自治体が廃止対象となった特定地方交通線の受け皿となり、民間の出資を仰いで何とか鉄道を存続させ、沿線住民の「足」を確保しようという試みの一つである。したがって、「第三セクター鉄道」は、多くの場合、沿線自治体の出資比率が高く、形式的には民営鉄道ではあるが、実態は沿線自治体の共同経営による鉄道であった。

しかし、図6－3にみるように、第三セクター鉄道の多くは赤字経営であった。第三セクター鉄道の会社数は年々増え一九九一（平成三）年には三六社となったが、黒字経営は七社にすぎず、残りの二九社が赤字経営であった。第三セクター鉄道の多くは、沿線人口が少なく輸送密度の低い過疎地を走っているので、構造的な赤字路線である。岩手県の三陸《さんりく》海岸を縦貫する三陸鉄道は、第三セクター鉄道の優等生といわれ、一九八一（昭和五六）年一一月に設立されてから利益を計上してきたが、それでも合理化には限度があり、人件費などコストの上昇は避けられず、経営には厳しいものがあった。

　政府による第三セクター鉄道への損失補塡も、開業から五年に限られていた。損失補塡の延長を求めても、政府は地元の責任でバス転換ではなく鉄道の存続を選んだのであるからという理由で認めない。その分、自治体の負担が増加することになる。（安藤陽「「第三セクター鉄道」の政策課題」、安部誠治・自治体

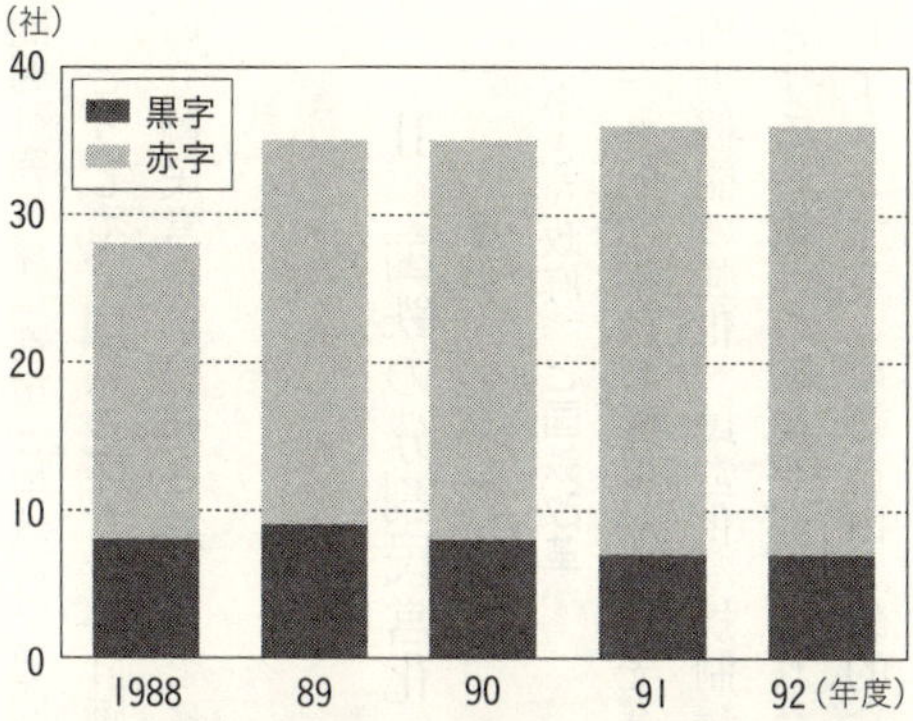

図6－3　第三セクター鉄道の経営状況（1988～92年度）

出典：安藤陽「「第三セクター鉄道」の現状と政策課題」（安部誠治・自治体問題研究所編『都市と地域の交通問題――その現状と政策課題』）

問題研究所編『都市と地域の交通問題—その現状と政策課題』）

こうして、国鉄の経営改善計画が進められてきたが、臨調改革路線のもとで急転し、国鉄の分割民営化が提起されることになるのである。

II　国鉄の分割民営化

「小さな政府」と国鉄改革

一九七〇年代の後半から、先進資本主義諸国では石油危機後の経済停滞から脱却するため、市場機能の強化、民営化、規制緩和、補助金削減などによって「小さな政府」を実現しようとする政策への転換が進められた。自由経済、あるいは市場経済のメリットを最大限に活用しようとするこの新自由主義的な経済政策は、アメリカのレーガン大統領やイギリスのサッチャー首相などによって試みられたが、一九八〇年代になると世界的な潮流となった。

産業の活性化と財政負担の軽減化をめざして、民営化や規制緩和、とりわけ参入や価格などに対する直接的な規制が見直された。規制緩和がもっとも大規模かつ広範に実施されたのは、交通事業など公益事業の分野であった。この分野は、「公共の利益」の名のもとに政府の手厚い保護のもとに置かれてきたからである。

日本でも、一九八一（昭和五六）年三月、前経団連会長の土光敏夫《どこうとしお》が会長となり、官・財・学・言論界の有識者二一人を専門委員として、第二次臨時行政調査会（第二臨調）が発足した。土光敏夫は東京高等工業学校（現・東京工業大学）卒業のエンジニアで、東芝の社長などを歴任した実業家であるが、時の総理大臣鈴木善幸《すずきぜんこう》、行政管理庁長官中曽根康弘《なかそねやすひろ》に請われて、第二臨調の会長に就任した。土光を第二臨調の会長に強く推したのは、のちに総理大臣となって国鉄の分割民営化を実現する中曽根康弘であった。

第二臨調では、折からの財政危機を打開するため、「増税なき財政再建」「三公社（国鉄・専売公社・電電公社）の民営化」が叫ばれ、国鉄改革は第二臨調による行政改革の一環として位置づけられることになった。二人の元総理大臣の証言をみておこう。

福田赳夫《ふくだたけお》は、自民党国鉄基本問題調査会会長として国鉄改革に取り組んできた細田吉蔵《ほそだきちぞう》の著書『国有鉄道を語る─国鉄再建問題に関する提言』（一九八一年）に序文を寄せた。そのなかで、国鉄の財政問題について「単に赤字ローカル線の廃止等、一視点のみから考えるべきでは」ないし、ましてや「国鉄、運輸省のみの問題でも」なく、「行財政改革というわが日本が二十一世紀に雄飛するために必要な厳しい試練の中に位置づけられる重要なもの」と述べている。国鉄改革は単なる国鉄の経営上の問題ではなく、行政改革を進めるうえで解決しなければならない重要な課題であるという認識を示していた。
また、行政管理庁長官、内閣総理大臣として日本の行政改革を推進してきた中曽根康弘は、第二臨調の行政改革と国鉄改革との関係について、のちにつぎのように整理している（中曽根康弘『天地有情—五十年の戦後政治を語る』）。

大きな時代の流れから見れば、二度にわたる石油危機の中で民間はリストラをやりながら血の滲《にじ》む努力をしたわけですよ。だから、こんどは国家の番だというわけですね。当然といえば当然のことで、そういうときに臨調ができたわけです。土光さんは「民間がこれだけ血を流しているんだから、国家も流さなければいけない。だから『増税なき』でやれ。増税すれば、必ず経費を無駄遣いして役所が膨張するだけだ。それから3K（国鉄・健康保険・米…引用者）をやれ。そして、特殊法人をやれ」といっていたが、そういう流れの中で、国鉄も一つの目玉になっていました。

第二臨調は「増税なき財政再建」を大方針としていたが、国鉄改革は行政改革の目玉に位置づけられていたのである。

中曽根首相に緊急提言を提出する土光敏夫臨時行政改革推進審議会会長　1983年8月4日（写真・読売新聞社）

第二次臨時行政調査会の第三次答申

第二臨調は、国の機構や制度、施策について幅広い調査・審議を実施し、一九八二（昭和五七）年七月に第三次答申を政府に提出した。同答申は、国鉄の現状を「昭和三十九年度に欠損を生じて以来、その経営は悪化の一途をたどり、昭和五十五年度にはついに一兆円を超える欠損となった。（中略）今後とも欠損は増大していくことが確実視されており、今や国鉄の経営状態は危機的状況を通り越して破産状況にある」と認識していた。

国鉄の経営が「破産状況」に陥った原因にはいろいろあるが、つぎの四点が重要であった。第一にモータリゼーションなどによる急激な輸送構造の変化に対して、国鉄は都市間旅客輸送、大都市圏旅客輸送、大量定形貨物輸送など、鉄道特性を発揮できる分野に特化すべきであったが、現実的には公共性の観点が強調され、対応が著しく遅れたこと、第二には国会や政府による過度の関与、地域住民の過大な要求、管理限界を超えた巨大な企業規模、国鉄自体の企業意識や責任感の喪失などによって、いわゆる「親方日の丸」的な経営に陥ったこと、第三には不安定な労使関係、職場規律の乱れなどによって合理化が進まず、生産性の低下をもたらしたこと、第四には人件費比率が異常に高く、膨大な年金・退職金、累積赤字に対する巨額な利子を負担しなければならないこと、などであった。国鉄の膨大な赤字は、いずれ国民の負担となるので、「国鉄経営の健全化を図ることは、今日、国家的急務である」というのであった。

しかし、数次にわたる国鉄の再建対策はいずれも挫折し、現行の経営改善計画も、①具体的な年次別計画にもとづいていない、②一九八五年度における収支目標が、財政援助を含めた実質的赤字が単年度で二兆円を超える内容になっている、③一九八五年度以降の経営の展望に欠けている、などの問題がある。しかも、進捗状況をみると、計画の達成はきわめて困難といわなければならない。

国鉄の経営を改善するには、①経営者が経営責任を自覚し、企業意識に徹して難局の打開に立ち向かうこと、②職場規律を確立し、個々の職員が経営の現状を認識し、生産性をあげること、③政治や地域住民の要求など、外部からの介入を排除すること、が重要である。そして、これらのことは、「単なる現行公社制度の手直し」や「個別の合理化計画」では実現できず、「公社制度そのものを抜本的に改め、責任ある経営、効率的経営を行ない得る仕組みを早急に導入するとともに、労使双方が国鉄の現状を深く認識し、政府と国民の支持の下に、一体となって再建にあたらなければならない」というのである。

以上のように述べて第二臨調は、国鉄を分割し、民営化することを提案した。なぜ分割しなければならないのかというと、全社一体となって効率的経営を行うには、国鉄は管理の限界を超えていると考えられたからである。また、地域ごとの交通需要、賃金水準、経済の実態から遊離し、全国画一的な運営に陥りがちになると考えられたからでもあった。そして、分割民営化後の各社が経営努力をし、効率的な経営をめざせば、採算性を回復し、自立できるというのである。ただし、長期債務、国鉄共済年金制度などの諸問題については分割・民営化前に解決しておく必要があった。

第二臨調第三次答申の国鉄改革にかかわる部分の概要は、ほぼ以上のようである。この答申にもとづいて、一九八五年に電電公社と専売公社が民営化され、国鉄については日本国有鉄道再建監理委員会によって分割・民営化の方針が提示された。経済学の泰斗宇沢弘文が指摘するように、国鉄の分割民営化は、まぎれもなく「第二臨調の一つの延長線として」の国鉄の解体であったのである（宇沢弘文「国鉄解体と近代経済学」『交通権』第五号、一九八七年）。

「鉄道の未来を拓くために」

一九八二（昭和五七）年一一月に発足した中曽根康弘内閣の最大の課題は、国鉄、専売公社、電電公社を民営化することであった。一九八五年四月、電電公社と専売公社は民営化され、前者は日本電信電話株式会社（NTT）、後者は日本たばこ産業株式会社（JT）となった。もっとも困難とみられていたのは国鉄であったが、中曽根首相は一九八三年六月に住友電気工業会長の亀井正夫《かめいまさお》を委員長とし、加藤寛《かとうひろし》（慶應義塾《けいおうぎじゅく》大学経済学部教授）、隅谷三喜男《すみやみきお》（東京女子大学学長）、住田正二《すみたしょうじ》（財団法人運輸経済研究センター理事長）、吉瀬維哉《よしせしげや》（日本開発銀行総裁）を委員とする日本国有鉄道再建監理委員会を発足させた。再建監理委員会は、一九八五年七月二六日に最終答申「国鉄改革に関する意見―鉄道の未来を拓《ひら》くために」を発表し、第二臨調による分割民営化構想をより具体化させた。同委員会は、発足してから二年余にわたって一三〇回を超える審議を重ね、国鉄・政府の関係機関、交通問題に関する専門家、私鉄経営者、地方公共団体、国鉄の各労働組合から意見を聴取するとともに、数回にわたって現地調査を実施し、最終答申をまとめた。

国鉄のなかには分割民営化に反対する者もいたが、中曽根首相は一九八五年六月に仁杉《にすぎ》巖《いわお》国鉄総裁の辞任を受け、杉浦喬也《すぎうらたかや》を新総裁に据えた。仁杉自身は、みずから国鉄総裁を辞めることによって国鉄常務会の分割民営化反対派に役員の辞任をせまり、再建監理委員会の国鉄改革を推進したと述べている（仁杉巖『挑戦―鉄道とコンクリートと共に六〇年』）。再建監理委員会の委員でもあった住田正二はこれとは違った見方をしているが、仁杉の総裁辞任を契機に国鉄自体が分割民営化の方向に流れを変えたということは間違いない（住田正二『鉄路《レール》に夢をのせて』）。

再建監理委員会によれば、国鉄経営悪化の最大の原因は「公社という自主性の欠如した制度の下で全国一元の巨大組織として運営されている現行経営形態そのもの」にあった。したがって、これまでのような現行制度を前提とする、過去の延長線上の対症療法によって国鉄事業の再生をはかることはもはや不可能である。全国一元の巨大組織としての公社という経営形態そのものを抜本的に改革することによって、はじめて国鉄事業の再生が可能となる。

再建監理委員会は、このように述べて国鉄の経営形態を改め、分割民営化することを提案した。政府は、日本国有鉄道清算事業団を設け、「余剰人員」の整理を行わせ、国鉄の鉄道事業を継承した各社には債務負担を軽減ないし免除し、職員についても最小限の数で行えるようにし、経営基盤の確立をはかった。

長期債務の処理は、国鉄清算事業団による遊休地の処分と新会社の株式売却による利益でまかなうが、残額は国の負担ということになった。国の負担とは、国民の負担にほかならない。また、国鉄労働組合などの活動家を「人材活用センター」に隔離して国鉄労働者の分断

（単位：億円）

項　目	営業キロ（km）	社員数（人）	資産額	経営安定基金	長期債務	資本金
北海道	3,176	12,719	9,762	6,822	—	90
東日本	7,657	82,469	38,845	—	32,987	2,000
東　海	2,003	21,410	5,530	—	3,191	1,120
西日本	5,323	51,538	13,163	—	10,158	1,000
四　国	880	4,455	3,239	2,082	—	35
九　州	2,406	14,589	7,381	3,877	—	160
貨　物	10,010	12,005	1,638	—	943	190

表6－2　分割民営化当初のＪＲ各社（1987年４月１日）

出典：『ＪＲガゼット』1992年11月号

をはかるとともに、希望退職などを通じて二七万六〇〇〇人から二一万五〇〇〇人へと大幅な人員削減を実施する。国鉄改革の目的は、①国鉄の巨額の長期債務を国家財政の負担にならないように処理すること、②赤字を生み出さない効率的な運営体制を作り出すこと、③国鉄労働組合をつぶすことの三点にあった。

新会社のあらまし

分割民営化後の新会社のあらましを示すと、表6－2のようである。国鉄の旅客輸送は、本州を三分割して東日本、東海、西日本の三社とし、北海道、四国、九州にそれぞれ一社を起こし、旅客鉄道六社によって引き継がれた。バス部門については、地域の旅客鉄道会社が引き継ぎ、六ヵ月以内に分離するかどうかを検討し、その結果を運輸大臣に報告することになっていた。貨物輸送については分割せずに、旅客鉄道六社の経営とは分離して全国の貨物輸送事業を一体的に経営する貨物鉄道会社を設立する。すなわち国鉄の輸送業務は、旅客鉄道六社と貨物鉄道一社に分割されて引き継がれることになったのである。

ところで、JR各社には、各社の経営が成り立つような措置がとられていた。まずは、JR各社の社員数が大幅に削減された。各社に必要な要員は、旅客鉄道六社で二〇万人、貨物鉄道一社で一万五〇〇〇人とされているので、大量の余剰人員が発生するのはまぬがれない。そして、国鉄の長期債務の多くは清算事業団が引き継ぎ、JR東日本、JR東海、JR西日本の本州三社、およびJR貨物が引き継ぐ長期債務は大幅に軽減された。

地域の経済力や交通需要には格差があるので、分割会社間では収益格差が生じる。そこで、旅客鉄道六社の収益性を保証するため、二つの収益調整措置がとられた。一つは、本州三社に関するもので、新幹線一括保有方式と呼ばれている。本州三社の収益性格差の要因は東海道、山陽、東北、上越、四新幹線の資本費格差にあるとみて、四新幹線を所有する特殊法人「新幹線鉄道保有機構」を設立し、同機構が新幹線およびその関連施設を各社に貸し付けることにする。貸付料は、新幹線鉄道保有機構が国鉄から引き継いだ新幹線資産の再調達価額を、平均耐用年数を三〇年とする元利均等償還で算出する。そして、各社の使用料を決めるさいに「新幹線の利用の度合い等に応じて」格差をつける。つまり、東海道新幹線をもつ東海旅客鉄道会社が多額の新幹線使用料を支払い、東日本旅客鉄道会社や西日本旅客鉄道会社

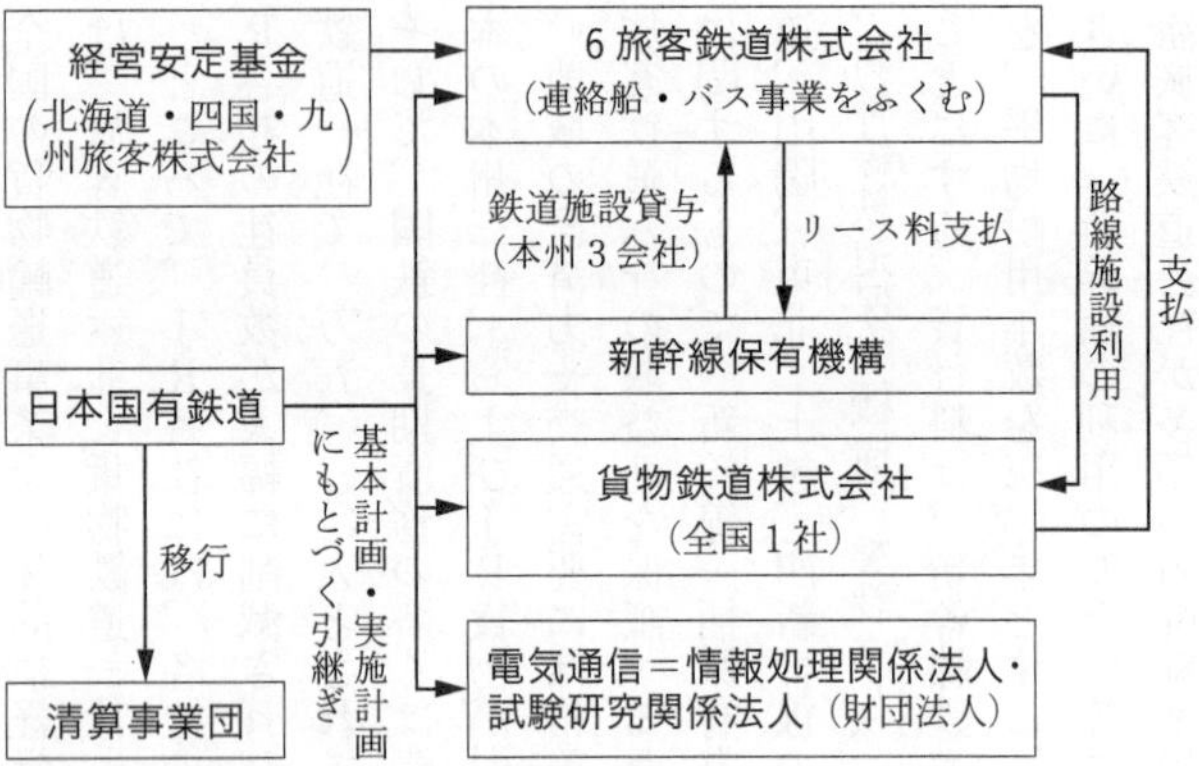

国鉄改革の構造（土居靖範・柴田悦子・森田優己・飴野仁子『交通論を学ぶ―交通権を保障する交通政策の実現を』）

に利益を再配分するということになる。いってみれば、新幹線における新たな内部補助のシステムである。

もう一つの収益調整措置は、北海道、四国、九州の三島《さんとう》会社にかかわるものである。三島会社の営業収支は、赤字となることが予測される。そこで、国鉄の長期債務は本州三社が引き継ぎ、三島会社には一切引き継がせない。さらに、それぞれに経営安定基金を設定し、そこから生まれる利子で赤字を埋め合わせるというのである。基金の額は一兆円とされているが、これで三島会社の赤字を埋め合わせることができるかどうかはわからない。また、JR貨物は、旅客会社の線路を借用して貨物輸送を全国展開するのであるが、経営は困難であるとみて線路使用料が大幅に軽減されている。なお、ローカル線については、分割会社の内部補助で維持すべきであるとされている。

このほか、国鉄の研究開発部門、基幹通信部門、情報システム部門は、鉄道総合技術研究所（財団法人）、鉄道通信会社、鉄道情報システム会社が新たに設立されて引き継がれた。新会社に承継されない長期債務などの償還、土地やその他の資産の処分、職員の再就職の斡《あっ》旋《せん》などの業務は「日本国有鉄道清算事業団」に引き継がれる。

III　分割民営化案をめぐって

国鉄の再建案

国鉄再建監理委員会の分割民営化案に対して、国鉄当局は一九八五（昭和六〇）年一月に「経営改革のための基本方策」を作成した。基本方策では、これまでのような経営改善策をつづけるだけだと一九九〇年度には三〇兆円を超える債務をかかえ、国鉄の経営は破綻するという強い危機感をもち、「徹底した自助努力」のもとに「これまでの枠組みにとらわれない」計画を策定し、経営健全化をめざして「決意を固め総力を結集する」ことを表明した。

基本方策によれば、ダイヤ改正などによる輸送の効率化と要員の削減によって、図6－4

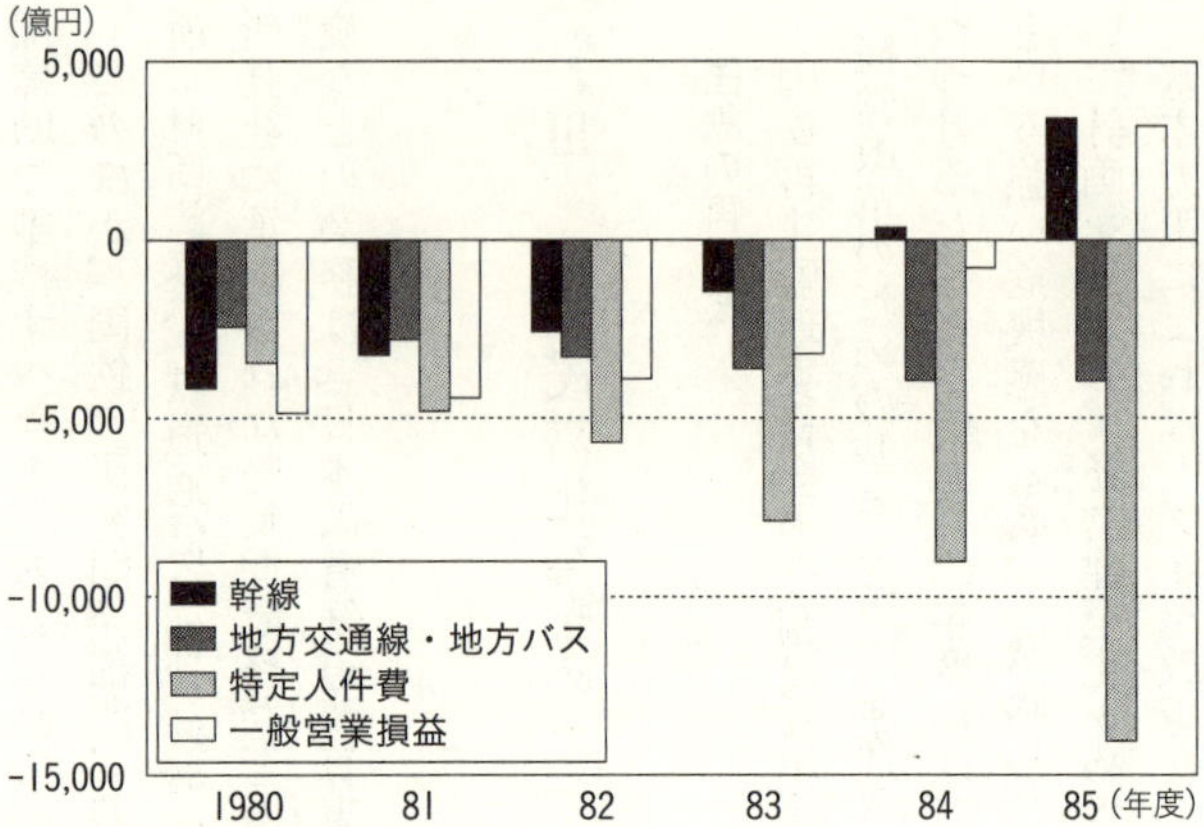

図6－4　経営改善計画の実績（1980～85年度）
出典：『日本国有鉄道監査報告書』1985年度

にみるように幹線系の収支は改善しつつあり、現行の経営改善計画が目標とする一九八五年度には収支均衡を達成することができるとみていた。しかし、幹線系の収支均衡を達成したとしても、①職場規律（業務運営方式）、②余剰人員、③地方交通線対策、④年金財政、⑤長期債務、⑥青函トンネル、本四架橋分を含めた公団借料など、「企業努力のみでは如何《いかん》ともし難い」諸問題があった。また、今後空港や高速道路網の整備が進めば、鉄道特性を発揮しえない分野が拡大し、国鉄経営はさらに圧迫される。このように状況を整理して、以下のように述べた。

このような状況下で国鉄としては、職場規律を正し、安全かつ安定した輸送を確保しつつ、効率性を向上することこそが企業存立の基盤であることを銘記し、民間企業の効率性、業務体制などを参酌《さんしゃく》しつつ、徹底して業務改善に努めるとともに、新技術の導入や技術開発によって鉄道輸送の活性化を図りつつ、特性分野への思いきった重点化を行う。また今後、鉄道事業にとどまらず、それを中心にした新規事業、関連事業の有機的な組合せによる自由な事業活動を通じて収益性の向上をめざすこととする。

これらの方策により経営を改善しその持続的安定を図るためには、従来の延長線上の体制では不十分であり、経営責任を明確にし、より機動的で活力を発揮し得る新しい枠組への転換即《すなわ》ち現行の公共企業体を改組し、民営化することが必要であると考える。その際の条件として、企業努力では如何ともし難い分野が経営を圧迫しないよう、費用負担のあり方が明確にされるとともに、所要の行財政上の措置がとられるよう求めるものである。

こうして、国鉄は一九九〇年度を達成年度とする新計画を発表し、経営形態については公共企業体を民営にするとした。ただし、「現時点においては民営化の手段として徹底した分権化を前提に全国一体の特殊会社方式を選択する」としており、分割については否定的であった。

ここでいう特殊会社とは、幹線系線区をもっぱら運営するもので、地方交通線に関しては「全額出資の株式会社」として分離運営する。また、北海道と四国に関しては、輸送や運営面での独立性が強く、将来的な見通しからも民営による安定的運営は至難と思われるので、国の政策判断によって運営基盤が確立されるならば、別経営とすることも考えられていた。

特殊会社では、地域別・機能別事業本部制などの方式で経営責任を明確にし、意欲と創意に満ちた事業運営に適した画一的でない事業活動の展開をめざす。そして、構造的な問題（過去債務対策、余剰人員対策、地方交通線・地方バス路線対策、年金対策など）については国の責任において処理し、新会社の円滑な運営のために、事業範囲の拡大・独占を前提とした諸制約の撤廃、税負担に対する特例措置、大規模プロジェクト・公団借料などについても、国が何らかの処置を講じるべきであるとしていた。

仁杉巖国鉄総裁は、当初は分割民営化の方針に賛同していたが、現行のままで五、六年後には黒字計上できるとし、民営化には賛成をしたものの、一九八七年度をタイムリミットとした分割には否定的な見解を示した。国鉄の経営改革案の骨子は、民営化は行うが、当面は分割せず、全国一本の特殊会社として、もっぱら幹線の経営を行う。赤字ローカル線七〇線は分離し、全額国鉄出資の子会社が運営する。職員を大幅に削減して一八万八〇〇〇人とする。こうした改善策とあわせて、長期債務、年金負担、ローカル線の赤字に国の助成を求めるというものであった。ただし、分割に代わる「分権管理」がどのようなものなのかについては、ややあいまいであった。

国鉄による再建案に対して、国鉄再建監理委員会および運輸省は「根本的な改革を避けた、不徹底な案だ」と反発し、社会党、共産党、国労などは、国鉄の再建案では国民に大きな負担が強いられ、ローカル線が切り捨てられ、結局「国鉄を解体に導く」と批判した。『朝日新聞』（一九八五年一月一二日）の社説「説得力を欠く国鉄の再建案」も、「国鉄案は、きわめて中身が甘く、説得力に欠けている」と批判している。

監理委員会は、「経営改革のための基本方策」に対して、仁杉総裁の指導力不足に不快感をあらわにした。再建監理委員会と国鉄との対立は決定的となった。中曽根康弘首相は、前述のようにこの機に乗じて仁杉総裁を更迭し、杉浦喬也を総裁に据え、分割民営化を一気に進め、行政改革を推進しようとしたのである。後年、中曽根は、みずから「最後は、国鉄の分割・民営化に同意して就任した国鉄総裁が、副総裁や組合員の圧力に押されて消極的な態度に変わったときである。私はこの国鉄総裁の辞表を受理し、これが改革を推進する決定的なバネとなった」と述べ、国鉄の分割民営化が行政改革の一里塚であったと回顧している（中曽根康弘『政治と人生―中曽根康弘回顧録』）。

国鉄再建監理委員会の「国鉄改革に関する意見」にもとづき、政府は一九八六年三月の国会に国鉄改革関連法案を提出した。四ヵ月後の七月に行われた総選挙は、国鉄の分割民営化の是非を問う選挙でもあったが、自由民主党が三〇四議席を獲得し圧勝した。その結果、一九八六年一一月二八日の国会で国鉄改革関連法が成立し、国鉄は八七年四月一日を期して分割民営化されることになった。

分割民営化への批判

一九八六（昭和六一）年八月、国鉄監査委員会は一九八五年度の『日本国有鉄道監査報告書』を発刊したが、そこに収録された「明日の鉄道を築くために」という副題をもつ同委員会の提言は、大変興味深い。監査委員会によれば、一九八五年度は「国鉄改革を進める政府の基本方針が明示された」画期的な年であり、経営改善計画の最終年度でもあった。同年度末における国鉄の繰越欠損は一四兆一二一二億円、長期債務は二三兆五六一〇億円にのぼり、実質負担利子は営業収入の三一パーセントにあたる一兆一一九〇億円であった。したがって、一九八六年度に借り入れ予定の二兆六四三五億円も、ほとんどが過去の借入金の償還や利子の支払いに充当されることになる。このまま推移すれば、債務は「雪だるま式に増大する」ので、分割民営化は国鉄改革の第一歩ということになるというのである。

しかし、国鉄は「昭和六〇年度までに一般営業損益においてできるだけ多くの益金を出し、昭和六〇年度には幹線の損益において収支均衡を達成する」という、一九八一年度から取り組んできた経営改善計画の目標をみごとに達成していた。「フルムーン夫婦グリーンパス」などの企画商品の販売、「みどりの窓口」の拡大、「ジパング倶楽部《クラブ》」の設立など増収策を積極的に進め、職員が増収に取り組もうという「プラス一〇キャンペーン」を展開したため、貨物収入は減少したものの、旅客収入や関連事業収入が大幅に増加したのである。

図6－4（二三二頁）は、一九八〇〜八五年度における経営改善計画の実績を示したものである。幹線の損益は、一九八四年度に三四五億円となり黒字に転換し、八五年度には三四〇六億円の黒字を出している。そして、一九八五年度には一般人件費の縮減、動力費・業務費の節減を進め、一般営業損益でも三一八九億円の黒字となった。国鉄は、経営改善計画の目標を達成していたのである。

『毎日新聞』（一九八六年八月二八日）が、この問題を取り上げた。同紙の社説「国鉄監査報告の意義を問う」は、「国鉄が五十六年度から進めてきた経営改善計画、つまり六十年度に幹線部門で収支均衡を果たすという目標は、十分に達しているのである」と指摘した。前述のように、貨物部門は落ち込んだが、「フルムーンパス」などの企画商品が成功したのである。そして国鉄改革の必要性については認めながらも、「政府が提出する関連法案のような形の改革しか道はないのか、秋の臨時国会で徹底的な論議を切望する」と結んだ。

また、国鉄監査委員会によれば、一九八五年度の幹線およびローカル線（バスを含む）の一般営業損益は約三一八九億円の黒字となった。一般営業損益とは、経費から利子負担、特定人件費（一般企業にはみられない異常な退職金・年金支出）負担、東北・上越新幹線の資本費負担をのぞいて算出したものである。国鉄監査委員会は、国鉄経営を破綻させた基本的な要因は、異常な年金・退職金負担、ローカル線の赤字、借金経営による巨額の利子負担にあるとし、これらは「国鉄労使の経営努力だけでは、どうしても解決できない問題」で、「政府の特段の配慮」を求めてきた（前掲『日本国有鉄道監査報告書』一九八五年度）。このようにみてくると、国鉄はともかくも経営改善の目標を達成していたのである。したがって、あとは政府の政策判断にあるのみということになる。

『毎日新聞』だけでなく、『読売新聞』も『朝日新聞』も分割民営化によって国鉄を再生できるのかどうかという疑問を投げかけていた。『読売新聞』（一九八六年九月二六日）の社説「中身濃い国鉄審議への期待」は、「本州の三分割会社はともかく、新設予定の「経営安定基金」の運用益をあて込んでいる北海道、九州、四国の三旅客会社、貨物会社には、なお不安が残る」と述べ、本州三社の経営は安泰かもしれないが、貨物会社と三島会社の経営は厳しいのではないかと指摘していた。北海道、四国、九州の三社には経営安定基金を設定しているが、その運用益も金利の低下で目減りするのではないかというのであった。

『朝日新聞』（一九八六年一一月二九日）の社説「国鉄改革への不安な旅立ち」は、公共性と企業性との関連に着目し、国鉄改革法案の成立を「専売、電電両公社に続く国鉄の民営化によって、戦後、公共性と企業性とを同時に満たすことを目的として登場した公社制度は完全に消え去る。国鉄改革は、公共性よりも企業性を重視し、公的出費を極力切りつめようとする臨調行革路線の仕上げ」であるとみていた。国鉄経営の破綻の要因には、国鉄の輸送構造の変化への対応の立ち遅れやゆがんだ労使関係もあった。しかし、経営破綻の主要な要因は、新幹線や政治路線の建設費、ローカル線の赤字、年金など、国鉄では如何ともし難い「構造的問題」にあったというのである。

第7章　JR体制下の鉄道

I　国鉄（JNR）からJRへ

国鉄最後の日

一九八七（昭和六二）年三月三一日、国鉄は最後の日を迎えた。東京駅丸の内北口の国鉄本社では、午前一〇時から杉浦喬也総裁があいさつに立ち、分割民営化は「歴史的な大改革」であると述べ、「自信と誇りをもって新会社の経営に全力を傾けてほしい」と呼びかけ、「ここに国鉄最後の幕を閉じる」と結んだ。午後には「日本国有鉄道」の銘板がはずされ、四月一日の午前〇時に鉄道発祥の地である汐留駅（初代新橋駅）の構内で「SL汽笛吹鳴《すいめい》式《しき》」が行われた。杉浦総裁が蒸気機関車C五六の汽笛を鳴らして国鉄の終着を告げ、橋本《はしもと》龍《りゅう》太《た》郎《ろう》運輸大臣がもう一度汽笛を鳴らして分割新会社の始発を告げた。また、東京駅と上野駅からは、新会社の本社所在地となる札幌、名古屋、大阪、高松、博多と、東日本旅客鉄道会社の東北地域本社となる仙台に向けて夜行記念列車が出発し、車内で分割民営化の瞬間を迎え、四月一日の朝各地に到着した。

そのほかにも、全国各地で国鉄のフィナーレを祝う行事が催された。また、六〇〇〇円で国鉄全線乗り放題という三月三一日限りの「謝恩フリーきっぷ」（途中下車しなければ四月一日にも乗車できる）が発売され、乗客が殺到し大混雑となった。国鉄は、乗客をさばくため、東海道・山陽新幹線で上下八本、東北・上越新幹線で上下六本の臨時列車を増発した。

一方で、国鉄の分割民営化に反対する国労組合員や市民団体は、朝から山手線一周デモなどの抗議活動を展開し、約二〇〇人が東京駅八重洲口の国労本部から山手線にそって三〇キロほどの道のりを夜まで歩きつづけた。一九八六年四月の国鉄職員は約二七万七〇〇〇人であったが、新会社の社員となるのは二〇万六〇〇〇人余であった。七万人余が民間企業、公的部門に去り、国鉄清算事業団に移ることになった（「さよなら国鉄　各社へ「お別れ夜行」」『朝日新聞』一九八七年三月三一日、夕刊）。

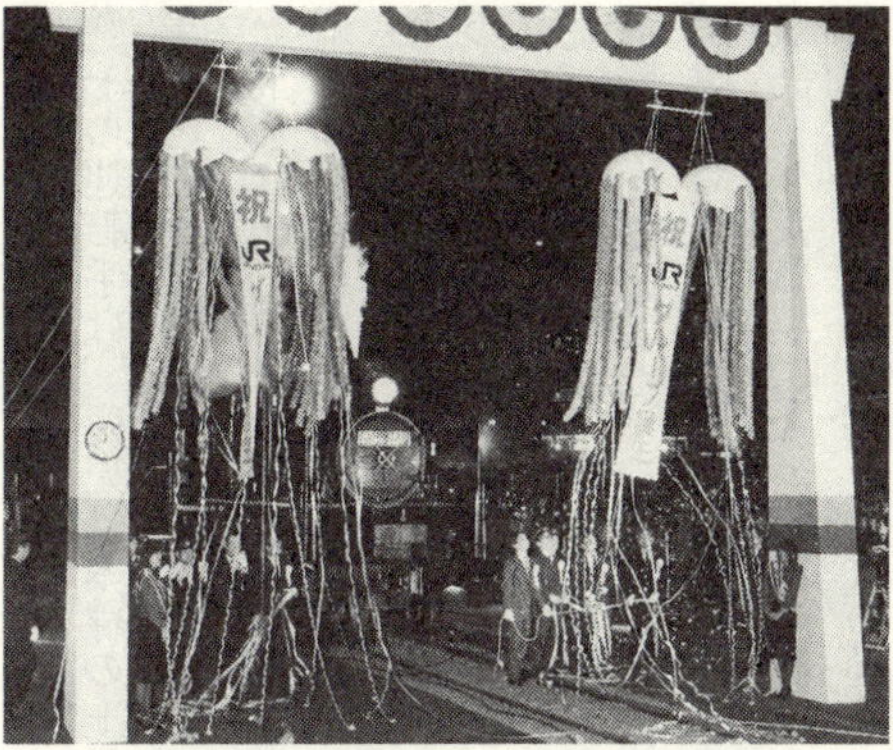

ＪＲ発足式の蒸気機関車　1987年４月１日（写真・読売新聞社）

新会社に採用の決まった国鉄職員のうち、辞退者は四九三八人にものぼった。希望退職者も、目標のほぼ二倍の三万九〇九二人となった。予想に反して、みずからの意思で国鉄を去る者が多かったが、そのなかには努力をしてようやく実現した新幹線の運転という子どもの頃からの夢を捨てた者もいた。

その運転手は、鹿児島本線の上熊本《かみくまもと》駅の近くで生まれ、蒸気機関車からもくもくと上がる黒煙と、動輪の間から噴き出る白い蒸気をみて育った。中学校三年生のとき、東海道新幹線が開業した。「夢の超特急」の運転士をめざして、高校は「鉄道科」に進んだ。卒業後は川《かわ》崎《さき》市の新鶴見操車場で臨時採用として働き、一年後に正職員となった。一九七四年に新幹線の運転士試験を受ける資格ができると、大学の夜間部に通いながら勉強し、五年間挑戦しつづけてようやく合格した。上京してから一一年の歳月が経ち、二九歳になっていた。

その彼が、国鉄をやめる決断をした。JR東海への採用も内定していたが、三月一〇日に退職届を提出した。「分割・民営化が持ち上がって、雰囲気が変わった。国労の先輩運転士が次々に営業や警備に回された。若い仲間は国労を抜けていった。言いたいことも言えない、気詰まりな職場になった。それに分割されれば、将来は郷里で運転士をしたい、という希望もかなわなくなる」というのが理由であった。三月三一日、国鉄最後の日の午後〇時三四分、彼の運転する東海道新幹線「こだま」四七六号は名古屋駅を出発し、三時一二分に東京駅に着いた。妻と小学校四年になる長男も同乗して、最後の乗務を見守った（「フィナーレ日本国有鉄道」『朝日新聞』一九八七年三月三一日、夕刊）。

JR体制の発足

一九八七（昭和六二）年四月一日、国鉄は一一法人に分割され、いわゆるJR（Japan Railways）体制が発足した。JR体制は、長期債務などの処理を行う国鉄清算事業団（特殊法人）と、国鉄の事業を継承するJRグループ各社からなる。なお、清算事業団が継承した長期債務は一九九八年に一般会計に継承され、同年度末には二四兆九八億円であったが、二〇一六年度末には一七兆六五七〇億円となっている。

JRグループ各社とは、地域密着で効率的な経営が期待される旅客鉄道六社（JR北海道・東日本・東海・西日本・四国・九州）、旅客鉄道各社の線路を借りて全国ネットで貨物輸送を展開する日本貨物鉄道株式会社（JR貨物）、新幹線を運営する本州三社（JR東日本・東海・西日本）に新幹線施設をリースする新幹線鉄道保有機構、鉄道情報システム株式会社（JRシステム）、鉄道通信株式会社、鉄道総合技術研究所（JR総研）の一一法人である。このうち新幹線鉄道保有機構は、一九九一（平成三）年一〇月に本州三社に新幹線施設を売却し、鉄道整備基金（特殊法人）に改組された。また、鉄道通信株式会社は一九八九年五月に日本テレコムを吸収合併し、日本テレコム（現・ソフトバンク）と改称した。そして、旅客六社とJR貨物は、それぞれ傘下に子会社・関連会社をもち、企業グループを形成している。

JR各社の社員数は大幅に削減され、国鉄の長期債務の多くは清算事業団が引き継ぎ、J

R東日本・東海・西日本の本州三社、およびJR貨物が引き継ぐ長期債務は大幅に軽減された。経営基盤の弱いJR北海道・四国・九州の三島会社には、長期債務の引き継ぎが免除されるほか、一兆二億円余の経営安定基金が設定された。同基金の運用によって生まれる利子を、経営の補助にあてるというのであった。JR貨物の線路使用料も、大幅に軽減されている。

JR旅客各社は、四月一日の朝、新会社の門出を祝う式典を行った。式典の名称は、入社式、開業式、発足式などさまざまであったが、各社の経営者は「健全経営の民間会社として一日も早く軌道に乗せよう」(JR東海)、「一人ひとりがセールスマンになり切ってほしい」(JR北海道)など、企業人としての意識をもてと訓示をした。

JR東日本の発足式は、午前九時三〇分から始まり、前日に杉浦国鉄総裁が最後のあいさつをした会場に同社の幹部約二〇〇人が整列した。山下勇《やましたいさむ》会長は「民間会社になるということは自分の足で歩かねばならないということだ。すべてお客さまにかかっている。創意工夫をみんなでサポートする風土が会社をもりたてる原動力になる」とあいさつをした。また、住田正二社長は、「東日本はJRの代表選手。他の会社をリードしていかねばならない。できるだけ早く配当を出したい。この一年で経営の基礎固めができれば将来の展望が開ける。奮闘をお願いする」と述べた(「JR初日、「企業人意識持て」トップ、厳しい訓示ぶつ」『朝日新聞』一九八七年四月一日、夕刊)。

また、新生ＪＲには、多くの期待と注文が寄せられた。紀行作家の宮脇俊三は、「安全性が高く、運転時刻が正確、という国鉄のすばらしい伝統は、守り続けてほしい。新会社の経営陣は依然、官僚機構の人が中心になっていて不満だが、失敗を恐れずに、「二勝一敗でい い」という考え方が必要だと思う。国鉄のサロンカーや洋風の改造列車などは成功していた。これからは新しい企画を積極的に進めてもらいたい。とくに駅。今あるのは蒸気機関車の時代に造られたもので、新会社には、時代に合わせて駅の増設も進めてもらいたい」と述べていた(「国鉄あす〝私鉄〟に　新生「ＪＲ」に期待と注文」『朝日新聞』一九八七年三月三一日)。国鉄のすべてを否定するのではなく、よい点は引き継ぎ、そのうえで官僚機構から脱皮して、よりよい鉄道に育ててもらいたいというのである。

ところで、国鉄が分割民営化され、いわゆるＪＲ体制が発足してから一年後の一九八八年、日本列島の主要四島がすべて鉄道で結ばれた。同年三月に青函トンネルが開通し、本州と北海道が鉄道で結ばれた。そして、同年四月には瀬戸大橋《せとおおはし》(児島《こじま》・坂出《さかいで》ルート)が開通し、本州と四国が鉄道でつながったのである。なお、本州と四国の間には、その後一九九八年四月に明石《あかし》海峡大橋(神戸・鳴門《なると》ルート)、九九年五月には来島《くるしま》海峡大橋・多々羅《たたら》大橋・新尾道《しんおのみち》大橋(尾道《おのみち》・今治《いまばり》ルート)が開通している。

これまで、連絡船で結ばれていた本州と北海道、本州と四国が鉄道で結ばれたので、日本の幹線輸送体系に大きな変化がもたらされた。上野から札幌までは、青函連絡船をはさむ寝台特急と気動車特急で約一七時間三〇分ほどを要していたが、直通の寝台特急が運転され、到達時分も一六時間と、一時間半ほど短縮された。上野〜盛岡間の新幹線を使えば、一一〜一三時間となる。本州と四国の連絡も、岡山で新幹線と接続する直通列車を利用すれば、所要時間はかなり短縮される。皮肉にも、日本の全国鉄道ネットワークがJR六社に分割された翌年に、日本列島の主要四島が鉄道で結ばれることになったのである。

II　JR体制とは

三〇年の変容

二〇一七（平成二九）年、JR体制は発足三〇周年を迎えた。新聞や雑誌でJR体制三〇年の歩みが特集されたが、そのなかで『週刊ダイヤモンド』（二〇一七年三月二五日）は、末期の国鉄とJR七社の経営を比較し、「民営化30年の功罪」を検討している。それによれば、売上高は三・二兆円（運輸収入、一九八六（昭和六一）年）から六・八兆円（売上高・連結、二〇一五年）に増加し、単年度損益では一・八兆円の赤字（経常損失、一九八五年）が一・一兆円の黒字（経常利益・連結、二〇一五年）へと著しい改善をみせ、負債は三七・一兆円（負債総額、一九八七年四月）から六・五兆円（有利子負債・連結、二〇一六年三月）へと大幅に減少した。そして、一九八六〜九七年度には平均約六〇〇〇億円の補助金を国や自治体から受けていたのに対し、二〇一三年度には約四一〇〇億円（連結）を納税するまでになった。かつて二七万七〇〇〇人もいた職員（一九八六年四月）は一三万人（単体七社合計、二〇一六年四月）の社員となり、生産性は一一五五万円（職員一人あたりの収入、一九八六年）から三七三九万円（社員一人あたりの収入、単体・七社平均、二〇一五年）へと、約三・二倍に増加したのである。こうしてみると、かつて国家財政に大きな負担をかけていた国鉄は、ＪＲという生産性の高い優良企業に生まれ変わり、国家財政に大きく寄与するようになったかにみえる。

しかし、問題は国鉄の分割民営化によって、日本の鉄道が再生したのかどうかである。まずは、ＪＲ六社の営業キロの変化をみてみよう。一九八八年の営業キロは二万九三五・九キロであったが、二〇一四年度には二万二二キロとなり、この間に九一三・九キロほど短縮している。営業キロをもっとも短縮したのはＪＲ北海道の七二〇・六キロで、ついでＪＲ西日本の一九九・四キロであった。この間、北陸新幹線、九州新幹線、東北新幹線、北海道新幹線の開業や延伸によって新幹線の営業キロは伸びていたが、在来線の営業キロは一万七七〇

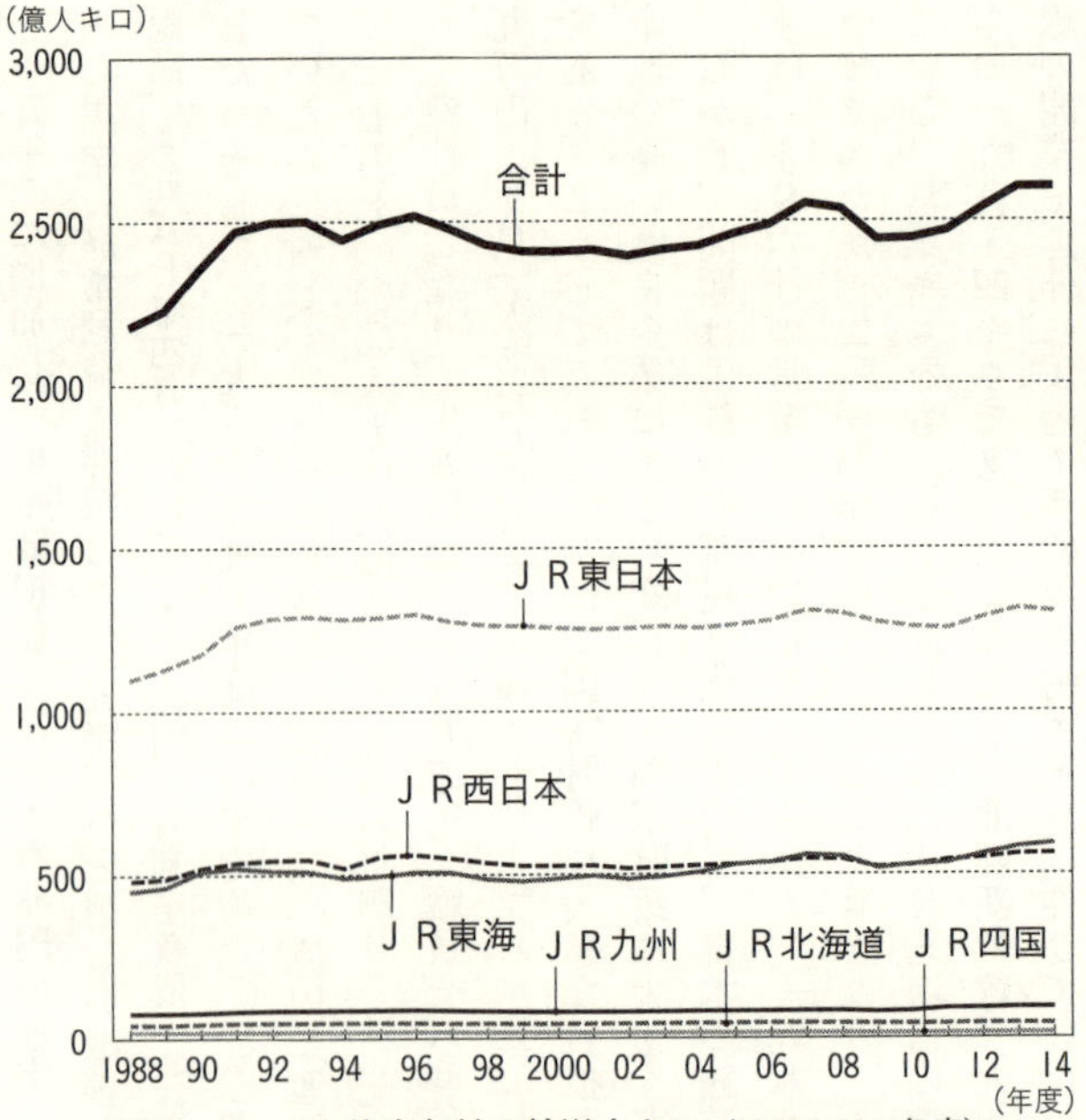

図7－1　ＪＲ旅客各社の輸送人キロ（1988～2014年度）
出典：交通協力会編『新交通年鑑』2017年版

〇キロまで短縮したのである。

ついで、JR六社の輸送人キロの推移をみると、図7-1のようである。発足後、一九九〇年代半ばまでは輸送人キロは増加していた。一九九一年度版の『運輸白書』は、こうした状況を旅客六社による列車の増発やスピードアップなど、「国鉄改革の趣旨に沿った営業努力、経営の活性化」によるものと評価していた。しかし、旅客輸送量は分割民営化前の一九八〇年代前半から増加傾向にあったので、景気拡大の追い風に助けられて輸送実績を伸ばしたとみるほうが妥当であろう。事実、一九九〇年代半ばから景気が下降局面に入ると、ＪＲ六社の輸送人キロは伸び悩むようになった。

なお、一九八八年度から二〇一四年度までのＪＲ各社別の輸送人キロの伸び率をみると、ＪＲ東海三一・三パーセント、ＪＲ東日本一八・五パーセント、ＪＲ西日本一六・三パーセント、ＪＲ九州一五・六パーセントの増加となっている。ＪＲ九州は、一九九六年に八六億八七〇〇万人キロを記録してからは減少に転じるが、二〇一一年度以降再び増加に転じている。一方で、ＪＲ四国は発足以来減少傾向にあり、一九八八〜二〇一四年度の減少率は三四・三パーセントであった。ＪＲ北海道も一九九二年度までは輸送人キロが増加するが、以後減少に転じ、一九八八〜二〇一四年度の減少率は五・二パーセントとなった。

最後に、輸送機関別の輸送分担率をみておこう。図7‐2は、自動車、鉄道、ＪＲ、航空、旅客船の輸送分担率を示したものである。鉄道の分担率は三〇パーセント前後、ＪＲのそれは二〇パーセント弱で推移しており、ＪＲ体制のもとで鉄道の輸送分担率がとくに高くなったわけではない。

このようにみてくると、ＪＲ体制のもとで、鉄道の輸送手段としての地位が高まったとはいえない。営業キロは減少し、輸送人キロも横ばい、輸送分担率もそれまでと比べてあまり

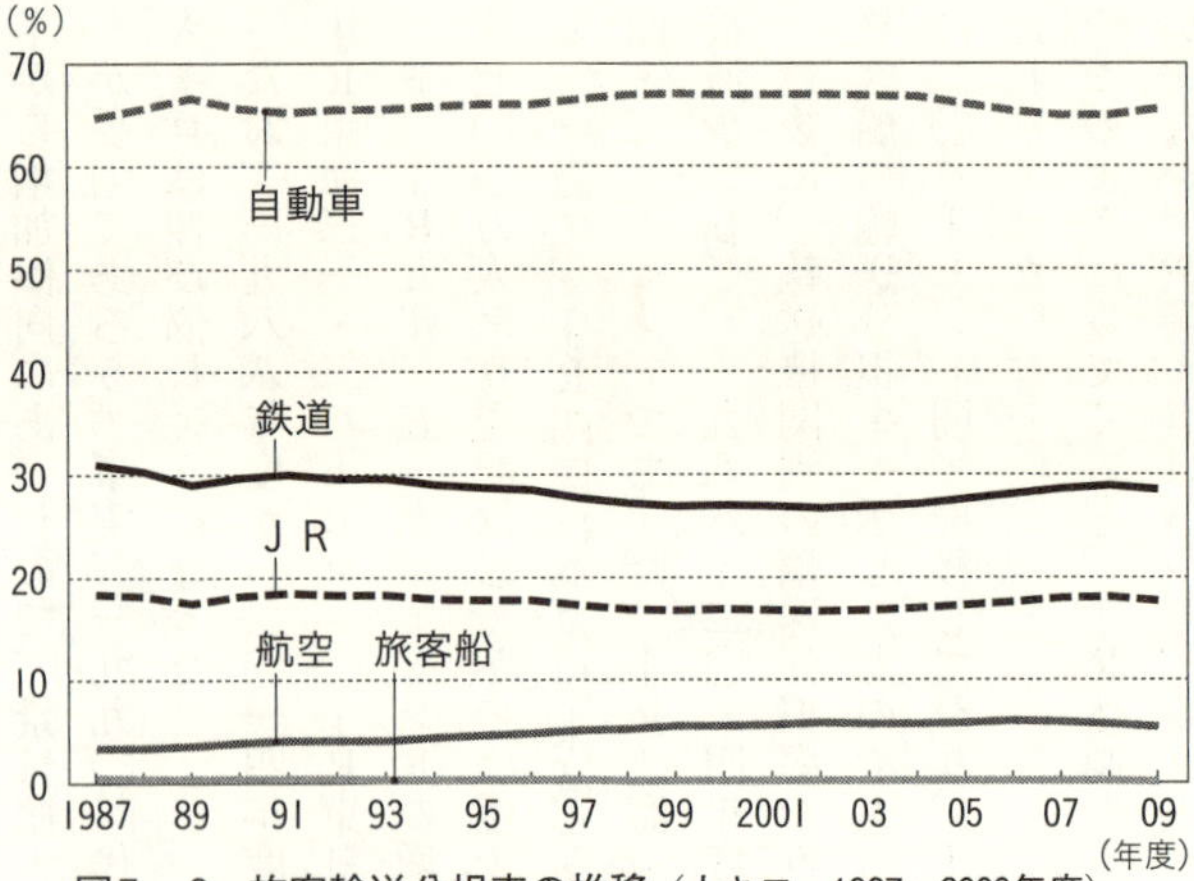

図7－2　旅客輸送分担率の推移（人キロ。1987〜2009年度）

出典：交通協力会編『新交通年鑑』2017年版
注：2010年度以降の統計からは、自家用乗用車が排除されているのでここでは2009年度までを対象とした

変わらなかった。つまり、赤字の国鉄がJRという優良企業に華麗な変身をとげたようにみえるが、輸送市場における鉄道の地位にはさほどの変化はみられなかったのである。しかも、JR六社がすべて優良企業になったわけではなかった。本州三社と三島会社との間の経営格差は、この三〇年の間にむしろ顕著となったのである。

経営格差の拡大

JR旅客各社の鉄道事業における営業利益の推移をみると、図7－3のとおりである。利益をあげているのは、JR東日本・東海・西日本の本州三社で、赤字幅が減少しているとはいえ、JR北海

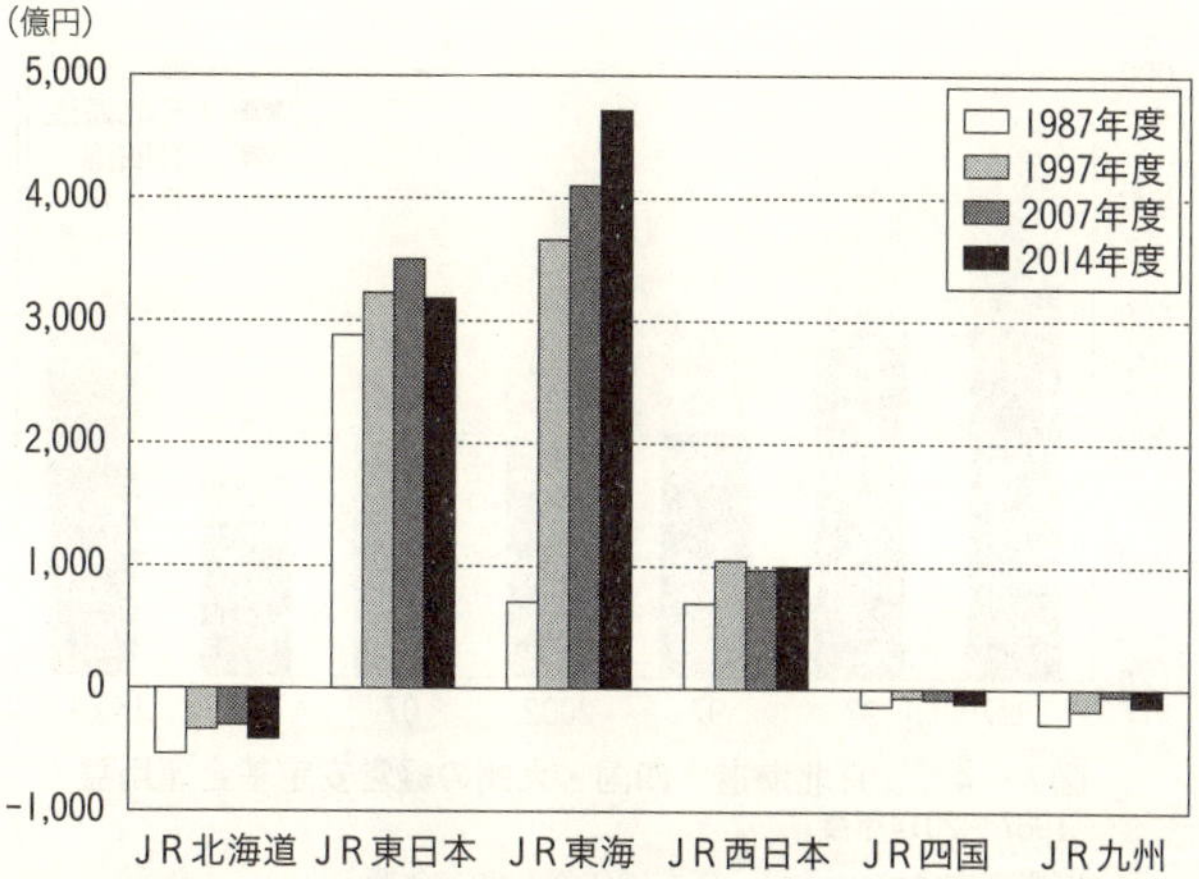

図7－3　ＪＲ旅客各社鉄道事業営業利益（1987～2014年度）
出典：交通協力会編『新交通年鑑』2017年版

道・四国・九州の三島会社は赤字である。ただし、ＪＲ九州は、二〇一七（平成二九）年に赤字を解消している。

ＪＲ各社が誕生した一九八〇年代後半は空前の好景気となり、本州三社の営業利益は増加した。三島会社の鉄道事業が苦戦することは織り込みずみであったのであるが、問題は一九九〇年代に入ってバブル経済が崩壊すると、低金利政策が実施され、図7－4にみるように三島会社に設定された経営安定基金が十分に機能しなくなったことである。低金利は、本州三社には長期債務の利息を減らす方向に作用したが、三島会社には経営安定基金の運用益の減少をもたらし、本州三社と三島会社との間に大きな経営格差が生じたのであった。

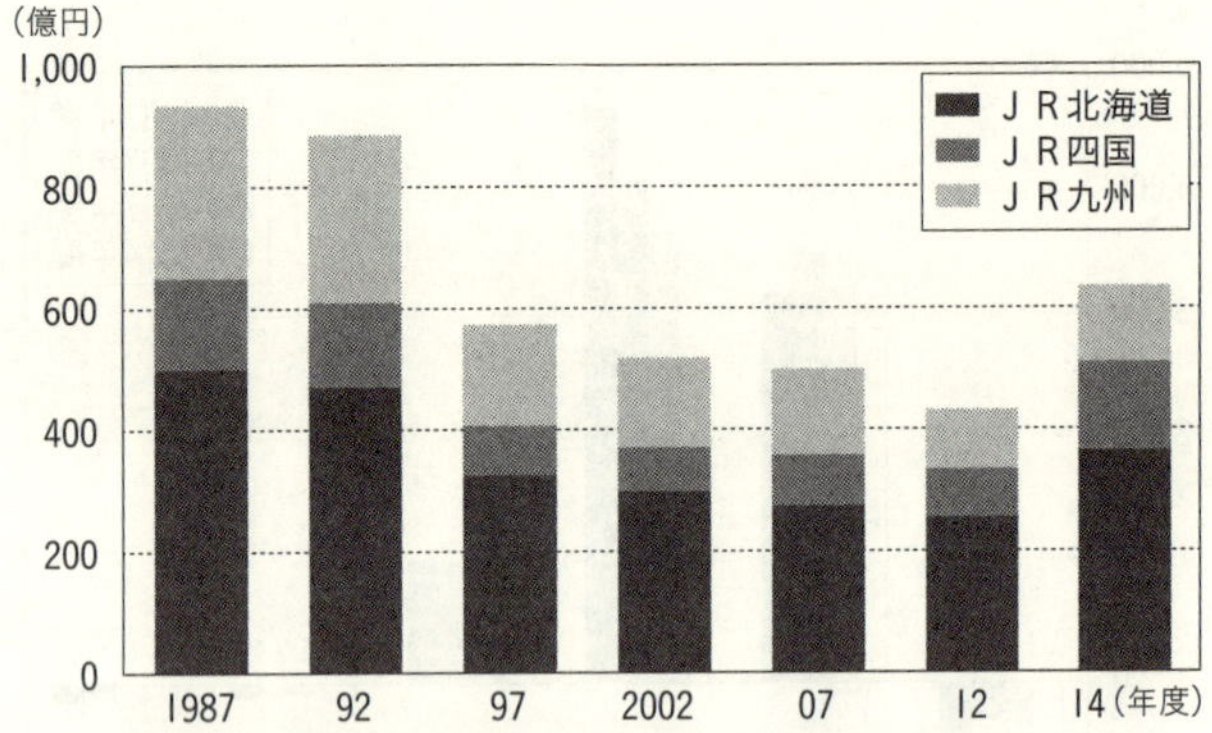

図7－4　ＪＲ北海道・四国・九州の経営安定基金運用益（1987～2014年度）
出典：交通協力会編『新交通年鑑』2017年版

さらに本州三社の営業利益をみると、一九八七（昭和六二）年度の四三八七億円から九三年度の八六二五億円へと大幅に増加しているが、三島会社では毎年度損失を出している。三島会社の営業損失は、当初から想定されており、その損失額は経営安定基金が生み出す利子によって補填され、経常損益や当期損益では赤字転落をまぬがれていた。JR貨物は、営業利益を毎年度減らしているが、かろうじて赤字転落をまぬがれている。しかし、経常損益、当期損益では一九九三年度に赤字となった（前掲『新交通年鑑』二〇一八年版）。

こうして、JR各社の経営状況をみると、本州三社は長期債務を低金利のものに借り換えたり、返済期限を早めて利子負担を減らしたりして株式の上場をめざし、一九九〇年度から一割配当を実施した。一方、三島会社は苦戦しており、本州三社と三島会社の間に顕著な経営格差が広がっていった。

とくに深刻なのはＪＲ北海道で、二〇一六年一一月に単独では維持することが困難な線区として、営業キロのほぼ半分にあたる一三線区・一二三七キロの路線を発表し、鉄道を持続的に維持していくための仕組みについて地域住民と相談を始めたいとした。北海道では、国鉄時代の一九八三年には約四〇〇〇キロの路線があった。しかし、赤字路線が多くてはＪＲ北海道の経営が成り立たないということで、約一四〇〇キロの路線を廃止した。あれから三十数年、高速道路が整備され人口が激減するという環境変化があったとはいえ、北海道の鉄道網は、また同じ問題に直面しているのである。

完全民営化の達成

一方、ＪＲ東日本・東海・西日本の本州三社と、ＪＲ九州は完全民営化を達成した。ＪＲ東日本は二〇〇二（平成一四）年六月、ＪＲ西日本は二〇〇四年三月、ＪＲ東海は二〇〇六年四月に、それぞれ完全民営化を果たした。また、ＪＲ九州は二〇一六年四月に完全民営化を達成した。完全民営化されると、経営上の重要事項について国土交通大臣の認可を必要としなくなるので、経営の自主性はさらに高まった。

ＪＲ東日本の二〇一五年度における営業収益は約二兆八〇〇〇億円であるが、そのうちの約三割は生活サービス事業、ＩＴ・Ｓｕｉｃａ事業、約七割が鉄道事業による収益であった。鉄道事業では山形新幹線、秋田新幹線、東北新幹線、上越新幹線、北陸新幹線など、新幹線ネットワークの拡充と高速化をはかった。また、湘南新宿ライン、上野東京ラインの運行開始などによって、首都圏の鉄道ネットワークを進化させた。ＪＲ東日本は、人口減少や高齢化などに備えて、エキナカビジネスなどの生活サービス事業やＩＴ・Ｓｕｉｃａ事業を拡大し、収益の増加をはかっている。

ＪＲ東海の経営の大黒柱は、何といっても東海道新幹線である。そこで、同社が主導して収益調整措置として設定された新幹線リース制度を解消した。また、長期債務を三兆円ほど圧縮し、経営基盤を確立した。「のぞみ」を導入するなど、東海道新幹線の高速化を進めるとともに、交通系ＩＣカード「ＴＯＩＣＡ」を名古屋地区に導入し、都市圏輸送の充実をはかった。鉄道事業以外では、ＪＲセントラルタワーズやＪＲゲートタワーを開業し、名古屋駅周辺の商業施設やホテルなどを一新した。なお、ＪＲ東海はリニア中央新幹線の建設を精力的に進めている。

ＪＲ西日本は本州三社のなかではもっとも経営基盤が弱いといわれてきた。ＪＲ東日本の首都圏輸送、ＪＲ東海の東海道新幹線のようなドル箱路線がなかったのである。また、一九九五年一月には阪神・淡路《あわじ》大震災の直撃を受け、信楽高原鐵道《しがらきこうげんてつどう》列車衝突事故（一九九一年五月、死者四二名、重軽傷者六一四名）、山陽新幹線福岡トンネルでのコンクリート塊落下事故（一九九九年六月）、ＪＲ福知山《ふくちやま》線列車脱線事故（二〇〇五年四月二五日、死者一〇七名、重軽傷者五六二名）など、大きな鉄道事故も引き起こした。福知山線列車事故は、運転士のブレーキ使用の遅れが原因とされているが、航空・鉄道事故調査委員会による『鉄道事故調査報告書』（二〇〇七年六月）において、その要因のひとつに、インシデント等を起こした運転士にペナルティとして受け取られてもおかしくない、日勤教育や懲戒処分などを行うという同社の運転士管理法があったことが指摘されている。

Ⅲ　揺らぐ私鉄王国

ＪＲ西日本の都市圏輸送

阪神電鉄社長の久万俊二郎《くましゅんじろう》は、一九八六（昭和六一）年、すなわち国鉄が分割民営化される前年の正月に「寅年《とらどし》に想《おも》う」なる随想を『交通新聞』（一九八六年一月一日）に寄せ、「昭和六十二年に国鉄の民営化が実現すれば、新しい強敵の登場となり、価格、サービスの両面や兼業部門でも脅威となることが予想されますが、民鉄としても、それぞれのオリジナリティーを発揮し、今まで以上に厳しい姿勢で臨むことが必要でしょう」と述べた。そして、分割民営化実施後の一九九〇（平成二）年三月、JR西日本の躍進に危機意識をもち「（JR西日本は…引用者）収入の規模では、当社の一〇倍の相手である。我々には今までに培ったノウハウがあるので恐れていませんけれど、やはり油断をしてはなりません」と警鐘を鳴らしていた（「「JRに負けぬ」社長、昇職の発令式で訓示」『HANSHIN』一九九〇年六月）。

JR西日本の経営が軌道に乗ってくると、久万の危惧は現実のものとなった。同社は、発足当初からさまざまな経営上の問題をかかえていた。営業キロの五割はローカル線で、JR東日本の首都圏輸送やJR東海の東海道新幹線のようなドル箱路線もなく、本州三社のなかではもっとも経営基盤が脆弱であった。そこで、JR西日本は、京阪神地区の都市圏輸送の強化に取り組んだ。京阪神地区は、近鉄、阪急、阪神、京阪、南海のいわゆる在阪五大私鉄が路線を張りめぐらせていて私鉄王国などと呼ばれていたが、JR西日本は果敢に私鉄の牙城に挑んだのである。

国鉄時代には、大阪駅は京阪神地区の都市圏輸送の中心としてとらえられることはあまりなく、東京から博多までの路線の中間駅としてしか考えられていなかった。そのため、京阪神地区の都市圏輸送に対し格別な努力はなされず、東海道・山陽本線の京都〜大阪〜姫路《ひめじ》間をはじめ、私鉄と並行する線区の輸送人員のシェアは、私鉄に大きく引き離されていた。京阪神地区の都市圏輸送において、国鉄は私鉄に比べて、運賃、車両、ダイヤのいずれをとっても見劣りがしていたのである。

ＪＲ西日本は、まず一九八八年に片町線（京橋〜木津《きづ》間）を学研都市《がっけんとし》線、山陰本線（京都〜園部《そのべ》間）を嵯峨野《さがの》線と呼ぶなど、京阪神地区の主要な線区に愛称をつけ、都市圏輸送のイメージアップをはかった。また、翌一九八九年には京阪神都市近郊区間を「アーバンネットワーク」と名づけ、都市圏輸送の充実に努めた。各線区で快速電車の整備・拡充を実施するとともに、二二一系をはじめ新製車両を投入した。とくに一九九一年三月のダイヤ改正では電車区間で大増発を行い、快速電車を各線区に投入したばかりでなく、新快速電車の運転時間帯を広げた。運賃についても、私鉄との競争を強く意識した戦略をとり、阪神電鉄と競合する大阪〜三宮《さんのみや》間に特定運賃を設定した。発足当初におけるＪＲ

ＪＲ西日本の新快速電車　1997年
（写真・読売新聞社）

西日本の運賃は三八〇円で、一九八九年に三九〇円に引き上げられたが、それは三パーセントの消費税導入にともなう処置で、実質的にはすえおかれていた。

これに対して阪神電鉄は、一九八七年に二五〇円であった梅田〜三宮間の普通運賃を、八九年に二六〇円、九一年には二八〇円に値上げした。同区間の一ヵ月定期運賃についても、JR西日本は一九八七年の一万一四〇〇円を、八九年の消費税導入にさいして一万一七四〇円に改定しただけであったが、阪神電鉄は八七年の九二〇〇円を八九年に九四四〇円、九一年には一万一二〇〇円に値上げした。JR西日本と阪神電鉄の運賃格差はほとんどなくなってしまったのである。

ちなみにJR西日本はその後も同区間の運賃をすえおいていたが、阪神電鉄は一九九五年に三〇〇円、九七年に三一〇円と引き上げている。また、一ヵ月定期運賃では、JR西日本は一九九七年における消費税率の五パーセントへの上昇にともなって一万一九六〇円に改定しただけであったのに、阪神電鉄は九五年に一万二二五〇円、九七年には一万二四八〇円に値上げし、ついにJR西日本の定期運賃を上まわるようになったのである（『阪神電気鉄道百年史』）。

こうしたJR西日本の京阪神圏の都市圏輸送をめぐる経営戦略は着実に実を結び、各線区の快適性、速達性、利便性の著しい向上をもたらし、京阪神地区における同社の旅客輸送の

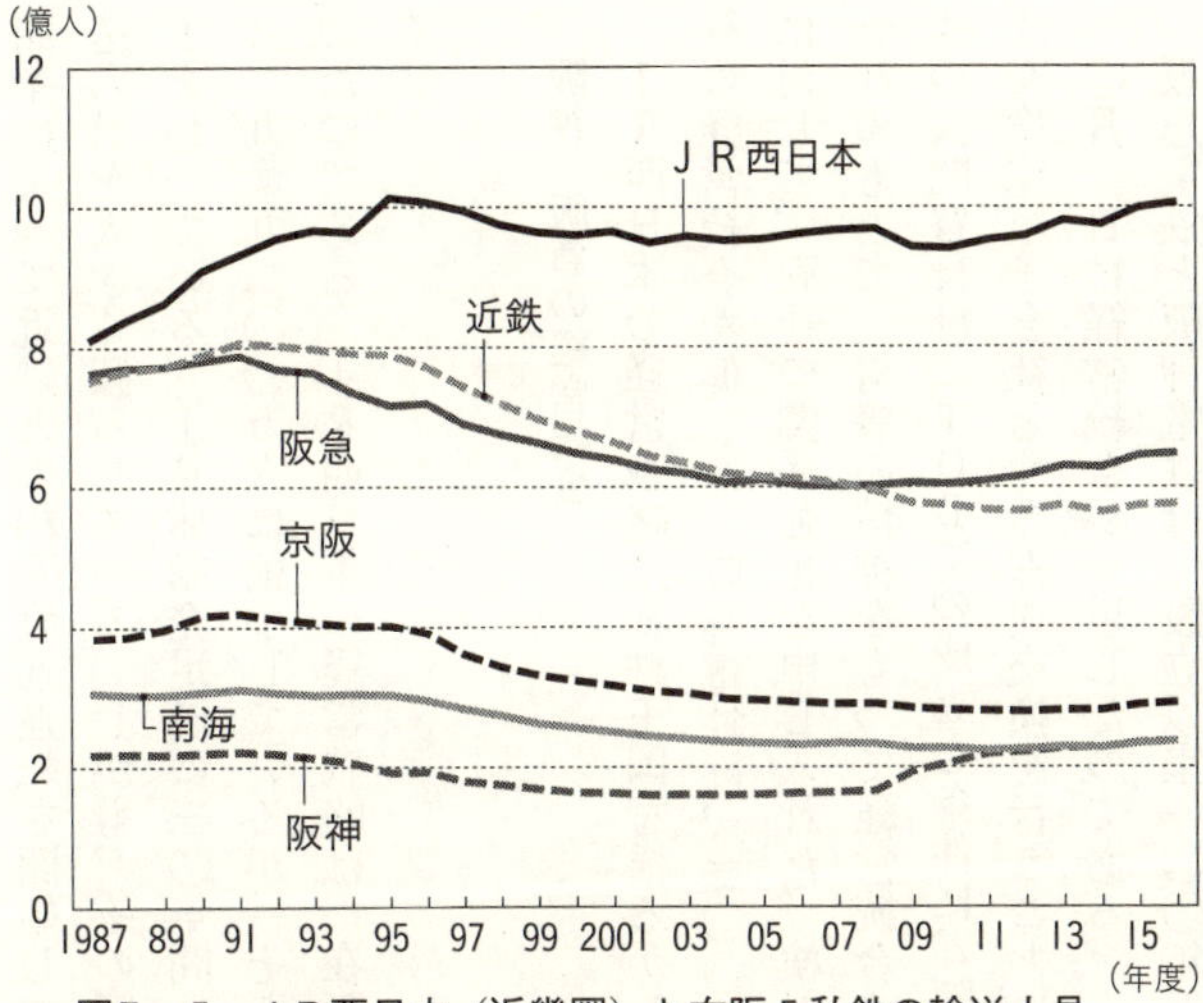

図7－5　ＪＲ西日本（近畿圏）と在阪５私鉄の輸送人員（1987～2015年度）
出典：『データで見るＪＲ西日本 2017』

シェアを拡大させた。図7―5は、ＪＲ体制が発足した一九八七年度から二〇一六年度までの三〇年間におけるＪＲ西日本と在阪私鉄五社の旅客輸送人員の推移をみたものである。二〇一六年度のＪＲ西日本の旅客輸送人員は一〇億五〇〇〇万人で、八七年度の旅客輸送人員を一〇〇とする指数でみると一二四であった。同様に二〇一六年度の在阪私鉄五社の輸送人員を、八七年度を一〇〇とする指数でみると、近鉄七七、南海七七、京阪七六、阪急八五、阪神一〇九であった。在阪私鉄では、阪神電鉄が二〇〇九年三月に阪神なんば線（西《にし》九条《くじょう》～大阪難波《なんば》間、三・八キロ）の開業によって近鉄との相互直通運転を開始して輸送人員を増やしているが、ほかの四社は輸送人員を大きく減らしている。しかも、その阪神電鉄でさえ、JR西日本の増加率を大きく下まわっている。JR体制発足後の三〇年間に、近畿圏の旅客市場は三二億二六〇〇万人から二九億九二〇〇万人に縮小しているが、そうしたなかでJR西日本はシェアを大きく拡大したのである。JR西日本の経営戦略は、在阪私鉄五社の経営に大きな打撃を与えたといえる。

阪神・阪急の経営統合

JR西日本の経営戦略は私鉄王国を揺るがし、長年のライバルであった阪神電鉄と阪急電鉄の経営統合を促した。阪神電鉄は、二〇〇六（平成一八）年四月、阪急ホールディングスに対して、両社の関係強化を申し入れた。検討の結果、阪急HDと阪神電鉄は、共同の持株会社のもとで、対等の精神をもって経営統合することになった。阪急HDによる阪神電鉄株式の公開買付け（TOB）の成立を条件に、阪急HDを株式交換完全親会社、阪神電鉄を株式交換完全子会社とする株式交換を行うことになり、六月二九日の株主総会での承認を経て、一〇月一日に経営統合が実現したのである。

阪急電鉄と阪神電鉄は、設立以来一〇〇年近くにもわたって梅田～神戸間の都市間輸送で激しい競争を展開してきた。その阪急と阪神が経営統合して戦略的な方向性を一つにし、持続的な成長と発展の実現をめざすことになったのである。戦後はじめての、大手私鉄同士の経営統合でもあった。

阪神、阪急経営統合の直接の要因は、村上世彰《むらかみよしあき》の率いる村上ファンドの阪神電鉄株式買占めであった。二〇〇五年は阪神電鉄にとって創業一〇〇年という記念すべき年で、二〇〇二年に編纂《へんさん》を開始した『阪神電気鉄道百年史』の刊行を控えていた。また、岡田彰布《おかだあきのぶ》監督のもとで阪神タイガースの調子がよく、優勝する勢いで勝ち進んでいた（実際、この年にはリーグ優勝を果たした）。

こうしたなかで、二〇〇五年八月まで四五〇円前後で推移していた阪神電鉄の株価が九月頃から急激に上昇し、最高値は一二〇〇円を超えた。阪神電鉄の経営陣は、タイガースの成績が株価上昇の要因と考え、これといった対策はとらなかった。しかし、九月二七日に村上ファンドの大量保有報告書が発表されると、同ファンドが阪神電鉄株式の二六・六七パーセント、阪神百貨店株式の一八・一九パーセントを所有していることが明らかとなった。村上ファンドによる阪神電鉄株式の保有率は、一〇月には三八・一パーセントにまで上昇し、同ファンドはタイガースの大阪証券取引所への上場など、いくつかの具体的な提案をするようになった。

阪神電鉄も企業価値向上への取り組みを発表し、阪神甲子園球場のリニューアルや京阪電気鉄道との合併交渉などを行ったが、抜本的な解決にはいたらなかった。とくに京阪電鉄との合併がうまくいかなかったため、阪急HDとの経営統合に動いたのである。こういったことから、一般的には、村上ファンドによる阪神電鉄株式の買占めが阪急、阪神の経営統合の要因であったと考えられている。

しかし、阪急、阪神の経営統合には、もう一つ重要な要因があったように思われる。バブル経済崩壊後の景気の低迷と沿線人口の減少、さらにJR西日本の参入によって、京阪神地区の私鉄の競争は激化していた。とりわけ、JR西日本は京阪神地区をアーバンネットワークと位置づけ、新快速電車の整備、新製車両の投入などによって競争力を強化してきた。その結果、京阪、阪急、阪神、南海、近鉄の在阪五大私鉄がのきなみシェアを低下させ、JR西日本のシェアだけが拡大していた。ちなみに、JR西日本が誕生した一九八七（昭和六二）年度と二〇〇六年度とを比較すると、JR西日本のシェアは二五・一パーセントから三三・六パーセントへと拡大しているのに対して、阪急は二三・六パーセントから二一・〇パーセント、阪神は六・七パーセントから五・七パーセントへとシェアを低下させている（二六一頁図7-5）。京阪神地区での都市圏輸送では、JR西日本の一人勝ちという状況がつづいていたのである。

阪急電鉄と阪神電鉄は、大阪〜神戸間でＪＲ西日本と競合していたが、神戸電鉄は阪急ＨＤの関連会社であり、山陽電気鉄道は阪神電鉄の関連会社である。したがって、これら四社も出資をしている神戸高速鉄道（神戸市は、二〇〇九年に同市が保有する神戸高速鉄道の株式を阪急・阪神ＨＤに譲渡した）を含めると、阪急と阪神の経営統合によって京都から姫路までの五社を関連会社化することができ、ＪＲ西日本に対する強力な対抗軸になると考えられたのである。

また、二〇〇九年三月二〇日には阪神なんば線の西九条〜大阪難波間が開通し、近鉄や南海電鉄とも路線がつながり、私鉄のネットワークが拡大した。このように、阪神と阪急の経営統合にはＪＲ包囲網の構築という意図があったようにも考えられる。ＪＲ西日本の誕生が、長年のライバルであった阪急と阪神の経営統合を促したのである。

Ⅳ　整備新幹線とリニア中央新幹線

整備新幹線のその後

整備新幹線の建設は、一九七三（昭和四八）年末から七四年にかけての石油危機を契機に

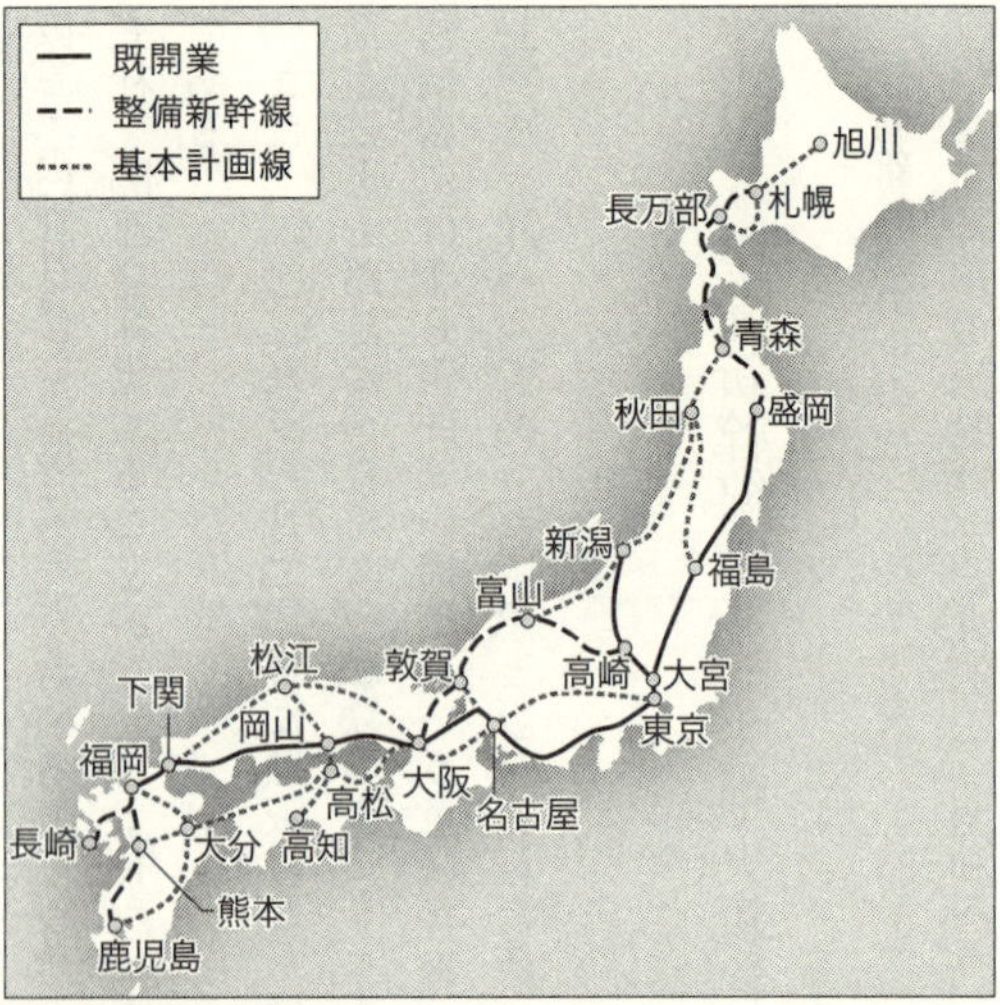

整備新幹線の路線網

高度経済成長が終焉《しゅうえん》を迎えたこともあって遅々として進まなかった。財政危機が深刻となり、公共事業が見直されることになったのである。

その後、国鉄の分割民営化の方向が確定すると、政府は一九八七年一月の閣議で、整備新幹線の建設を推進することを確認した。全国新幹線鉄道整備法（全幹法）の成立から一七年もの年月が経っていた。しかし、整備新幹線の建設には、既設の東海道新幹線、山陽新幹線、東北新幹線（東京〜盛岡間）、上越新幹線の建設の場合と比べていくつかの問題があった。

第一は、建設費の地元負担である。整備新幹線の建設費用は、JR、国と地元（地方自治体）で負担することになった。JRの負担率は五〇パーセントであったが、財源にはJRが開業後に支払う新幹線貸付料、新幹線保有機構で生じる既設新幹線リース料の余剰をあてることになっていた。国と地元の負担率は、線路、鉄道施設などの第一種工事においては国が四〇パーセント、地元が一〇パーセント、駅などの地域の便益に関連する鉄道施設などの第二種工事においては国が二五パーセント、地元が二五パーセントとされた。つまり沿線自治体は、新幹線建設の見返りとして多額の金銭的な負担を課せられることになったのである。

第二は、並行在来線の廃止である。新幹線建設の前提として、並行して走る在来線を廃止する、存続させるにしてもJRの経営から分離するということになったのである。当初の廃止予定区間は、東北本線の沼宮内《ぬまくない》〜八戸《はちのへ》間、信越本線の横川〜軽井沢間、北陸本線の津幡《つばた》〜石動《いするぎ》間、魚津《うおづ》〜糸魚川《いといがわ》間、および鹿児島本線の八代《やつしろ》〜川内《せんだい》間であった。

第三は、ミニ新幹線、スーパー特急などの併用である。新幹線の建設費は、北陸新幹線五六五〇〇億円、東北新幹線三五五〇〇億円、九州新幹線四三〇〇億円、合計一兆三五〇〇億円と見積もられていたが、一部に在来線を活用するミニ新幹線、スーパー特急などを走らせ、建設費を圧縮しようというのである。地元からは、鰻《うなぎ》（フル規格の新幹線）を注文したのに、あなご（ミニ新幹線）や鰻の稚魚（スーパー特急）が出てきたと批判が続出した。

北陸新幹線高崎〜長野間が開業したのは一九九七（平成九）年一〇月で、整備計画が示されてから実に二四年、四半世紀が経過していた。整備新幹線は、その後二〇一五年三月に北陸新幹線長野～金沢間が、そして二〇一六年三月には北海道新幹線新青森～新函館北斗《しんはこだてほくと》間などが開業した。そして、二〇二二年度には北陸新幹線金沢～敦賀《つるが》間が開業する予定になっており、九州新幹線長崎ルートも着々と整備されつつある。なお、全幹法による整備新幹線の基本計画路線では、中央新幹線がJR東海によって着工されたが、そのほかは凍結状態にある。

リニア中央新幹線とJR東海

「中央新幹線」は、一九七三（昭和四八）年一一月に全幹法の「基本計画」路線とされたが、国鉄の分割民営化が実施された一九八七年四月の時点では、建設の目途が立っていないばかりか、経営主体も明らかにされていなかった。中央新幹線の経路は「東京から甲府、名古屋、奈良を経由して大阪まで」で、東京（新宿）～甲府～塩尻《しおじり》間にはJR東日本の中央東《ちゅうおうとう》線が運行され、亀山《かめやま》～奈良～大阪間にはJR西日本の関西本線が運行されていた。したがって、中央新幹線がJR東海の営業路線となるという保証はまったくなかったのである。

しかし、首都圏（東京）と近畿圏（大阪）を結ぶ都市間輸送を使命とするJR東海の立場からすれば、中央新幹線は東海道新幹線の代替路線であり、東海道新幹線と一体的に経営されてしかるべきものであった。JR東海は、営業収益の八〇パーセント以上を東海道新幹線に依存しているので、中央新幹線がJR東日本やJR西日本によって経営されるようなことになれば、同社の経営そのものが危うくなるのである。

そこでJR東海は、中央新幹線の経営主体となるべく、一九八七年七月、社内に「リニア対策本部」を設置した。JR東海は、中央新幹線に超電導磁気浮上式リニアモーターカーを導入して、東海道新幹線と一体的に経営しようと考えたのである。

リニアの研究は、日本国有鉄道の鉄道技術研究所によって一九六〇年代から着手されており、七〇年四月一三日に港《みなと》区の東京プリンスホテルで開催された世界鉄道首脳者会議（国際鉄道連合会主催）の開会式のあいさつで、第六代国鉄総裁の磯崎叡《いそざきさとし》はリニアによる第二東海道新幹線の構想を発表した（「10年後目標に建設　第二東海道新幹線構想　新方式列車で時速５００キロ」『朝日新聞』一九七〇年四月一三日、夕刊）。

その後、一九七七年四月に宮崎実験センター（宮崎実験線）が開設され、七九年には無人走行で世界最高速度五一七キロ、八七年には有人走行で時速四〇〇・八キロを記録した。一九八七年一一月に運輸大臣となった石原《いしはら》慎《しん》太《た》郎《ろう》は、リニアに強い関心を示し、同年一二月に宮崎実験線で試乗した。そして、リニアの早期実用化に意欲をみせ、一九八八年度の予算案にリニア関係の調査費などを盛り込んだ。

国鉄の分割民営化後、リニアの開発は鉄道総合技術研究所（JR総研）が一手に引き受け、その成果はJRグループの共有財産とされてきた。しかし、宮崎の実験線は全長七キロしかなく、時速五〇〇キロの走行テストをするのには十分でなかった。また、単線だったのですれ違い走行の実験もできなかった。さらにはトンネルもなく、勾配区間での走行実験もできなかった。おまけに、宮崎では東京から遠すぎた。

新たな実験線が必要なことは誰の目にも明らかであった。こうしたなかでJR東海は、同社がリニアの技術開発と実用化を主導し、中央新幹線の建設主体であることを明確にするため、一九八八年九月、一〇〇〇億円程度を拠出して東京～名古屋間に将来実用線の一部となる実験線を建設する考えがあると発表した。社長の須田寛《すだひろし》によれば、「実験線建設は国家的プロジェクトだが、国の動きを待っていては開発が遅れるばかり」なので、「東海道新幹線の代替輸送機関としてリニア中央新幹線を考えているJR東海として、十分の負担をしたい」と述べた（「東京—大阪リニア新幹線構想　JR東海「実験線に一〇〇〇億円」　先行狙う」『朝日新聞』一九八八年九月一五日）。本格的な実験線は、全長五〇キロ程度必要であるが、約二〇キロを先行的に建設し、その工事費一〇〇〇億円をJR東海が負担するというのである。

石原運輸相は同年一一月にJR東海からの申し入れを受け入れ、リニア中央新幹線を国家プロジェクトとして進める必要があるという認識を示した。JR東海をのぞくJR各社は「リニア時期尚早」の立場をとっていたが、新幹線鉄道保有機構の新幹線リース料を見直す

走行するリニア中央新幹線実験線のリニア車両　山梨県都留市
（写真・読売新聞社）

さいにＪＲ東海・東日本・西日本の三社が協議をし、一九八九（平成元）年三月にＪＲ東海がリニア中央新幹線の経営主体となることに合意した。

リニア実験線の建設予定地としては、北海道の札幌〜千歳空港《ちとせくうこう》間なども候補にのぼっていたが、一九八九年八月、中央新幹線への転用の可能性やトンネル走行実験の必要性も考えて山梨県に決定され、ＪＲ総研、ＪＲ東海、および鉄建公団の三社によって建設が進められることになった。ＪＲ東海は、総経費三二〇〇億円のうち、建設費一五〇〇億円を含む二〇〇〇億円を負担した。一九九七年に山梨実験線の建設が完了すると、ＪＲ総研とＪＲ東海が共同で技術開発をすることになった。そして、二〇〇五年に国土交通省の超電導磁気浮上式鉄道実用技術評価委員会が、超電導磁気浮上式鉄道について実用化の技術基盤が確立したと判断すると、ＪＲ東海は〇六年に山梨実験線の延長などにかかわる設備投資計画を公表し、単独で三五五〇億円を投入するとした。

二〇〇六年九月、第一次安倍晋三《あべしんぞう》内閣が発足すると、同内閣は長期戦略指針「イノベーション25—夢のある未来の実現のために」の中間報告にリニア中央新幹線を盛り込んだ。そして、翌二〇〇七年四月、JR東海は二〇二五年に東京〜名古屋間の営業運転を開始することを検討すると表明し、同社のイニシアティブのもとにリニア中央新幹線を建設するという決意を明らかにした。そして、同年一二月にはその路線を南アルプスルート(南アルプスに約二〇キロのトンネルを掘り、東京〜名古屋間をほぼ直線で貫く。工事費九兆三〇〇〇億円)に決め、みずからの財源で建設するとした。JR東海と鉄建・運輸機構の地形・地質調査では、長野県が地域振興という観点から推す諏訪《すわ》・伊那谷《いなだに》ルートも建設可能であったが、完全民営化を達成したJR東海は、株主への責任を理由に六四〇〇億円ほど建設費の安い南アルプスルートを主張したのである。

二〇一〇年四月、JR東海は景気の低迷と東海道新幹線の収入減を理由に計画を変更し、二〇一四年にリニア中央新幹線東京〜名古屋間(二八六キロ)の建設に着手し、二七年に開業するとして、開業年を二年遅らせた。そして、二〇三八年に名古屋〜大阪間(一五二キロ)の工事を再開し、四五年に開業する。所要時間は、直行で東京〜名古屋間四〇分、東京〜大阪間六七分であった。JR東海は、このように矢継ぎ早にリニア中央新幹線の早期開業に向けて布石を打った。

二〇一一年五月、東日本大震災の直後であるにもかかわらず、国土交通省の交通政策審議会の小委員会は耐震性には問題がないとして建設計画を認める最終答申案をまとめ、大畠章宏《おおはたあきひろ》国土交通大臣はJR東海に建設を指示した。リニア中央新幹線は、実現に向けて大きく動き出したのである（藤原真史《ふじはらまさふみ》「リニア中央新幹線と地域」『日本地方政治学会・日本地域政治学会二〇一七年度東京大会報告概要』）。

リニア中央新幹線への疑念

しかし、リニア中央新幹線の建設には、なおさまざまな疑念がある。まず鉄道技術としては完成度が低く、環境にどれだけの影響があるのかもはっきりしていない。事故のさいにおける乗客の避難の仕方も明確ではない。掘り出される膨大な量の土砂をどう処理するかも決まっていない。東日本大震災による福島第一原子力発電所の事故を想起すれば、電力消費が通常の新幹線の三倍になるという問題もある。そして、人口減少社会に向かうなか、なぜ東京と大阪を一時間で結ぶ必要があるのかという「そもそも論」に対しても明確な回答は得られていない。

二〇一六（平成二八）年一一月、第二次安倍内閣は、リニア中央新幹線の名古屋から大阪までの延伸を加速させるため約三兆円の財政投融資を行うとした。JR東海が全額自己負担で建設するとしていたリニア中央新幹線に、国家資金が投入されようとしているのである。そもそも、リニア中央新幹線の建設は、JR東海が工費を全額負担することを前提に国が認可したのであった。そのため、全幹法に定められた一二の基本計画路線のうち、中央新幹線以外はなおも凍結されたままである。それにもかかわらず、JR東海がリニア中央新幹線の建設に着手してから、国が資金を支援するというのは「明らかな約束違反」であるといわざるをえない（社説「公費の投入は話が違う」『毎日新聞』二〇一六年七月二五日）。

橋山禮治郎《はしやまれいじろう》によれば、公共性の高い巨大プロジェクトを進めるには、採算性の確保、技術的信頼性の確保、環境への対応の三点をクリアしていなければならないが、リニア中央新幹線はそのいずれもクリアしているとはいいがたい。また、リニア中央新幹線は、日本にとって本当に必要な投資なのか、事業として成功するのかどうか、完成後は東京への一極集中が加速し、地方の過疎化がさらに進むのではないか、などの懸念があると述べている（橋山禮治郎『リニア新幹線―巨大プロジェクトの「真実」』）。

JR東海は、リニア中央新幹線に東海道新幹線の代替機能を期待してもいる。開業以来五〇年以上を経過した東海道新幹線には老朽化対策が急務であり、地震などの災害で東海道新幹線が分断されたさいにはリニア中央新幹線が必要になるというのである。しかし、北陸新幹線が二〇二五年度に敦賀まで延伸し、さらに大阪につながれば、東海道新幹線の代替機能は十分に果たせるように思われる。

それでは、なぜＪＲ東海はリニア中央新幹線の建設を急ぐのであろうか。同社の延岡陽二郎総合企画本部経営管理部担当課長は、「超電導リニアによる中央新幹線は、当社の使命であり経営の生命線である東京～名古屋～大阪を結ぶ高速鉄道の運営を持続するとともに、企業としての存立基盤を将来にわたり確保していくため計画しているものである」（『ＪＲガゼット』二〇一七年五月）と説明している。東海道新幹線に収入の多くを依存しているＪＲ東海にとっては、中央新幹線は何としてもみずから経営しなければならないのである。その意味では、まさに同社の存立にかかわる問題ともいえる。ＪＲ東海が負担する九兆円余の自己資金は、民間企業となった同社の企業努力の産物であるが、その原資は国民が支払った運賃である。しかも、一方では地方公共交通が衰弱しているという現状をみると、そこに膨大な国費が投入されるというのはいかにもバランスを欠いているように思える。

新たな鉄道ネットワークを求めて

よく知られているように、日本の鉄道は軌間一〇六七ミリの狭軌で敷設されてきた。狭軌を採用したのは、明治初年に建築師長として新橋～横浜間鉄道建設の指揮をとったお雇英国人エドモンド・モレルが、「元来が貧乏な国」であるから狭軌でもよかろうといったのに対して、当時、日本の鉄道行政を担っていた井上勝《いのうえまさる》や大隈重信《おおくましげのぶ》が賛成したからであるといわれる。しかし、井上も大隈も生涯にわたって狭軌を支持していたわけではなかった。日清戦争後になると日本経済は著しい発展をとげ、輸送力などの面で狭軌の限界が目立つようになった。批判の矢面に立たされた井上は、明治の初めに日本経済がこのように発展するとは誰も予測できなかったので、狭軌を採用したのは仕方がなかったのだとし、輸送力が不足するのであれば複線にすればよいなどと強弁していた。ところが、日露戦争後になると、狭軌を選択したことを悔やみ、軌間一四三五ミリの広軌に改築することを主張するようになった。広軌改築論は、その後さらに多くの人々に支持されるようになった。南満州鉄道（満鉄）総裁から鉄道院初代総裁に転じた後藤新平は、満州と同様に日本国内の鉄道も広軌に改築すべきであると主張し、一九一〇（明治四三）年の鉄道会議では東海道本線、山陽本線など主要一四路線の広軌改築案が可決された。しかし、原敬《はらたかし》の率いる立憲政友会が狭軌のまま鉄道を全国に張りめぐらすという「建主改従《けんしゅかいじゅう》」（鉄道の改良よりも建設に重きをおくこと）を主張したため、広軌改築は結局日の目をみずに終わった（老川慶喜『日本鉄道史 幕末・明治篇』『同 大正・昭和戦前篇』）。

こうして、広軌改築案は葬られたにみえたが、一九六四（昭和三九）年における東海道新幹線の建設によって実現する。東海道新幹線は、高速鉄道時代の幕をあけ、斜陽産業といわれていた世界の鉄道に大きなインパクトを与えたのであるが、狭軌・広軌論に注目すれば、幹線鉄道では日本で最初の広軌鉄道であった。井上や後藤が追求してきた広軌改築が、東海道新幹線の開業によってようやく実現したのである。

その後、新幹線鉄道は山陽道にそって西に延び、一九七二年三月に山陽新幹線新大阪～岡山間が開業し、七五年三月にはさらに博多まで延伸し、全線開業にいたった。この間、一九七〇年五月に全幹法が公布され、全国的な新幹線鉄道網の整備がはかられた。以後、新幹線鉄道網は、東北新幹線、上越新幹線、北陸新幹線、九州新幹線と拡大し、二〇一二（平成二四）年八月には北海道新幹線函館～札幌間、北陸新幹線金沢～敦賀間、九州新幹線長崎ルート諫早《いさはや》～長崎間の起工式が行われた。そして、二〇一五年三月に北陸新幹線長野～金沢間が開業し、一六年三月には北海道新幹線新青森～新函館北斗間が開業した。

さらに、二〇二二年度には北陸新幹線金沢～敦賀間が開業する予定になっている。北陸新幹線敦賀～大阪間のルートはなおも未定であるが、北陸新幹線が全線開業すれば東京～大阪間は北陸新幹線でも結ばれることになり、前述のごとく懸案となっている東海道新幹線の代替線も確保される。九州新幹線長崎ルートも着々と整備されつつある。日本海側の開業路線はまだわずかであるが、ミニ新幹線方式によって在来線を整備していけば、新幹線鉄道網が全国に張りめぐらされるのも、そう遠い将来のことではないように思われる。

このように考えてくると、リニア中央新幹線も従来型の新幹線とすべきであろう。神奈川県寒川町《さむかわちょう》議の中川登志男《なかがわとしお》も中央新幹線をリニアではなく従来型の新幹線で建設すべきであると主張しているが、傾聴すべきである（『朝日新聞』二〇一三年一一月一六日）。なぜなら、リニア中央新幹線は、こうした高速鉄道ネットワークを分断するもので、それはこれまでの鉄道とは異なる「異端の鉄道」であるからである。リニア中央新幹線は、通常の新幹線とは違って超伝導磁気浮上方式であるため、既存の新幹線や鉄道のネットワークとはまったく切り離されている（前掲『リニア新幹線―巨大プロジェクトの「真実」』）。しかし、中央新幹線を従来型の新幹線で敷設すれば、前述のような新幹線ネットワークの一部をなし、日本の新幹線鉄道ネットワークがより強固になるように思われる。

新幹線の全国ネットワークを運営するのに問題が一つある。それは、全国的な新幹線網がJR五社によって分断されていることである。九州新幹線は山陽新幹線に乗り入れているが、新大阪駅で分断され、東海道新幹線には乗り入れていない。東海道新幹線と東北新幹線、上越新幹線、北陸新幹線も東京駅で分断されており、相互に乗り入れはしていない。新幹線を運営するJR五社が何らかの合意を取りつけ、新幹線鉄道ネットワークを一体的に運営できればいろいろな試みができ、鉄道の魅力をさらに高めることができるのではなかろうか。たとえば、仙台から名古屋まで、あるいは大宮を経由して金沢まで乗り換えなしでいけるとしたら、ビジネスや観光に大きなメリットが生じるように思われる。そして、何よりも東京一極集中を多少なりとも是正し、鉄道が航空機や自動車に対して優位性を発揮できるケースが増えるのではないだろうか。

ＪＲ体制が発足してから三〇年以上の歳月が過ぎ、ＪＲ各社は独自の経営方針を確立しつつあるかのように思われる。しかし、その一方で日本の国土全体の交通体系をどのように整備していくかは、ＪＲ各社の利害を超えた重要な課題である。日本の鉄道をつぎのステップに進めるためにも、ＪＲ各社の協力関係をさらに強化していくことが求められているように思われる。

あとがき

本書は、『日本鉄道史　幕末・明治篇』（二〇一四年五月）、『同　大正・昭和戦前篇』（二〇一六年一月）の続編で、『日本鉄道史　昭和戦後・平成篇』という書名をもち、一九四五年八月の敗戦から今日までの七十数年を対象としている。この間に、国有鉄道は経営形態を二度にわたって大きく変えている。一九四五年八月から四九年五月までは政府直営の国有鉄道であったが、四九年六月に公共企業体としての日本国有鉄道となり、八七年四月には国鉄の分割民営化によってJR七社体制が成立し、今日に至っている。副題を、「国鉄の誕生からJR七社体制まで」とした所以《ゆえん》でもある。

敗戦直後、日本のあらゆる生産活動が止まってしまった。それにもかかわらず、鉄道は動いていた。そのことが人びとをどれだけ勇気づけたことであろうか。本書では、まず敗戦直後から戦後復興期にかけての鉄道の姿が描かれる。

一九四九年六月には、公共企業体としての日本国有鉄道が設立された。それは、戦前期からの「帝国の鉄道」が、「国民の鉄道」に生まれ変わったことを意味した。国鉄は、独占的な輸送手段として日本経済の復興と高度成長を牽引したが、一九六〇年代半ば以降のモータリゼーションのなかで経営の悪化に悩まされるようになった。度重なる経営改善計画の実施にもかかわらず財政再建はならず、一九八七年四月、国鉄は分割民営化され、日本の鉄道はJR七社体制に移行した。

国鉄からJRへの移行が何を意味するのか。これは単なる鉄道史の領域にとどまらず、日本戦後史の大きなテーマである。国鉄財政が悪化し、とても再建の見通しが立たないので、分割民営化を実施して鉄道を再生しなければならなかったといわれる。しかし、果たして鉄道は分割民営化によって再生したのであろうか。こうした問いに答えるためには、まず国有鉄道の経営の実態とJR体制下での各社の動向を明らかにしなければならないであろう。十分に答えられているかどうかは覚束《おぼつか》ないが、本書はそうした疑問に答えるための、私なりのささやかな試みでもある。

本書を執筆するにあたっては、多くの著書や論文を参考にさせていただいた。大学院に進学して日本経済史を専攻し、鉄道史を研究テーマに選んだ。今から四十数年も前のことで、鉄道史の研究者はまだ数えるほどしかいなかった。幸いにも筆者は、野田正穂（証券市場論）、原田勝正（日本政治史）、青木栄一（交通地理学）という、それぞれの学問領域で鉄道史と向き合っている三人の先生の指導を仰ぐ機会に恵まれ、今日まで鉄道史研究に携わってくることができた。

しかし、野田、原田両先生はすでに他界され、青木先生も病床にある。こうしたなかで、三人の先生の学恩に報いるためにも、日本鉄道史の通史を書いてみたいと思うようになった。今さらではあるが、野田、原田、青木の三先生に心からの謝意を表したい。

本書をもって、私なりのほぼ一五〇年にわたる日本鉄道史が完結するのであるが、最初の『幕末・明治篇』が出版されてから、約五年の歳月を費やしたことになる。この五年間は、長年勤務した大学を退職し、新設学部の要員として新たな大学に移るなど、筆者自身の研究環境も大きく変わった。そうしたなかで、不十分とはいえともかくも執筆を終えることができたことに、今は安堵《あんど》している。

二〇一九年二月

西遊馬の自宅にて　老川　慶喜

主要参考文献

＊本書の執筆にあたっては、多くの著書・論文を参照した。ここでは、そのうち主要なもののみを掲げることにした。なお、雑誌や新聞、鉄道各社の社内報などの論説や記事も多く利用したが、本文に注記をしたのでここでは省略した。

安部誠治・自治体問題研究所編『都市と地域の交通問題―その現状と政策課題』自治体研究社、一九九三年

有賀宗吉『十河信二』十河信二傳刊行会、一九八八年

有賀宗吉『十河信二』別冊、十河信二傳刊行会、一九八八年

石田禮助『私は国鉄をこう見る―監査委員長六年の経営診断』刊行年不詳

上地龍典『運輸省』教育社、一九七四年

宇沢弘文『「豊かな社会」の貧しさ』岩波書店、一九八九年

運輸経済研究センター・近代日本輸送史研究会編『近代日本輸送史―論考・年表・統計』成山堂書店、一九七九年

運輸経済研究センター編『鉄道政策論の展開―創業からJRまで120年』白桃書房、一九八八年

運輸省編『国有鉄道の現状（国有鉄道実相報告書）』一九四七年

運輸省鉄道局編『国鉄復興五ヵ年計画試案』一九四八年

運輸省『運輸白書』一九八一年版・一九九一年度版
エコノミスト編集部編『高度成長期への証言 上』日本経済評論社、一九九九年
遠州鉄道社史編纂委員会編『遠州鉄道40年史』一九八三年
老川慶喜『埼玉鉄道物語―鉄道・地域・経済』日本経済評論社、二〇一一年
老川慶喜『日本鉄道史 幕末・明治篇』中公新書、二〇一四年
老川慶喜『日本鉄道史 大正・昭和戦前篇』中公新書、二〇一六年
老川慶喜『もういちど読む 山川日本戦後史』山川出版社、二〇一六年
老川慶喜『小林一三―都市型第三次産業の先駆的創造者』PHP研究所、二〇一七年
小田急電鉄株式会社社史編集事務局編『小田急五十年史』一九八〇年
葛西敬之『未完の「国鉄改革」―巨大組織の崩壊と再生』東洋経済新報社、二〇〇一年
葛西敬之『国鉄改革の真実―「宮廷革命」と「啓蒙運動」』中央公論新社、二〇〇七年
葛西敬之『飛躍への挑戦―東海道新幹線から超電導リニアへ』ワック、二〇一七年
片島紀男『三鷹事件―1949年夏に何が起きたのか』日本放送出版協会、一九九九年
兼松學『終戦前後の一証言―ある鉄道人の回想』交通協力会、一九八六年
兼松學述・加賀谷貢樹記『戦前・戦後の本当のことを教えていただけますか』PHP研究所、二〇〇六年
河原匡喜『連合軍専用列車の時代―占領下の鉄道史探索』光人社、二〇〇〇年
近畿日本鉄道『近畿日本鉄道 100年のあゆみ』二〇一〇年

主要参考文献

クリスチャン・ウォルマー著・北川玲訳『鉄道の歴史―鉄道誕生から磁気浮上式鉄道まで』創元社、二〇一六年
経済安定本部編『昭和二七年度 年次経済報告』一九五二年
経済企画庁調査局編『消費と貯蓄の動向―消費者動向予測調査の結果と分析』一九六八年版・一九七四年版
京阪電気鉄道株式会社経営統括室経営政策担当編『京阪百年のあゆみ』二〇一一年
交通協力会編『新幹線50年史』二〇一五年
交通協力会編『新交通年鑑』二〇一八年版
高度成長期を考える会編『高度成長と日本人1―個人篇 誕生から死までの物語』日本エディタースクール出版部、一九八五年
高度成長期を考える会編『高度成長と日本人3―社会篇 列島の営みと風景』日本エディタースクール出版部、一九八六年
国有鉄道審議会電化委員会編『経済再建と鉄道電化』一九四九年
斎藤峻彦『私鉄産業―日本型鉄道経営の展開』晃洋書房、一九九三年
産業計画会議編『国鉄は根本的整備が必要である―産業計画会議第四次レコメンデーション』経済往来社、一九五九年
私鉄経営者協会編『私鉄の現状』経営資料、第一三号、一九六一年一一月
清水義汎編『交通政策と公共性』日本評論社、一九九二年

下山事件研究会編『資料・下山事件』みすず書房、一九六九年
信越本線横川・軽井沢間鉄道輸送方策調査委員会編『平成二年度調査研究報告書』群馬県松井田町、一九九一年
住田正二『鉄路《レール》に夢をのせて』東洋経済新報社、一九九二年
全運輸省労働組合編『生活交通の現状—行政現場からの報告』勁草書房、一九八二年
高階秀爾・芳賀徹・老川慶喜・高木博志編著『鉄道がつくった日本の近代』成山堂書店、二〇一四年
種村直樹『時刻表の旅』中公新書、一九七九年
「鉄道人佐藤榮作」刊行会編『鉄道人 佐藤榮作』一九七七年
東京都交通局『東京都交通局１００年史』二〇一二年
土居靖範・柴田悦子・森田優己・飴野仁子『交通論を学ぶ—交通権を保障する交通政策の実現を』法律文化社、一九九一年
東武鉄道社史編纂室編『東武鉄道百年史』東武鉄道、一九九八年
内閣総理大臣官房審議室編『観光白書』各年度
中沢憲一『高原に列車が走った』同時代社、一九八二年
中曽根康弘『政治と人生—中曽根康弘回顧録』講談社、一九九二年
中曽根康弘『天地有情—五十年の戦後政治を語る』文藝春秋、一九九六年
中西健一『戦後日本国有鉄道論』東洋経済新報社、一九八五年

中西健一『国有鉄道—経営形態論史』晃洋書房、一九八七年
中西健一・広岡治哉編著『新版 日本の交通問題』ミネルヴァ書房、一九七三年
名古屋鉄道広報宣伝部編『名古屋鉄道百年史』一九九四年
仁杉巖『挑戦—鉄道とコンクリートと共に六〇年』交通新聞社、二〇〇三年
日本経営史研究所編『阪神電気鉄道百年史』阪神電気鉄道、二〇〇五年
日本国有鉄道編『日本国有鉄道事業報告』一九五〇年度
日本国有鉄道編『日本陸運十年史』一九五一年
日本国有鉄道編『国有鉄道財政の現状』刊行年不詳
日本国有鉄道編『国鉄の事業報告』一九五三年度
日本国有鉄道編『国鉄財政の現状』一九五五年
日本国有鉄道編『幹線電化計画』一九五五年
日本国有鉄道監修『時刻表』一九五五年五月号
日本国有鉄道編『鉄道終戦処理史』一九五七年
日本国有鉄道編『経営改善の経過—日本国有鉄道経営調査会答申に関する措置』一九五七年
日本国有鉄道編『公共企業体審議会記録』一九五八年
日本国有鉄道編『東海道広軌新幹線』一九五八年
日本国有鉄道編『第3次長期計画とその効果』一九六五年
日本国有鉄道編『全国鉄道幹線鉄道網・首都圏高速鉄道網の整備について』一九六七年一一月

日本国有鉄道編『鉄道要覧』各年度
日本国有鉄道編『日本国有鉄道百年史』第一〇〜一四巻、一九七三年
日本国有鉄道監査委員会編『日本国有鉄道監査委員会報告書』各年度
日本国有鉄道再建監理委員会監修『国鉄改革—鉄道の未来を拓くために』一九八五年
日本民営鉄道協会『地方民鉄の現状と対策』一九八一年
野田正穂・原田勝正・青木栄一・老川慶喜編『日本の鉄道—成立と展開』日本経済評論社、一九八六年
野田正穂・原田勝正・青木栄一・老川慶喜編『多摩の鉄道百年』日本経済評論社、一九九三年
橋山禮次郎『リニア新幹線—巨大プロジェクトの「真実」』集英社新書、二〇一四年
原田勝正『国鉄解体—戦後40年の歩み』筑摩書房、一九八八年
原田勝正『鉄道（産業の昭和社会史8）』日本経済評論社、一九八八年
原田勝正『汽車から電車へ—社会史的観察』日本経済評論社、一九九五年
日比野正己『交通権の思想』講談社、一九八五年
平井都士夫編『講座現代日本の都市問題4 都市交通問題』汐文社、一九七〇年
広島電鉄株式会社社史編纂委員会編『広島電鉄開業80・創立50年史』一九九二年
福島県松川運動記念会編『松川事件五〇年』あゆみ出版、一九九九年
藤井松太郎『国鉄とともに五〇年』交通協力会出版部、一九七七年
藤沢市教育委員会編『「江の島」から〝湘南〟へ』二〇〇三年

細田吉蔵『国有鉄道を語る―国鉄再建問題に関する提言』陸運経済新聞社、一九八一年
松村洋『日本鉄道歌謡史2 戦後復興〜東日本大震災』みすず書房、二〇一五年
三菱総合研究所事業戦略研究室編『整備新幹線とはなにか―地域の活性化と高速交通の将来像』清文社、一九八六年
宮本憲一『経済大国（昭和の歴史10）』小学館、一九八九年
宮脇俊三・原田勝正編『鉄道歳時記 春』小学館、一九八五年
森有正『遙かなノートル・ダム』筑摩書房、一九六七年
森川英正編『ビジネスマンのための戦後経営史入門―財閥解体から国際化まで』日本経済新聞社、一九九二年
山川三平『桜木町日記―国鉄をめぐる占領秘話』駿河台書房、一九五二年
湯川利和『マイカー亡国論―未来都市建設のために』三一書房、一九六八年

1995 （平成７）	１月、阪神・淡路大震災。 ９月、旧国鉄深名線（深川～名寄間）廃止。
1997 （平成９）	10月、北陸新幹線高崎～長野間開業。
1998 （平成10）	２月、第18回オリンピック冬季競技大会を長野で開催（２月７日～22日）。 ４月、明石海峡大橋（神戸・鳴門ルート）開通。
1999 （平成11）	５月、来島海峡大橋・多々羅大橋・新尾道大橋（尾道・今治ルート）開通。
2002 （平成14）	６月、JR東日本、完全民営化達成。
2004 （平成16）	３月、JR西日本、完全民営化達成。
2005 （平成17）	４月、福知山線列車脱線事故。
2006 （平成18）	４月、JR東海、完全民営化達成。 ９月、第１次安倍晋三内閣、長期戦略指針「イノベーション25―夢のある未来の実現のために」の中間報告にリニア中央新幹線を盛り込む。 10月、阪神電鉄と阪急電鉄が経営統合。 12月、JR東海、リニア中央新幹線を自社財源で建設すると発表。
2011 （平成23）	３月、東日本大震災。 ５月、国土交通大臣がJR東海にリニア中央新幹線の建設を指示。
2015 （平成27）	３月、北陸新幹線長野～金沢間開業。
2016 （平成28）	３月、北海道新幹線新青森～新函館北斗間開業。 ４月、JR九州、完全民営化達成。 11月、JR北海道、単独では維持できない線区（13線区・1237km）を発表。 11月、第２次安倍晋三内閣、リニア中央新幹線の建設に３兆円の財政投融資を行うと発表。

	6月、日本国有鉄道再建監理委員会（委員長・亀井正夫）発足。
	10月、白糠線白糠～北進間廃止（第1次特定地方交通線のバス転換第1号）。
	12月、仁杉巖、第9代国鉄総裁に就任。
1984（昭和59）	4月、三陸鉄道盛～釜石間、宮古～久慈間開業（第1次特定地方交通線の第三セクター鉄道転換第1号）。
1985（昭和60）	1月、国鉄、「経営改革のための基本方策」を作成。
	3月、東北・上越新幹線上野～大宮間開業。
	4月、日本電信電話公社・日本専売公社の民営化（それぞれ日本電信電話株式会社〔NTT〕・日本たばこ産業株式会社〔JT〕となる）。
	6月、杉浦喬也、第10代国鉄総裁に就任。
	7月、国鉄再建監理委員会、「国鉄改革に関する意見―鉄道の未来を拓くために」を発表。
1986（昭和61）	3月、政府、国鉄改革関連法案を国会に提出（11月成立）。
1987（昭和62）	1月、政府、閣議で整備新幹線の建設促進を確認。
	4月、国鉄は11法人に分割され、JR体制が発足。
	7月、JR東海、社内に「リニア対策本部」を設置。
1988（昭和63）	3月、青函トンネル開通。
	4月、旧国鉄松浦線、第三セクター鉄道（松浦鉄道西九州線）に転換。
	4月、瀬戸大橋（児島・坂出ルート）開通。
	9月、JR東海、1000億円程度を拠出し、東京～名古屋間に実用線の一部となる実験線を建設する考えがあると発表。
1989（昭和64・平成元）	3月、JR東日本・東海・西日本の3社、JR東海がリニア中央新幹線の経営主体となることに合意。
	8月、リニア実験線の建設予定地が山梨県に決定。
1991（平成3）	5月、信楽高原鐵道列車衝突事故。
	6月、東北・上越新幹線上野～東京間開業。

1976（昭和51）	3月、国鉄、北海道追分機関区を最後に営業用蒸気機関車の使用を中止。 3月、高木文雄、第8代国鉄総裁に就任。 12月、国鉄、貨物合理化案を発表。
1977（昭和52）	1月、政府、「日本国有鉄道の再建対策について」を閣議了解。 4月、宮崎浮上式鉄道実験センター開設。 12月、「日本国有鉄道の再建の基本方針」を閣議了解。
1978（昭和53）	9月、京都市電全線の営業を廃止。
1979（昭和54）	12月、政府、「日本国有鉄道の再建について」を閣議了解。
1980（昭和55）	2月、政府、「日本国有鉄道経営再建促進特別措置法案」（国鉄再建法）を国会に提出。 9月、「名古屋新幹線公害訴訟」1審判決。 12月、「日本国有鉄道経営再建促進特別措置法」（国鉄再建法）公布。
1981（昭和56）	2月、神戸新交通「ポートライナー」開業（最初の新交通システム）。 3月、第2次臨時行政調査会（第2臨調、会長・土光敏夫）発足。 4月、運輸大臣、国鉄申請の地方交通線175線（10,161.3km）を承認。 5月、運輸大臣、国鉄経営改善計画を承認。 9月、運輸大臣、国鉄の第1次特定地方交通線40線（729.1km）を承認。
1982（昭和57）	6月、東北新幹線大宮～盛岡間開業。 7月、第2次臨時行政調査会、第3次答申を政府に提出し、国鉄の分割民営化を提言。 11月、上越新幹線大宮～新潟間開業。 11月、中曽根康弘、内閣総理大臣に就任。
1983（昭和58）	5月、日本国有鉄道の経営する事業の再建の推進に関する臨時措置法公布。

	名古屋駅間)。
	9月、政府、「日本国有鉄道の財政の再建に関する基本方針」を閣議決定。
1970 (昭和45)	2月、国鉄、財政再建計画に着手。 3月、大阪で日本万国博覧会を開催(3月15日~9月13日)。 4月、国鉄総裁の磯崎叡、世界鉄道首脳者会議(東京都港区の東京プリンスホテルで開催)の開会式でリニアによる第2東海道新幹線構想を発表。 5月、全国新幹線鉄道整備法(全幹法)を公布。 7月、本州四国連絡橋公団発足。 10月、国鉄、"ディスカバー・ジャパン"のキャンペーンを開始。
1971 (昭和46)	10月、国鉄当局、生産性向上運動(マル生運動)で不当労働行為が発生しているとする公労委の勧告を承認。 10月、国鉄、「ミニ周遊券」(特殊用均一周遊乗車券)の発売を開始。 11月、東北新幹線(東京~盛岡間)、上越新幹線(東京~新潟間)の建設に着工。
1972 (昭和47)	3月、山陽新幹線新大阪~岡山間開業。 6月、田中角栄、「日本列島改造論」を発表。 10月、鉄道開業100周年記念式典挙行。 11月、東京都、都電の第6次撤去を実施(荒川線三ノ輪橋~早稲田間をのぞく355.8kmを廃止)。
1973 (昭和48)	9月、藤井松太郎、第7代国鉄総裁に就任。 9月、「日本国有鉄道財政再建促進特別措置法」改正。 11月、中央新幹線を全国新幹線鉄道整備法の基本計画路線に指定。
1974 (昭和49)	3月、政府、「日本国有鉄道の財政の再建に関する基本方針」を閣議決定。
1975 (昭和50)	3月、山陽新幹線岡山~博多間開業。 12月、政府、「日本国有鉄道再建対策要綱」を閣議了解。

	勤五方面作戦」）を策定。
	9月、東京モノレール（浜松町～羽田間）開業。
	10月、東海道新幹線開業（東京～新大阪間を4時間で結ぶ）。
	10月、第18回オリンピック東京大会開催（10月10日～24日）。
1965（昭和40）	4月、国鉄、新長期計画（第3次長期計画）発足。 8月、国鉄、山陽新幹線新大阪～岡山間の建設認可を申請。 10月、全国主要駅と日本交通公社営業所に開設した「みどりの窓口」にマルス102座席予約自動装置を設置。 12月、「南多摩新都市開発事業（多摩ニュータウン事業）」が都市計画決定（1966年12月着工）。
1966（昭和41）	4月、国鉄全線へのATS（自動列車停止装置）の設置を完了、全列車がATS運転となる。
1967（昭和42）	3月、佐藤栄作内閣、「経済社会発展計画」を閣議決定。 8月、近畿日本鉄道、「伊勢志摩総合開発計画」を策定。 9月、国鉄、「全国幹線鉄道網・首都圏高速鉄道網の整備について」を発表。
1968（昭和43）	8月、国鉄、「新幹線万国博覧会輸送対策」を決定。 10月、国鉄、四・三・一〇（よん・さん・とお）のダイヤ白紙改正を実施。 11月、国鉄財政再建推進会議、運輸大臣に意見書を提出。
1969（昭和44）	4月、東海道本線にフレートライナー運転を開始（「たから」の愛称廃止）。 5月、「日本国有鉄道財政再建促進特別措置法」公布。 5月、国鉄、等級制を廃止し、旅客運賃料金を1本立てとする。 5月、「新全国総合開発計画」（新全総）が閣議決定。 5月、磯崎叡、第6代国鉄総裁に就任。 6月、国鉄、ハイウェイバスの営業を開始（東京駅～

	の高速度試験区間で時速163kmを達成（当時の狭軌鉄道の世界最高記録）
	11月、汐留〜梅田間に大型コンテナ専用貨物列車「たから」の運転を開始（貨物列車の愛称のはじめ）。
1960 （昭和35）	2月、東京乗車券センターに座席予約オンラインシステムMARS-1を設置。
	6月、電車特急「つばめ」運行開始。
	7月、池田勇人内閣成立。
	12月、東北本線上野〜青森間特急「はつかり」、気動車化。
	12月、都営地下鉄1号線開業、押上駅で京成電車と相互乗り入れ（地下鉄と国鉄・私鉄との相互乗り入れの最初の事例）。
1961 （昭和36）	4月、国鉄、第2次5ヵ年計画発足。
	5月、島秀雄、世界銀行から新幹線建設費8000万ドルの借款受け入れに調印。
1962 （昭和37）	5月、常磐線三河島駅構内で貨物列車と電車との二重衝突事故が発生（三河島事故）。
	6月、北陸トンネル（北陸本線敦賀〜南今庄間）開通。
	7月、首都圏整備委員会、「昭和三七年度首都圏整備事業計画策定方針」を決定し、地下鉄建設の促進と路面電車の撤去を主張。
1963 （昭和38）	1月、北陸地方豪雪のため北陸・上信越線の長距離電車が全面運休。
	5月、石田禮助、第5代国鉄総裁に就任。
	7月、「新住宅都市開発法」公布。
	11月、東海道本線新子安〜鶴見間で貨物列車と電車の二重衝突事故が発生。
1964 （昭和39）	2月、日本鉄道建設公団法公布（3月23日、日本鉄道建設公団設立）。
	6月、国鉄の通常常務会で、東海道本線・中央線・京浜東北線・常磐線・総武線の通勤輸送改善計画（「通

	12月、政府、「経済自立五ヵ年計画」を策定。
1956 (昭和31)	1月、十河信二が国鉄常務理事会に広軌新幹線建設の検討を要請。 3月、松永安左エ門、産業計画会議を設立。 5月、国鉄、客車の鋼体化を完了。 11月、東海道本線全線電化完成、山手線・京浜東北線電車の分離運転を開始。 11月、上野〜青森間に急行「津軽」が登場。
1957 (昭和32)	4月、国鉄が復興5ヵ年計画を発表、第1次5ヵ年計画発足。 5月、鉄道技術研究所、東京〜大阪間3時間の超特急車構想を発表。 6月、岸信介内閣、公共企業体審議会（会長・石坂泰三）の設置を閣議決定（1957年12月に答申を発表）。 8月、運輸省、復興のため車両3600両を発注。 8月、運輸省内に「日本国有鉄道幹線調査会」（会長・大蔵公望）を設置。 9月、仙山線仙台〜作並間で交流電気機関車の運転を開始。 10月、北陸本線米原〜敦賀間で交流電化方式による営業運転を開始。
1958 (昭和33)	4月、行政管理庁、国鉄に組織・要員管理適正化など合理化を勧告。 7月、産業計画会議、国鉄の「分割」「民営」を勧告。 11月、電車特急「こだま」が東京〜大阪・神戸間で運転を開始（最高時速110km、東京〜大阪間6時間50分）。
1959 (昭和34)	4月、東海道新幹線の起工式を新丹那トンネル熱海口で挙行。 4月、都市交通審議会、路面電車に関する中間報告を提出（路面電車の撤去を主張）。 5月、十河信二国鉄総裁の再任決定。 7月、電車特急「こだま」が東海道本線金谷〜焼津間

	8月、東北本線松川～金谷川間で、蒸気機関車が脱線転覆（松川事件）。 9月、東京～大阪間に特急「へいわ」運転開始（翌年1月1日に「つばめ」と改称）。 9月、加賀山之雄、第2代国鉄総裁に就任。 12月、京阪電鉄が京阪神急行電鉄から分離・独立。
1950 （昭和25）	3月、東海道本線東京～沼津間に湘南電車運行開始。 5月、東京～大阪間に特急「はと」運転開始。 6月、朝鮮戦争勃発。 9月、京阪電鉄が天満橋～三条間で特急運転開始。
1951 （昭和26）	4月、京浜東北線桜木町駅で電車が炎上。 7月、鉄道建設審議会設置。 8月、長崎惣之助、第3代国鉄総裁に就任。 9月、サンフランシスコ講和条約・日米安全保障条約を締結。
1952 （昭和27）	4月、RTO廃止、進駐軍輸送制度を改正。
1953 （昭和28）	8月、小田急電鉄、江ノ島鎌倉観光（江ノ電）を傘下に収める。
1954 （昭和29）	1月、青函トンネル工事着工。 1月、帝都高速度交通営団、地下鉄丸ノ内線池袋～御茶ノ水間を開業（戦後最初の地下鉄）。 4月、最初の集団就職列車が青森～上野間を運行（1975年3月が最後の列車）。 9月、青函連絡船洞爺丸が沈没（洞爺丸事故）。
1955 （昭和30）	2月、国鉄、普通周遊乗車券の発売を開始。 5月、宇高連絡船紫雲丸が衝突沈没（紫雲丸事故） 5月、十河信二、第4代国鉄総裁に就任。 6月、運輸省、日本国有鉄道経営調査会（会長・有沢広巳）を設置（1956年1月に答申を発表）。 7月、運輸省、都市交通審議会を設置。 12月、国鉄は島秀雄（住友金属顧問）を技師長に任命（新幹線の技術指導者として迎え入れる）。

	8月、運輸省、『国有鉄道の現状（国有鉄道実相報告書）』を発表。 10月、近畿日本鉄道、大阪～名古屋間にビジネス特急「すずか」「かつらぎ」を運行。 11月、行政調査部、「国家企業の経営形態に関する件」を発表。
1948 （昭和23）	2月、政府は、閣議で鉄道を石炭と同じく超重点産業に位置づける。 3月、島秀雄が国鉄の工作局長に就任（1951年に桜木町電車事故の責任をとって辞職）。 4月、東海道本線三島～沼津間で電車列車の試運転を実施。 5月、運輸省鉄道総局が「国鉄復興五ヵ年計画試案」を発表。 6月、東京急行電鉄から小田急電鉄・京浜急行電鉄・京王帝都電鉄が分離・独立。 7月、芦田均内閣、マッカーサー書簡にもとづき政令201号を公布。 10月、小田急電鉄、新宿～小田原間にノンストップの週末特急を運行。 12月、GHQ、「経済安定九原則」を指示。 12月、「日本国有鉄道法」「公共企業体等労働関係法」公布。
1949 （昭和24）	2月、東武鉄道、「華厳」（浅草～東武日光間）「鬼怒」（浅草～鬼怒川温泉間）の特急列車を復活。 2月、GHQ、ドッジライン実施。 5月、国有鉄道審議会電化委員会、「経済再建と鉄道電化」を答申。 6月、日本国有鉄道設立（初代総裁・下山定則）。 7月、常磐線綾瀬駅付近の線路上で、国鉄総裁・下山定則の遺体を発見（下山事件）。 7月、国鉄三鷹電車区構内で、無人電車が一番線ホームに突っ込む（三鷹事件）。

日本鉄道史略年表

年	事　項
1945 (昭和20)	5月、運輸通信省を運輸省に改組。 8月、ポツダム宣言受諾（敗戦）。 8月、運輸省に運輸建設本部を設置。 8月、八高線小宮〜拝島間の多摩川橋梁の上で旅客列車が正面衝突。 8月、米第八軍先遣部隊が厚木に到着（連合国軍による日本占領の開始）。 9月、運輸省に渉外室を設置。 9月、米第八軍、連合国軍の輸送担当機関は米軍第三鉄道輸送司令部であることを日本陸軍鉄道関係担当参謀に指示。 9月、GHQ（連合国軍最高司令官総司令部）の下部組織としてCTS（民間運輸局）を設置。 9月、RTO（占領軍の鉄道輸送事務所）を設置。
1946 (昭和21)	2月、国鉄労働組合総連合会結成。 5月、運輸省、財団法人運輸調査局を創設。 10月、行政調査部を内閣に設置。 11月、石炭事情の悪化により旅客列車削減。 12月、政府は「傾斜生産方式」を閣議決定。
1947 (昭和22)	1月、マッカーサーによる2.1ゼネスト中止指令。 4月、上越線水上〜高崎間電化（戦後最初の国鉄電化区間）。 6月、南海電鉄が近畿日本鉄道から分離・独立。 7月、政府は国会に『経済実相報告書』を提出（戦後初の「経済白書」）。 7月、八高線東飯能〜高麗川間で列車の客車4両が脱線転覆。

図版制作・市川真樹子

老川慶喜（おいかわ・よしのぶ）

1950年埼玉県生まれ．立教大学大学院経済学研究科博士課程単位取得退学．経済学博士．関東学園大学講師・助教授，帝京大学助教授，立教大学経済学部助教授・教授などを経て，2015年より跡見学園女子大学観光コミュニティ学部教授，立教大学名誉教授．1983年，鉄道史学会設立に参加．

著書『日本の鉄道―成立と展開』（共著，1986，日本経済評論社，第13回交通図書賞）
『近代日本の鉄道構想』（日本経済評論社，2008，第34回交通図書賞）
『井上勝―職掌は唯クロカネの道作に候』（ミネルヴァ書房，2013，第8回企業家研究フォーラム賞）
『日本鉄道史　幕末・明治篇』（中公新書，2014）
『日本鉄道史　大正・昭和戦前篇』（中公新書，2016）
『堤康次郎』（共著，エスピーエイチ，1996）
『阪神電気鉄道百年史』（共著，2005，第15回優秀会社史賞）
『西日本鉄道百年史』（共編著，2008，第17回優秀会社史賞）
『京阪百年のあゆみ』（共編著，2011，第18回優秀会社史賞）
ほか

日本鉄道史《にほんてつどうし》　昭和戦後《しょうわせんご》・平成篇《へいせいへん》
中公新書 *2530*

2019年2月25日発行

著　者　老川慶喜
発行者　松田陽三

本文印刷　三晃印刷
カバー印刷　大熊整美堂
製　本　小泉製本

発行所　中央公論新社
〒100-8152
東京都千代田区大手町 1-7-1
電話　販売 03-5299-1730
　　　編集 03-5299-1830
URL http://www.chuko.co.jp/

Published by CHUOKORON-SHINSHA, INC.
Printed in Japan　ISBN978-4-12-102530-2 C1221

中公新書刊行のことば

いまからちょうど五世紀まえ、グーテンベルクが近代印刷術を発明したとき、書物の大量生産は潜在的可能性を獲得し、いまからちょうど一世紀まえ、世界のおもな文明国で義務教育制度が採用されたとき、書物の大量需要の潜在性が形成された。この二つの潜在性がはげしく現実化したのが現代である。

いまや、書物によって視野を拡大し、変りゆく世界に豊かに対応しようとする強い要求を私たちは抑えることができない。この要求にこたえる義務を、今日の書物は背負っている。だが、その義務は、たんに専門的知識の通俗化をはかることによって果たされるものでもなく、通俗的好奇心にうったえて、いたずらに発行部数の巨大さを誇ることによって果たされるものでもない。現代を真摯に生きようとする読者に、真に知るに価いする知識だけを選びだして提供すること、これが中公新書の最大の目標である。

私たちは、知識として錯覚しているものによってしばしば動かされ、裏切られる。私たちは、作為によってあたえられた知識のうえに生きることがあまりに多く、ゆるぎない事実を通して思索することがあまりにすくない。中公新書が、その一貫した特色として自らに課すものは、この事実のみの持つ無条件の説得力を発揮させることである。現代にあらたな意味を投げかけるべく待機している過去の歴史的事実もまた、中公新書によって数多く発掘されるであろう。

中公新書は、現代を自らの眼で見つめようとする、逞しい知的な読者の活力となることを欲している。

一九六二年一一月

中公新書

日本史

d 4

2107 近現代日本を史料で読む　御厨　貴編
190 大久保利通　毛利敏彦
2011 皇　族　小田部雄次
1836 華　族　小田部雄次
2379 元老—近代日本の真の指導者たち　伊藤之雄
2492 帝国議会—西洋の衝撃から誕生までの格闘　久保田　哲
840 江藤新平（増訂版）　毛利敏彦
2051 伊藤博文　瀧井一博
2103 谷　干城　小林和幸
2212 近代日本の官僚　清水唯一朗
2294 明治維新と幕臣　門松秀樹
2483 明治の技術官僚　柏原宏紀
561 明治六年政変　毛利敏彦
1927 西南戦争　小川原正道
1584 東北—つくられた異境　河西英通

2320 沖縄の殿様　高橋義夫
252 ある明治人の記録（改版）　石光真人編著
161 秩父事件　井上幸治
2270 日清戦争　大谷　正
1792 日露戦争史　横手慎二
2509 陸奥宗光　佐々木雄一
2141 小村寿太郎　片山慶隆
881 後藤新平　北岡伸一
2393 シベリア出兵　麻田雅文
2269 日本鉄道史　幕末・明治篇　老川慶喜
2358 日本鉄道史　大正・昭和戦前篇　老川慶喜
2312 鉄道技術の日本史　小島英俊
2528 三条実美　内藤一成
2530 日本鉄道史　昭和戦後・平成篇　老川慶喜

中公新書

現代史

2186 田中角栄 早野透
1976 大平正芳 福永文夫
2351 中曽根康弘 服部龍二
2512 高坂正堯―戦後日本と現実主義 服部龍二
1574 海の友情 阿川尚之
1875 「国語」の近代史 安田敏朗
2075 歌う国民 渡辺裕
2332 「歴史認識」とは何か 大沼保昭 江川紹子
1804 戦後和解 小菅信子
2406 毛沢東の対日戦犯裁判 大澤武司
1900 「慰安婦」問題とは何だったのか 大沼保昭
2359 竹島―もうひとつの日韓関係史 池内敏
1990 「戦争体験」の戦後史 福間良明
1820 丸山眞男の時代 竹内洋
2237 四大公害病 政野淳子

1821 安田講堂 1968-1969 島泰三
2110 日中国交正常化 服部龍二
2385 革新自治体 岡田一郎
2137 国家と歴史 波多野澄雄
2150 近現代日本史と歴史学 成田龍一
2196 大原孫三郎―善意と戦略の経営者 兼田麗子
2317 歴史と私 伊藤隆
2301 核と日本人 山本昭宏
2342 沖縄現代史 櫻澤誠

中公新書

経済・経営

2000 戦後世界経済史 猪木武徳
2185 経済学に何ができるか 猪木武徳
1936 アダム・スミス 堂目卓生
2123 新自由主義の復権 八代尚宏
2374 シルバー民主主義 八代尚宏
2502 日本型資本主義 寺西重郎
2228 日本の財政 田中秀明
2307 ベーシック・インカム 原田泰
1896 日本の経済―歴史・現状・論点 伊藤修
2388 人口と日本経済 吉川洋
2338 財務省と政治 清水真人
2287 日本銀行と政治 上川龍之進
2041 行動経済学 依田高典
2501 現代経済学 瀧澤弘和
1658 戦略的思考の技術 梶井厚志
1871 故事成語でわかる経済学のキーワード 梶井厚志
1824 経済学的思考のセンス 大竹文雄
2045 競争と公平感 大竹文雄
2447 競争社会の歩き方 大竹文雄
1657 地域再生の経済学 神野直彦
2473 人口減少時代の都市 諸富徹
1648 入門 環境経済学 日引聡・有村俊秀
2064 通貨で読み解く世界経済 小林正宏・中林伸一
2132 金融が乗っ取る世界経済 ロナルド・ドーア
2111 消費するアジア 大泉啓一郎
2506 中国経済講義 梶谷懐
2219 人民元は覇権を握るか 中條誠一
2420 フィリピン―急成長する若き「大国」 井出穣治
2199 経済大陸アフリカ 平野克己
290 ルワンダ中央銀行総裁日記（増補版） 服部正也

- 1700 能力構築競争　藤本隆宏
- 2275 アメリカ自動車産業　篠原健一
- 2245 鉄道会社の経営　佐藤信之
- 2308 新幹線の歴史　佐藤信之
- 2436 通勤電車のはなし　佐藤信之
- 2426 企業不祥事はなぜ起きるのか　稲葉陽二
- 2468 日本の中小企業　関　満博
- 2200 夫婦格差社会　橘木俊詔・迫田さやか
- 2377 世襲格差社会　橘木俊詔・参鍋篤司
- 1738 男性の育児休業　佐藤博樹・武石恵美子
- 1793 働くということ　ロナルド・ドーア　石塚雅彦訳
- 2364 左遷論　楠木　新

中公新書

科学・技術